KB235122

구조방정식의 실무적용

하지철 지음

# 마케팅조사 실무노트 Ⅱ

모델링편

이담 Books

내가 처음으로 구조방정식을 접하게 된 것은 수년 전 CJ그룹 계열사들의 고객만족도 모델을 구축할 때였다. 당시 마케팅 학계에서는 새로운 이론이나 개념 정립을 위한 분석방법으로 구조방정식을 널리 활용하고 있었지만, 실무적으로는 거의 활용된 예가 없었다. 그래서 업무에 필요한 지식 습득을 위해 딱딱한 이론과 각종 수식으로 이루어져 있는 여러 서적과 논문들을 몇 번씩 반복해가면서 보아야 했다.

그러나 이론 위주로 구성되어 있는 기존의 자료들은 구조방정식을 이해하는 데 어느 정도 도움을 주었으나 실무적으로 활용하는 데 필요한 팁을 제공하지는 못했다. 그래서 구조방정식 분석 강의를 듣거나 관련 전문가에게 자문을 구하는 등 다방면의 노력을 하였으나, 구조방정식과 관련된 실무적이고 현실적인 문제는 해결되지 않았다. 결국 각종 구조방정식 서적 및 논문과 사례, 관련 강의 등 활용할 수 있는 모든 자료들을 총동원해서 마치 퍼즐을 맞추는 것처럼 여기저기 흩어져 있는 증거들을 수집했었고, 이런 과정 속에서 실무적인 궁금증을 하나씩 해소하였다.

구조방정식은 석사학위 논문 연구를 위한 기본적인 분석방법으로 여겨지고 있으며 마케팅조사 실무에서도 자주 활용된다. 하지만 실무적이고 현실적으로 활용할 만한 구조방정식 관련 서적은 여전히 전무하다. 이에 마케팅조사를 전문적으로 수행하는 조사쟁이로서 책임을 느껴 부족하나마 저자가 그동안 구조방정식을 실무에 적용하면서 활용한 노하우와 지식들을 공유하고자 '구조방정식의 실무적용' 이라는 타이틀로 이 책을 쓰게 되었다.

기존 서적과 차별화되는 이 책의 특징은 크게 두 가지로 요약할 수 있다. 첫째, 딱딱한 이론이나 난해한 공식의 나열이 아닌 구조방정식 분석의 실무적 활용에 초점을 두었다. 구조방정식에 대한 사전 지식이 다소 부족하더라도 실무에 바로 적용할 수 있도록 내용을 쉽게 구성하였다. 둘째, 학계에서 엄격한 과학적 검증을 위해 활용되는 AMOS와 더불어 ACSI 분석도구로 활용되면서 널리 알려지기 시작한 PLS(Partial Least Square)의 기본 개념, AMOS와의 차이점, 실무적인 활용방법 등을 자세히 소개하여 활용목적에 따라 취사선택 할 수 있도록 하였다. PLS의 활용방법 및 전통적인 구조방정식 분석 방법론인 AMOS와 비교한 내용을 담은 서적은 국내뿐 아니라 세계적으로도 전무해서 이 책이 세계 최초의 구조방정식 실무서적이자 PLS 실용서적일 것이다.

구조방정식은 전공에 따라, 학자에 따라 혹은 활용목적에 따라 분석을 위한 접근방법과 해석에 차이가 있을 수 있다. 이 책은 현재 마케팅 학계와 마케팅조

# 머/리/말/

사 실무에서 가장 널리 받아들여지고 있는 내용을 중심으로 하고 있다는 점을 참고하기 바란다.

　아무쪼록 저자가 구조방정식을 이해하고 실무적으로 적용하기 위해 투입해야 했던 많은 시간과 노력을 줄여주는 데 이 책이 조금이라도 기여하기를 희망한다.

　이 책이 나오기까지 많은 노고를 해 주신 한국학술정보(주) 관계자들과 바쁜 시간을 내어 저자에게 건설적 조언을 해 준 마케팅조사 관련 실무자들께 진심으로 감사의 마음을 전한다. 또한 언제나 곁에서 믿고 지원해주는 든든한 나의 후원자인 사랑하는 나의 아내 희진님과 아들 재환에게 이 책을 바친다.

2010년 2월

조사쟁이 하지철

# THE RESEARCH COMPANY

THE RESEARCH COMPANY는 조사체계 구축과 운영, 조사기획과 분석, 조사용역 대행, 온/오프라인 조사교육 및 코칭 서비스 등 조사에 대한 컨설팅서비스를 제공하는 전문조사회사다. 홈페이지(www.trcompany.co.kr)에서 본 서에서 다루고 있는 분석데이터의 무료 동영상 교육(데모버전)을 제공하고 있다.

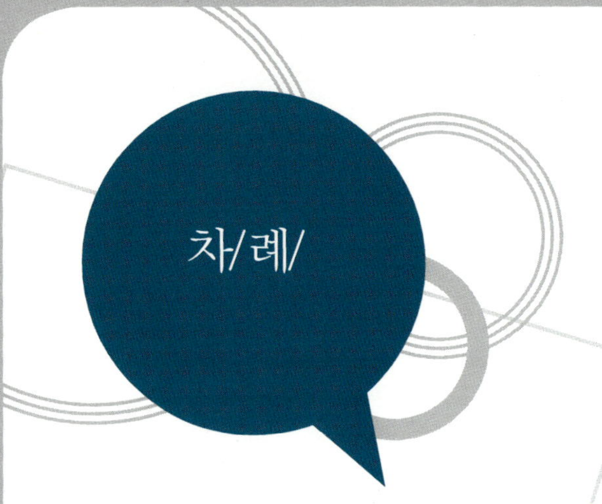

## STEP 01 구조방정식 이해하기

# C·O·N·T·E·N·T·S



## STEP 02   구조방정식 분석준비하기

# C · O · N · T · E · N · T · S

# C · O · N · T · E · N · T · S

## STEP 04 구조방정식 결과활용

STEP 01 구조방정식 이해하기
STEP 02 구조방정식 분석준비하기
STEP 03 구조방정식 분석하기
STEP 04 구조방정식 결과활용

# 구조방정식 이해하기

1. 구조방정식이란 무엇인가?
2. 소비자 인지구조에 대한 이해
3. 이론 연구와 마케팅 실무의 차이점

구조방정식의 의미, 구조방정식 분석의 기초인 인지구조에 대한 이해, 구조방정식을 사용해야 하는 이유, 구조방정식 적용에 있어 이론 연구와 실무의 차이점 등을 살펴봄으로써 구조방정식에 대한 기본적인 이해를 할 수 있다.

# STEP 01

# 구조방정식
# 이해하기

## 1. 구조방정식이란 무엇인가?

### (1) 구조의 의미

구조라는 말은 크게 재난 등으로 어려운 처지에 있는 사람을 구한다(Rescue)는 의미와 부분이나 요소가 어떤 전체를 짜 이룬다는 의미(Structure)로 구분된다. 구조방정식에서의 '구조'는 후자를 말하는 것으로 흔히 '건축물의 구조'라는 표현에서의 구조를 의미한다. 모든 건축물은 전체 형상이 있고 그 형상을 구성하는 요소들이 있으며 이러한 전체 형상과 구성요소들을 통틀어 말하고자 할 때 우리는 흔히 구조(Structure)라는 표현을 사용한다.

출처 – 네이버 백과사전

　사회과학에서 구조는 사람의 인지구조(Cognitive Structure)를 뜻한다. 여기서 인지(認知)라는 것은 '어떤 자극을 받아들이고 저장하고 인출하는 일련의 과정'을 의미하는 것으로 우리가 살아가면서 보고, 듣고, 만지고, 느끼는 모든 것들을 기억 속에 저장해 두었다가 필요할 때마다 꺼내는 일련의 과정이 포함된다.

　사람은 의식적이든 무의식적이든 매 순간 보고, 듣고, 느끼고, 경험하는 것을 인지구조를 통해 평가하는 과정을 거친다. 비나 눈이 온 다음 날 아침에 차가 많이 막혀서 회사나 학교에 늦게 도착해 곤란한 경험을 하게 되면 다음에 비나 눈이 올 때는 평소보다 조금 더 일찍 출발하려고 노력을 하며, 특정 음식을 먹고 난 후 체하거나 식중독에 걸리고 나면 경험했던 고통의 강도에 따라 당분간 혹은 평생 동안 그 음식을 먹지 않는다.

소비자행동이론에서는 소비자의 인지구조를 소비자의 정보처리과정으로 표현하여 '소비자가 마케팅자극에 노출되어 주의를 기울이고 내용을 지각하여 이에 긍정적 혹은 부정적으로 반응하여 제품/서비스 혹은 브랜드에 대한 신념과 태도를 형성(혹은 변화)하기까지의 과정'으로 정의하고 있다. 소비자 정보처리과정에는 소비자가 어떤 대상(브랜드)에 대해 인식하고 직·간접적으로 경험한 내용들을 기억 속에 저장해 두었다가 필요할 때마다 꺼내는 모든 과정이 포함된다.

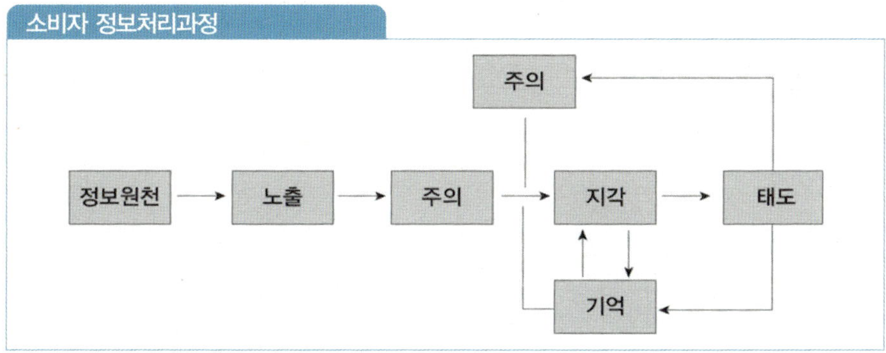


마케팅 – 시장전략적 접근, 안광호, 이학식, 현용진, 법문사, p.116

소비자들은 소비생활을 할 때 어떤 브랜드를 광고나 주변 사람 혹은 다른 경로를 통해 알게 된 후 인식을 형성한다. 또한 그 브랜드가 속한 카테고리를 구매할 일이 생기게 되면 기억 속에 저장해 두었던 해당 브랜드에 대한 인식을 바탕으로 선택할지의 여부를 결정하게 된다. 또한 특정 브랜드를 최종 선택하여 사용하면서 경험을 쌓게 되고 이는 다시 소비자의 기억 속에 저장되어 있다가 필요할 때 의사결정을 위한 기초자료로서 활용된다. 결국 그 대상이 무엇이든 간에 소비자로서의 사람은 '어떤 대상(브랜드)에 대해 인식–평가–태도로 이어지는 일련의 인지과정을 거치게 되는데 이러한 과정을 인지구조' 라고 하는 것이다.

## (2) 방정식의 의미

방정식하면 흔히 '성공방정식' 이라는 말을 많이 쓴다. 사업이나 운동경기 등에서 성공을 하게 된 요인들을 모아 놓은 법칙 같은 것을 의미할 것이다. 수학에서 방정식이란 어떤 문자가 특정한 값을 취할 때만 성립하는 등식을 말하는 것으로 가장 쉬운 예로 '2X+1=5' 라는 방정식을 풀기 위해서는 X가 반드시 2가 되어야 하는 것이다.

아래 기사의 예에서도 알 수 있듯이 방정식이란 어떤 현상에 대한 법칙을 의

**방정식 용어 사용 예시**

**박주영 날면 불패… 'V 방정식' 뜬다**

이제는 'AS모나코의 수호신' 이라는 말이 전혀 어색하지 않다.
골잡이 박주영(24·AS모나코)이 24일(이하 한국시각) 프랑스 르망 스타드 레옹—볼레에서 열린 2009~10 시즌 프랑스리그1 르망과의 원정경기에서 후반 4분 1-1 동점골을 터트리며 팀을 패배 위기에서 구해냈다.
최전방 원톱으로 선발 출전해 풀타임을 소화한 박주영은 지난 17일 스타드 렌전 결승골과 21일 올림피크 리옹전 동점골에 이어 3경기 연속골을 기록하며 축구팬들에게 성탄절 선물을 안겼다.
특히 박주영은 프랑스리그 데뷔 후 '골=불패' 등식을 만들어내며 팀의 구세주로 우뚝 섰다. 지난 시즌 박주영이 골을 넣은 5경기는 4승1무, 올해 6경기는 4승2무를 기록했다. 박주영은 프랑스리그에서 터트린 11골 중 결승골만 7골을 솎아내 해결사 면모를 유감 없이 발휘하고 있다.

[한국일보, 2009년 12월 15일]

미하는 것으로 널리 활용되고 있다. 방정식이 가지는 중요한 의미는 바로 해결책에 있다. 즉, 어떤 현상이나 문제에 대한 방정식이라는 것은 그 현상 혹은 문제를 파악하거나 해결하는 공식을 의미하는 것이다.

## (3) 구조방정식의 의미

지금까지 살펴본 구조와 방정식의 의미를 연결해 보면 구조방정식이란 '소비자의 인지구조를 파악하는 법칙 혹은 공식'이라고 할 수 있다. 즉, 특정대상에 대해 사람의 인식과 태도가 형성되는 과정을 규명하는 방정식이 구조방정식이다. 영어로는 Structural Equation Modeling으로 흔히 SEM으로 불리며, 구조방정식의 사전적 정의는 다음과 같다.

구조방정식의 사전적 정의(Wikipedia)

Structural equation modeling(SEM) is a statistical technique for testing and estimating causal relationships using a combination of statistical data and qualitative causal assumptions.
(구조방정식은 원인-결과에 대한 정성적 가정과 통계데이터의 결합을 통해 인과관계를 검증하고 추정하는 통계적 기법이다.)

구조방정식에서 '통계데이터'는 정량적 분석을 의미하는데 정량(Quantitative) 조사를 통해 수집한 데이터라고 정의할 수 있다. 일반적으로 통계적 검증은 계량적 검증을 의미하며, 이를 위해서 통계적으로 의미가 있을 만큼의 표본 수를 바탕으로 분석을 해야 한다. 통계분석을 위해 요구되는 최소 표본크기는 20명

~30명이지만, 통계분석기법의 종류나 분석항목의 수에 따라 달라질 수 있다. 구조방정식은 다른 통계분석기법에 비해 더 정교한 분석기법이며, 분석에 투입되는 항목도 상대적으로 많기 때문에 최소 150명~200명의 표본은 확보가 되어야 한다. 구조방정식 분석 시 요구되는 표본특성에 대해서는 추후 자세히 알아보기로 한다.



**"김수환 추기경 선종 후 각막 기증 크게 늘었다"**

故 김수환 추기경의 사랑과 봉사, 장기 기증에 대한 메시지가 사회에 미친 영향을 실증적으로 입증한 연구가 2010년 싱가포르에서 열리는 국제커뮤니케이션학회와 한미커뮤니케이션학회에서 세션 최고논문상을 받게 됐다. 이 논문은 내년 말 커뮤니케이션 분야 세계 2위의 국제학술지 'Journal of Health Communication'에 게재될 예정이다.

영남대 언론정보학과 배현석 교수는 '종교 유명인사의 사회적 영향 : 고 김수환 추기경의 각막 기증과 자원봉사에 미친 파급효과' 란 제목의 연구에서 평소 김 추기경에 대해 친근감을 많이 느끼는 사람은 김 추기경과 자신을 동일시하는 경향이 높았고, 이는 장기 기증과 자원봉사에 강한 의향으로 연결된다는 사실을 구조방정식(SEM) 모델을 통해 입증했다.

연구 결과 김 추기경에 대해 친근감을 많이 느끼는 사람일수록 김 추기경의 선종 소식과 관련된 뉴스에 접촉하려는 경향이 높았다. 김 추기경이 선종한 2월 16일 오후 6시 12분 이후 그날 자정까지 조사 대상자의 60% 이상이 뉴스를 들었다고 답했으며, 다음날 오전에는 조사 대상자의 78% 이상에게, 선종 하루 뒤에는 대상자의 90% 이상에게 알려지는 엄청나게 빠른 뉴스 확산 속도를 보여줬다. 뉴스를 들은 사람들의 63.8%는 TV를 통해, 26.3%는 인터넷을 통해, 4.0%는 라디오를 통해 들었으며 다른 사람에게 들었다는 사람이 3.4%, 인쇄매체를 통해 알았다는 사람이 1.9%였다.

이 연구는 지난 2월 16일부터 3월 1일 사이에 19세 이상 성인 1,261명을 대상으로 웹 설문조사를 통해 이뤄졌다. 배 교수는 주저자로 미국 리젠트 대학의 윌리엄 브라운 교수, 텍사스 대학의 강석 교수와 함께 연구를 진행했다.

[매일신문, 2009년 12월 24일]

앞의 기사는 '김수환 추기경의 장기기증과 사회봉사가 일반인들에게 미치는 영향'을 연구한 학자가 논문상을 받았다는 내용을 다루고 있다. 이 학자는 구조방정식을 통해 '김수환 추기경에 대한 친밀감이 높을수록 자신과의 동일시 경향이 높고 이는 결국 장기기증 및 사회봉사 의향으로 연결된다'고 검증하였는데, 분석에 사용된 표본크기는 만 19세 이상 성인 1,261명이었다.

구조방정식의 사전적 정의에서 '원인-결과에 대한 정성적 가정'이라는 것은 소비자 인지구조에 대한 가정을 의미하며, 기본적으로 소비자행동이나 마케팅이론 연구에서 가장 널리 받아들여지는 소비자 의사결정 혹은 태도형성과정에서의 '인과관계'를 말한다. 예를 들어 소비자행동이론에서는 소비자가 의사결정을 위해 '문제인식 - 정보탐색 - 구매 - 구매 후 평가'와 같은 일련의 과정을 거치는 것으로 가정하고 있다. 소비자 인식에 대한 구조방정식을 분석하기 위한 구조를 설정할 때는 반드시 이러한 논리를 바탕으로 한다. 추후 자세히 설명하겠지만, 구조방정식을 포함한 모든 통계분석기법은 사람이 입력하는 대로 분석하여 단순히 분석결과를 제시해 줄 수 있을 뿐이지, 사전에 어떤 구조나 로직으로 분석해야 하며 분석결과가 의미하는 바가 무엇인지에 대해서는 전혀 알려주지 못한다. 건축물을 지을 때 아무리 훌륭한 장비와 좋은 자재들이 있다 하더라도 제대로 된 설계도가 없으면 원하는 건축물을 지을 수 없는 것과 마찬가지로 모든 통계분석기법은 단지 의미 있는 결과를 도출하기 위한 도구일 뿐이지 그 자체로는 아무런 의미를 가지지 못한다.

따라서 통계분석을 할 때는 분석결과보다는 분석과정에서의 논리 구성이 중요하다. 특히 구조방정식은 말 그대로 인지구조를 분석하는 것이므로 이 구조

에 대한 논리적 근거가 누가 보더라도 인정할 수 있을 정도로 명백해야 한다는
점이 구조방정식의 정의에 내포되어 있다.

## 2. 소비자 인지구조에 대한 이해

구조방정식 분석을 제대로 하기 위해서는 먼저 건축물 설계도에 해당되는 소
비자 인지구조에 대해 철저하게 이해해야 한다. 본 서는 마케팅조사 실무에 초
점이 맞추어져 있어 모든 내용을 소비자의 행동 관점에서 접근하고 있다. 하지
만 마케팅과 소비자행동에서 활용되는 모든 이론들이 사회과학의 여러 학문에
서 차용한 것임을 감안한다면 여기서 다루는 모든 내용은 사회과학의 다른 분
야에도 공통적으로 적용될 수 있다.

### (1) 소비자 태도 모델

마케팅에서는 소비자 인지구조를 구성하는 모든 요소들 중 무엇보다 소비자
태도를 가장 중시한다. 왜냐하면 소비자 태도가 소비자의 행동을 유발하기 때
문이다. 이런 관점에서 현재 마케팅조사 실무에서 가장 널리 활용되는 소비자
태도 형성과정에 대해 먼저 알아보도록 한다.

소비자의 태도를 논할 때 많이 인용되는 이론이 바로 인지적 학습이론과 다속
성 태도 모델이다. 인지적 학습이론(Cognitive Learning Theory)은 사회과학 연구
에서 가장 널리 활용되는 이론 중 하나로서 '소비자는 제품속성에 대한 신념에

의해 태도를 형성하고, 이러한 태도를 바탕으로 구매여부를 결정한다' 고 가정한다. 쉽게 말해 소비자가 어떤 제품이나 서비스를 구매할지를 결정하고자 할 때 해당 제품이나 서비스의 브랜드, 가격, 이미지, 품질 등의 속성에 대해 평가한 결과를 바탕으로 태도를 형성하고 이 태도에 따라 최종적으로 구매여부를 결정한다는 것이다.

노트북 구매를 예로 들어 보자. 소비자는 노트북을 구매하기 위해 사전에 주위 사람, 인터넷 등 다양한 경로를 통해 노트북에 대한 정보를 수집한다. 그런 다음 실제로 매장을 방문하여 노트북의 브랜드별 제품사양, 성능, 가격, AS 등을 종합적으로 검토하고 이를 바탕으로 최종 노트북 구매 여부 및 브랜드를 결정한다. 여기서 브랜드, 제품사양, 성능, 가격, AS 등은 모두 노트북 제품에 대한 소비자의 신념이라고 할 수 있다.

다속성 태도 모델(Multi-attribute Attitude Model)은 앞서 설명한 인지적 학습이론을 토대로 소비자의 신념과 태도를 설명하는 대표적인 이론 모델로 Fishbein이라는 학자가 지난 1963년에 개발하였다. 이 모델은 나중에 중요도-만족도 모델, 지각-선호 다속성 모델 등으로 발전하여 현재 마케팅조사 실무에서 활용되

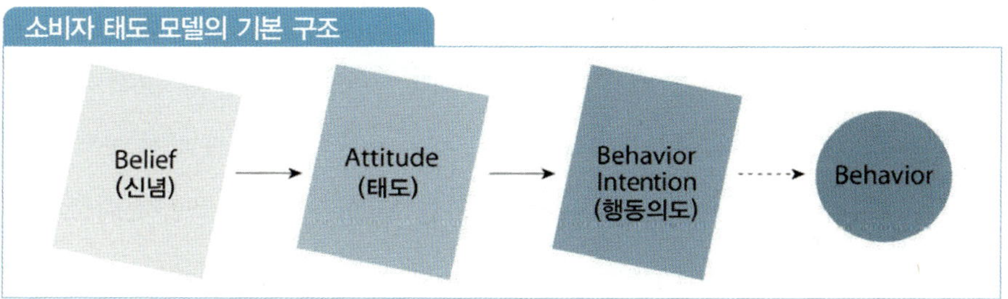

는 모든 측정구조와 방법의 기본적인 전제이자 이론적 근거이다.

상기 모델에서 보는 바와 같이 소비자는 어떤 제품이나 서비스에 대한 신념을 토대로 태도를 형성하고, 결국 행동의도로 연결되는 구조로 의사결정을 한다. 여기서 모델이라는 의미는 원인-결과관계로 된 일련의 흐름이다. 즉, 신념이라는 원인이 태도라는 결과에 영향을 미치게 되며, 태도라는 원인은 결국 소비자 행동이라는 결과에 영향을 미치게 되는 구조로 연결되는 흐름인 것이다. 따라서 기업에서는 소비자 태도에 영향을 미치는 신념에 마케팅 활동의 초점을 맞추게 되며, 이는 궁극적으로 소비자 태도를 제고시켜 해당 기업의 제품/서비스 구매로 연결되는 것이다. 광고, 프로모션, 판촉, 접점서비스, AS 등은 모두 소비자 신념과 관련된 기업의 마케팅활동이라고 할 수 있다.

## (2) 마케팅 실무에서 활용되는 주요 개념들

마케팅 실무에서 널리 활용되는 브랜드, 서비스품질, 고객만족, 고객자산 등의 개념들은 소비자 태도를 나타내는 것으로서 해당 브랜드에 대한 소비자의 전반적 평가를 의미한다. 또한, 이러한 개념들은 기본적으로 소비자 태도모델을 기초로 하고 있다. 지금부터는 마케팅 실무에서 가장 널리 활용되는 주요 개념들의 측정모델을 살펴보기로 한다.

## 가. 브랜드

실무에서 활용되는 브랜드 측정모델은 대개 브랜드 인지도 및 이미지 – 브랜드 호감도(태도) – 행동의향으로 연결되는 기본구조로 구성된다. 이러한 기본구조는 Aaker나 Keller와 같은 브랜드 연구 학자들에 의해 개발된 브랜드 개념을 바탕으로 한다.

다음에 제시된 모델은 지난 2002년 당시 산업자원부가 개발한 Brand Asset Evaluator라는 브랜드 측정모델이다. 이 모델은 Aaker의 Equity10이라는 브랜드 이론 연구를 기반으로 하였으며, 브랜드 파워지수에 미치는 영향요인(소비자신념)으로 인지도, 연상, 지각된 품질, 독점적 자산으로 구성하였다. 이러한 영향요인들이 궁극적으로 브랜드 평가에 영향을 미치는 구조로 되어 있다.

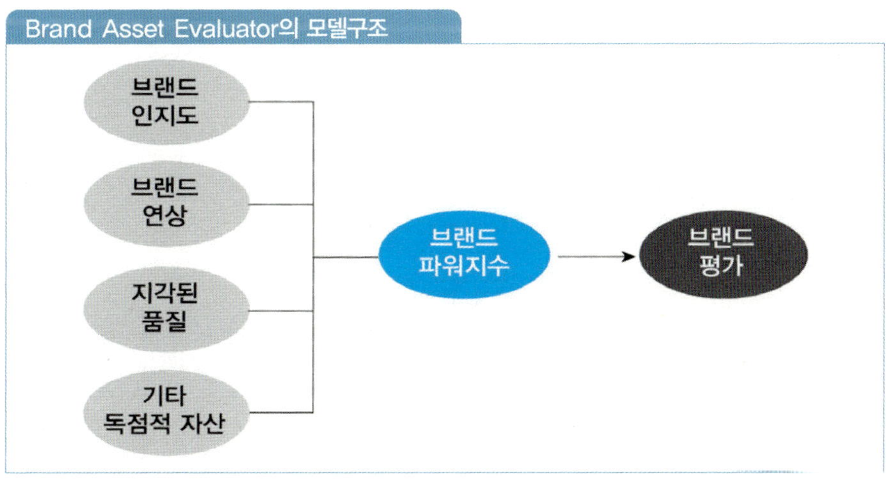


브랜드 가치평가에 관한 연구, 산업자원부 한국디자인진흥원, 2002

| 신념(차원) | | 세부항목 |
|---|---|---|
| 브랜드 인지도 | | 비보조 인지도, 보조 인지도 |
| 브랜드 역량 | 경제적 역량 | 성장 가능성, 재정적 안정성, 경제적 역할 |
| | 기업의 윤리성 | 경영자 리더십, 노사화합, 도덕성, 문화예술투자, 사회복지 기부 |
| | 기업의 신뢰성 | 입사선호도, 신뢰정도, 좋은 서비스 |
| 지각된 품질 | 서비스품질 | 유형성, 신뢰성, 대응성, 확신성, 공감성 |
| | 제품품질 | 성능, 외양, 일관된 품질, 내구성, 제품서비스 능력 |
| 기타 독점적 자산 | 유통력 | 영업망, 점포분위기, 접근성 |
| | 확장력 | 확장능력, 확장태도, 구매의도 |
| | 심벌 | 상징성, 심미성, 용이성 |

브랜드 가치평가에 관한 연구, 산업자원부 한국디자인진흥원, 2002

제일기획에서 지난 2003년 개발한 Brand Value-up이라는 모델에서도 브랜드 성과(브랜드 태도 및 충성도)에 인지도, 기능적 측면, 이미지 측면이 영향을 미치는 흐름이 구조화되어 있다.



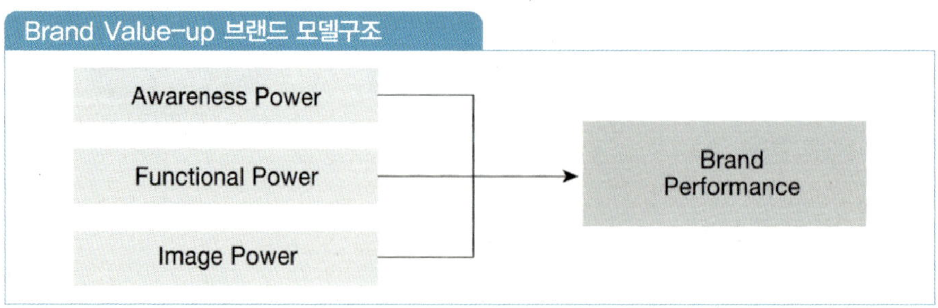


Brand Value-up, 브랜드 진단 및 관리 모형 정립을 위한 시도, 마케팅연구 제18권 제4호, 2003년 12월

| Brand Value-up 브랜드 모델 구성항목(주유소의 예) | | |
| --- | --- | --- |
| **신념(차원)** | | **세부항목** |
| Awareness Power | | 비보조 인지도, 보조 인지도 |
| Functional Power | | 공해 적음, 연비 우수, 엔진보호 기능, 깨끗함, 옥탄가 높음, 힘이 좋음, 가격 저렴, 찌꺼기 없음, 직원서비스 우수, 보너스카드, 신용카드 제휴, 주유소 부대시설 |
| Image Power | Personal Image | 활동적인, 전문적인, 믿음직한, 자신감 있는, 개성있는, 친절한, 건전한, 세련된, 현실적인, 자유로운, 감성적인 |
| | Social Image Power | 주위 수용, 주위 선호, 선망하는 대상 사용가능성, 관심/화제성, 인기예상, 시대적 분위기/추세 |

Brand Value-up, 브랜드 진단 및 관리 모형 정립을 위한 시도, 마케팅연구 제18권 제4호, 2003년 12월

## 나. 서비스품질

서비스품질(Service Quality)은 고객만족에 영향을 미치는 일종의 태도로서 일반적으로 과정품질, 결과품질, 물리적환경품질 등 3가지 요소로 구성된다. 서비스품질은 고객만족에 영향을 미치며, 고객만족은 행동의도로 연결되게 된다. 아래 모델은 서비스품질 혹은 고객만족도 측정모델 구축 시 실무에서 가장 일반적으로 활용되는 구조이다.

**서비스품질 측정모델의 일반적 구조**

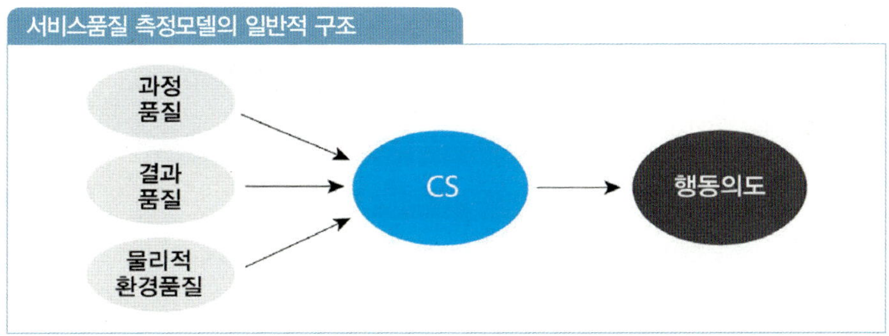


서비스품질의 각 차원이 CS에 미치는 영향에 관한 연구, 마케팅연구 제18권 제4호, 2003년 12월

| 서비스품질 측정모델의 구성항목(은행의 예) | |
| --- | --- |
| 신념(차원) | 세부항목 |
| 과정품질 | 직원의 전문성, 직원의 신뢰성, 직원의 친절성 |
| 물리적환경 품질 | 최신식 설비, 쾌적한 실내, 매장 배치 |
| 결과품질 | 금융상품의 혜택, 이자/수수료 적정성, 금융상품 안전성 |

서비스품질의 각 차원이 CS에 미치는 영향에 관한 연구, 마케팅연구 제18권 제4호, 2003년 12월

## 다. 고객자산

고객자산(Customer Equity)은 기존의 브랜드와 고객만족을 통합한 개념으로 고객생애가치(Customer Lifetime Value)를 현재가치로 환산한 것으로 정의할 수 있다. 고객자산은 크게 가치자산(Value Equity), 브랜드자산(Brand Equity), 관계자산(Relationship Equity)으로 구성되며, 이 세 가지가 고객자산에 영향을 미치는 Driver(신념)로 작용한다.

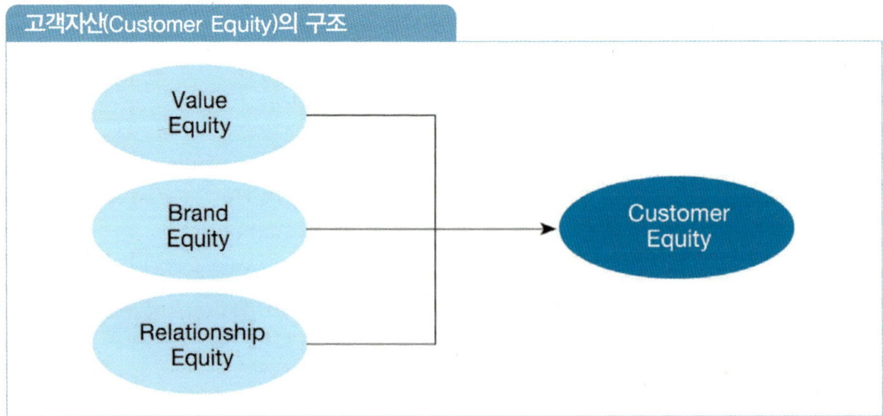


'Return on Marketing : Using Customer Equity to Focus Marketing Strategy', Journal of Marketing, Rust, Lemon & Zeithmal, Vol.68 (January 2004), pp.109~127

| 고객자산의 구성항목 | |
| --- | --- |
| **신념(차원)** | **세부항목** |
| 가치자산(Value Equity) | 품질(Quality), 가격(Price), 경쟁력(Competitiveness), 편리함(Convenience) |
| 브랜드자산<br>(Brand Equity) | 광고(Advertising), 정보 제공(Information Provide), 기업의 사회적 책임(Corporate Citizenship), 지역사회 공헌(Sponsor of Community Events), 윤리(Ethics), 브랜드 관련성(Brand Relevance) |
| 관계자산<br>(Relationship Equity) | 고객충성도 프로그램(Loyalty Program), 절차(Procedure), 고객 배려(Customer Care), 특별한 대우(Special Treatment), 공동체의식(Sense of Community), 신뢰(Trust) |

'Return on Marketing : Using Customer Equity to Focus Marketing Strategy', Journal of Marketing, Rust, Lemon & Zeithmal, Vol.68 (January 2004), pp.109~127

## (3) 소비자 태도 모델의 한계

지금까지 소비자 태도 모델의 기본 개념과 실무에서 활용되는 주요 개념들의 구조를 살펴보았다. 소비자 태도 모델의 기본구조 활용과 관련해서 제기되는 주요 이슈들을 세 가지로 구분해 보면 다음과 같다.

첫째, 소비자 태도 모델이 소비자 의사결정과정의 모든 상황에 적용될 수 있는가 하는 것이다. 앞서 제시한 소비자 태도 모델의 기본구조가 현재 마케팅 학계에서 가장 널리 받아들여지고 있기는 하지만 모든 상황에서 소비자 태도 형성과정을 완벽하게 설명할 수 는 없다. 『마케팅조사 실무노트 Ⅰ』에서도 언급한 바와 같이 마케팅조사는 소비자의 이성적·합리적 의사결정을 기본 전제로 하고 있어서 감정적·비이성적 의사결정 상황을 설명할 수 없다는 한계가 있다. 따라서 제품/서비스, 구매/이용상황, 그리고 소비자의 개별특성에 따라 달라질 수 있는 소비자의 의사결정구조를 앞서 살펴본 소비자 태도 모델로 완벽하게 설명할 수 없다는 점을 이해해야만 한다.

둘째, 행동의도와 행동의 차이점에 대한 것이다. 질문형태로 묻고 답하는 조사에서는 소비자의 행동을 직접 측정할 수 없다. 그래서 마케팅학자들은 소비자 행동의 대용지표로서 행동의도를 활용한다. 여기서 행동의도란 향후 재구매 혹은 타인에게 추천할 의향이 어느 정도 있는지를 5점이나 7점과 같은 리커트 척도 형태로 응답받는 것을 말한다. 질문형태의 조사로 측정할 수 있는 행동의도는 실제 소비자행동과는 차이가 날 수 있다는 점에서 논란의 여지는 있지만, 현실적으로 활용할 수 있는 유일한 대안이기 때문에 행동의도를 행동의 측정치로서 활용하고 있다. 단, 행동의도 항목이 가지는 이러한 단점 때문에 마케팅 학자들은 단지 행동의 대용지표로만 간주하여 큰 의미를 부여하지 않는다. 마케팅조사 실무노트 Ⅰ에서 NPS에 대해 언급하면서 소비자태도에 비해 좋은 지표가 아니라고 주장한 것도 행동의도 항목이 가지는 이러한 한계 때문이다.

셋째, 태도 대신 행동의도를 핵심지표로 활용하는 것에 대한 이슈이다. 앞서 설명한 바와 같이 마케팅 학계에서 행동의도는 행동의 대용지표로만 간주하여 큰 의미를 부여하지 않는다. 그 이유는 바로 행동의도에는 현실적으로 통제하기 어려운 부분까지 포함이 되기 때문이다. 행동의도를 묻는 대표적인 질문항목인 재구매의향과 타인추천의향을 예를 들어 설명해 보자. 보험, 초고속인터넷, 방송서비스, 이동통신 등과 같은 장기계약에 기반한 서비스의 경우 소비자 태도와 계속이용의향과는 차이가 날 수 있다. 즉, 실제 소비자가 해당 서비스에 대해 불만족하더라도 계속이용의향은 높을 수가 있는데 그 이유는 바로 서비스

해지에 따라 소비자가 떠안게 되는 손실 때문이다. 보험은 중도해지하게 되면 기간에 따라 소비자가 손해를 볼 수 있으며, 초고속인터넷이나 방송서비스, 이 동통신 등도 약정계약 등에 따라 중도해약을 하게 되면 소비자가 위약금을 물 어야 하는 경우가 발생한다. 따라서 이런 경우 기업에서 소비자 태도가 아닌 계 속이용의향을 주요 관리지표로 삼았다가는 자칫 현실을 왜곡시켜 장기적으로 시장에서의 실패를 초래할 가능성이 매우 높다.

타인추천의향의 경우에도 마찬가지이다. 소비자의 태도는 동일하더라도 소 비자의 개인성향에 따라 타인추천의향은 달라질 수 있다. 즉, 자신의 경험을 다 른 사람에게 이야기하기를 좋아하는 성향을 가진 소비자들이 있는 반면, 그렇 지 않은 소비자들도 있기 때문에 설사 이들 두 소비자집단 간 태도는 차이가 없 다 하더라도 타인추천의향은 달라질 수 있는 것이다. 이처럼 행동의도는 제 품 · 서비스 유형, 상황적 요인, 그리고 소비자 개인특성에 따라 달라질 가능성 이 소비자 태도에 비해 훨씬 높고 기업에서 마케팅활동을 통해 통제할 수 없는 여러 요소들을 내포하고 있기 때문에 마케팅학자들과 마케팅 실무에서는 태도 를 중시하는 것이다.

마케팅에서 활용하고 있는 소비자 인지구조가 사회과학의 이론연구들을 바탕 으로 한다는 점과 마케팅을 포함한 모든 사회과학이 현실세계를 100% 반영하 거나 설명할 수 없다는 점에서 근본적인 한계점이 존재한다. 하지만 현재 마케 팅에서는 인지적 학습이론과 다속성 태도모델을 바탕으로 해서 소비자의 태도 를 측정하는 것이 가장 일반적이다.

## (4) 왜 구조방정식이어야 하는가?

마케팅 학계나 조사실무에서 구조방정식이 널리 활용되는 가장 큰 이유는 바로 소비자 인지 구조를 과학적으로 검증하는 데 현실적으로 구조방정식만큼 좋은 대안이 없기 때문이다.

소비자 인지구조는 원인-결과의 연속적인 흐름으로 구성되어 있다는 것을 앞서 살펴보았다. 즉, 소비자가 어떤 대상에 대해 인식을 하면 태도를 형성하고 이러한 태도를 바탕으로 행동하는 일련의 의사결정과정을 거친다. 여기서 인식과 태도, 태도와 행동을 각각 분석할 수 있는 통계분석기법들은 있지만, 인지-태도-행동의 구조를 동시에 분석할 수 있는 방법은 현재로서는 구조방정식이 유일한 대안이다. 또한, 일반적인 질의응답 형태의 설문조사로 측정되는 소비자 인식이나 태도 관련 항목들은 반드시 오차가 수반되는데 구조방정식은 측정에 따른 오차를 감안하고 최소화하면서 분석할 수 있는 가장 좋은 통계분석도구인 것이다. 구조방정식이 널리 활용되는 보다 구체적인 이유를 하나씩 살펴보도록 하자.

### 가. 보다 정확하게 측정할 수 있다

측정이 정확하다는 것은 오차를 줄인다는 의미이다. 우선 구조방정식 분석을 위해서는 구조를 구성하는 측정항목들이 통계적으로 의미가 있는지를 확인해야 하며 이를 위해서는 반드시 신뢰성과 타당성 검증을 거쳐야 한다. 즉, 구조방정식 분석 이전에 측정항목들을 분석에 사용해도 되는가에 대한 여부를 통계적으로 검증해야 한다. 이렇게 측정에 따른 오차를 줄이는 과정을 거치면 상대적으로 측정이 정확해진다. 둘째, 다른 다변량 분석기법과는 달리 구조방정식 분석에서는 측정에 따른 오차를 제외한 순수한 측정치로만 분석을 수행한다. 이 부분에 대해서는 추후 모델 설정에서 자세하게 설명하기로 한다.

### 나. 보다 유연하게 측정할 수 있다

마케팅조사에서 흔히 활용되는 브랜드, 고객만족, 서비스품질은 모두 잠재변수이다. 여기서 잠재변수라는 것은 단 하나의 질문항목으로 측정될 수 없는 추상적인 것으로 여러 질문항목을 통해 추정을 해야 한다는 것을 의미한다. 예를 들어 브랜드 이미지를 구성하는 여러 요소들 중 '기능적 이미지' 라는 것을 생각해 보자. '기능적 이미지' 는 잠재변수로서 기능적 이미지라는 단일 항목으로는 측정할 수 가 없다. 그 이유는 기능적 이미지가 가지고 있는 추상성이 너무 커서 사람들이 그 의미를 잘 모르거나 다양한 의미로 해석할 가능성이 매우 높기 때문이다. 이런 경우 마케팅 조사에서는 기능적 이미지를 구성하는 여러 질문항목들을 활용해 측정하게 되는데 구조방정식을 통해서만 이러한 잠재변수를 측정할 수 있다. 또한 구조방정식에서는 잠재변수뿐만 아니라 개별 항목으로 된 측정변수만으로도 분석을 할 수 있으므로 회귀분석과 같은 다변량 분석기법에 비해 유연하게 측정할 수 있다.

지금까지 살펴본 바와 같이 마케팅조사 실무에서 널리 활용되는 모든 개념들은 기본적으로 소비자 태도모델의 기본구조를 바탕으로 하고 있으며, 이러한 모델을 가장 효과적으로 분석할 수 있는 대안이 바로 구조방정식인 것이다.

# 3. 이론 연구와 마케팅 실무의 차이점

그럼, 구조방정식을 활용하는 데 있어 이론 연구와 마케팅 실무 간에는 어떤 차이점이 있는지 알아보자. 결론부터 말하면 이론 연구에서는 소비자 태도와 관련된 새로운 현상이나 개념을 정확하게 만드는 것에 초점을 두는 반면, 마케팅 실무에서는 이러한 개념들을 실무에 잘 적용하는 데 중점을 두게 된다. 보다 구체적으로 어떤 차이점들이 있을까?

## (1) 이론 연구

다음에 제시된 모델은 서비스마케팅의 대가로 알려져 있는 서울대학교 이유재 교수가 지난 1997년에 소비자학연구에 발표한 것이다. 이 모델은 고객만족

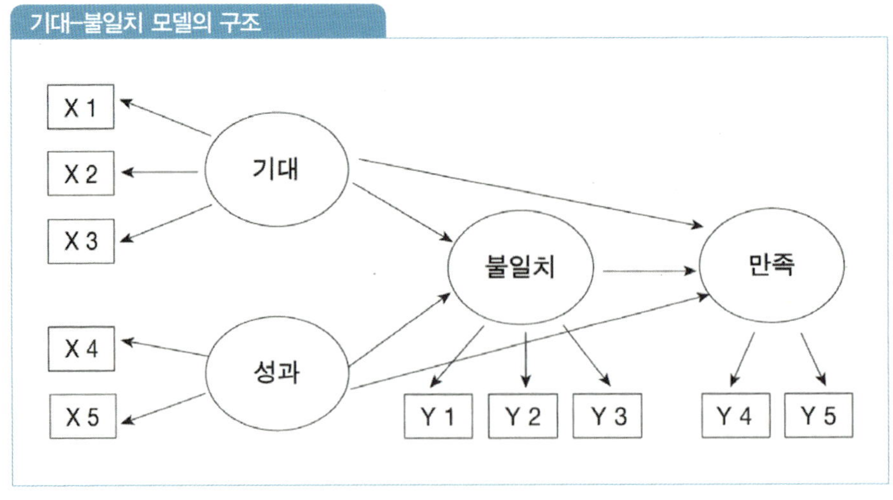


고객만족형성과정의 제품과 서비스 간 차이에 대한 연구, 소비자학연구, 제8권 제1호(1997년 5월)

의 형성과정을 나타내는 가장 일반적인 형태로 '기대와 성과의 일치/불일치 모델'이다. 즉, 고객만족은 사전기대와 성과의 일치 혹은 불일치의 과정을 통해 형성된다는 사실을 입증한 모델로서 이미 여러 차례 다른 학자들에 의해 검증되었다. 이유재 교수는 고객만족형성과정을 설명하는 기대─불일치 모델이 제품과 서비스 간 차이가 있는지를 검증하기 위해 구조방정식을 이용하였다.

이 모델은 기대와 성과를 통해 일치/불일치가 형성되고 이러한 일치/불일치를 통해 만족이 형성되는 인과구조로 이루어져 있다. 여기서 기대, 성과, 불일치, 만족은 모델을 구성하는 개념들이며, 각 구성개념은 2개에서 3개 사이의 측정항목들로 구성되어 있다.

**모델 구성개념과 측정항목**

| 구성개념 | 개념의 의미 | 측정항목 |
| --- | --- | --- |
| 기대 | 제품/서비스 성과에 대한 사전예측 | ·제품/서비스 이용 전 나는 이 제품/서비스가 여러 품질이나 특성을 원하는 대로 가지고 있을 거라 믿었다 (X 1)<br>·제품/서비스 가격에 비해 그만큼 혜택을 얻을 수 있을 거라 믿었다 (X 2)<br>·제품/서비스가 나의 목적과 필요에 맞는다고 생각했다 (X 3) |
| 성과 | 제품/서비스에 대한 주관적 성과 | ·제품/서비스 이용 후 품질이 좋다고 느꼈다 (X 4)<br>·제품/서비스 이용 후 해당 제품/서비스가 필요한 여러 특성들을 가지고 있다고 느꼈다 (X 5) |
| 불일치 | 기대와 성과의 차이에 대한 소비자의 주관적 평가 | ·제품/서비스 이용 후 내가 사전에 기대했던 것보다 여러 특성들을 훨씬 적게(많이) 가졌다고 느꼈다 (Y 1)<br>·제품/서비스 이용 후 내가 사전에 기대했던 것보다 더 적은(많은) 혜택을 주었다고 느꼈다 (Y 2)<br>·제품/서비스 이용 후 나의 사전기대나 욕구에 훨씬 못 미친다 (상회한다)고 생각했다 (Y 3) |
| 만족 | 제품/서비스에 대한 소비자의 주관적 만족 | ·제품/서비스 이용 후 나는 만족했다 (Y 4)<br>·제품/서비스 이용 후 나는 행복했다 (Y 5) |

어떤 개념에 대한 이론 연구는 크게 1) 개념의 개발과 측정, 2) 개념의 결정요인 연구, 3) 개념의 결과요인 연구 등 세 가지로 구분된다. 고객만족을 예로 들어 보면 학계에서의 이론 연구는 고객만족 개념의 개발과 측정에 대한 연구, 고객만족을 결정하는 요인에 관한 연구, 고객만족의 결과에 대한 연구 등으로 나누어질 수 있다. 이 연구에서는 고객만족 개념 자체에 대한 측정이 아니라 고객만족 형성과정에서 제품과 서비스 간 차이여부를 검증하는 것이 주된 목적이다. 그래서, 연구모델을 구성하는 기대, 성과, 불일치, 만족 등의 모든 개념들과 측정항목들, 그리고 기대와 성과의 일치/불일치 모델구조는 이미 기존 연구를 통해 검증이 된 것들을 그대로 활용하였다.

이론 연구에서는 무엇보다도 이론적 배경이나 논리를 중시하기 때문에 어떤 개념이나 항목이건 간에 반드시 명확한 근거가 있어야 하며, 이 근거는 주로 기존에 검증이 된 다른 연구들을 바탕으로 하게 된다.

## (2) 마케팅 실무

마케팅 실무에서 패밀리 레스토랑 고객만족도 측정을 위해서 구성하는 모델의 구조를 저자가 임의로 만들어 보았다. 이 모델은 메뉴, 직원서비스, 물리적환경, 부가서비스, 이미지가 고객만족을 형성하고 고객만족/불만족은 결국 재이용과 타인 추천으로 연결되는 구조로 되어 있다.

이 모델에서 고객만족에 영향을 미치는 메뉴, 직원서비스, 물리적환경, 부가서비스, 이미지 등의 구성개념은 복수의 항목으로 측정하였지만, 고객만족과 재이용의향, 타인추천의향은 모두 단일 항목으로 구성하였다.

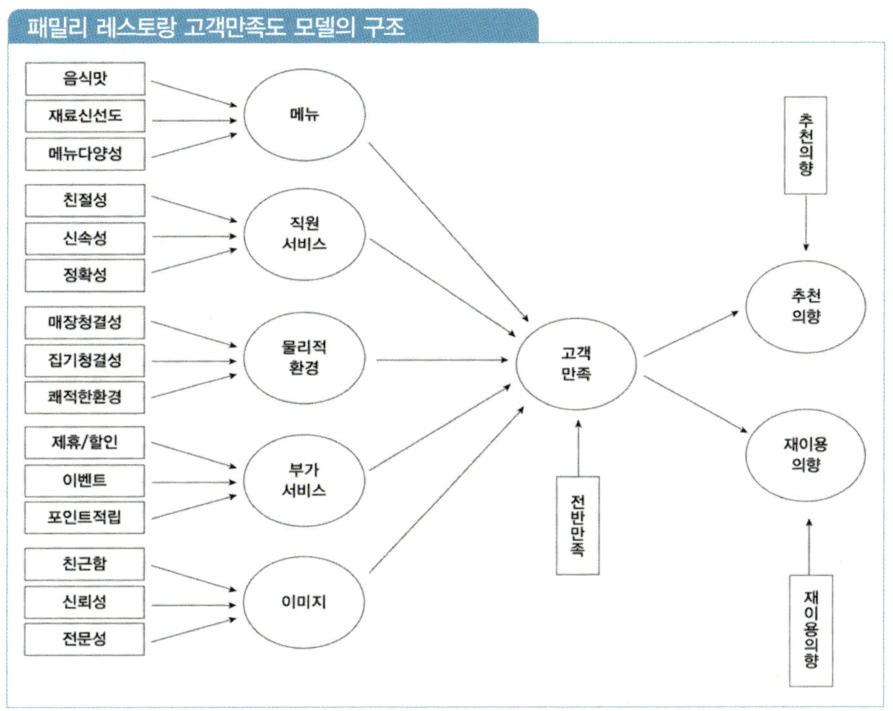



상기 모델은 실무에서 가장 널리 활용되는 구조를 저자가 임의로 구성해 본 것임.

실무모델의 가장 큰 특징은 모델의 구조나 구성개념 자체는 기존 이론연구를 바탕으로 하되 태도를 설명하는 구성개념은 실무에서 활용할 수 있도록 구체적이고 실용적으로 만든다는 것이다. 상기 모델에서도 소비자 태도 모델에서의 신념(메뉴, 직원서비스, 물리적환경, 부가서비스, 이미지) − 태도(고객만족) − 행동의도(재이용의향, 타인추천의향)로 연결되는 전체 구조와 각 구성개념 자체는 고객만족 관련

이론 연구에서 검증된 것들을 바탕으로 하고 있다. 하지만 각 구성개념의 측정 항목들은 기존 연구가 아닌 실무적 활용에 초점을 두어 조사목적, 해당회사의 특성과 전략방향 등에 따라 보다 현실적으로 구성해야 한다.

### 모델 구성개념과 측정항목

| 구성개념 | 개념의 의미 | 측정항목 |
|---|---|---|
| 메뉴 | 제공메뉴에 대한 평가 | 음식이 맛있다<br>재료가 신선하다<br>메뉴가 다양하다 |
| 직원서비스 | 직원서비스에 대한 평가 | 직원이 친절하다<br>직원서비스가 신속하다<br>직원서비스가 정확하다 |
| 물리적 환경 | 매장 내외부 환경에 대한 평가 | 매장이 청결하다<br>집기가 청결하다<br>매장환경이 쾌적하다 |
| 부가서비스 | 각종 할인/혜택 등의<br>부가서비스 | 제휴/할인이 다양하다<br>각종 이벤트를 잘 한다<br>포인트 적립이 잘 된다 |
| 이미지 | 패밀리레스토랑 이미지 | 친근하다<br>신뢰가 간다<br>전문적이다 |
| 고객만족 | 전반적 태도 | 전반적으로 만족한다 |
| 의향 | 행동의도 | 다음에 또 이용할 것이다<br>주위사람들에 추천할 것이다 |

패밀리 레스토랑 고객만족도 모델을 예로 들어 보다 구체적으로 살펴보자. 만약 조사의 목적이 지점별 고객만족도 수준을 측정하여 비교하는 것이라면 상기 모델에서 개별 지점에서 통제가 불가능한 부가서비스와 이미지는 제외하고 메뉴, 인적서비스, 물리적 환경으로만 모델을 구성할 수 있다. 또한, 조사결과

를 활용하는 해당회사가 경쟁사에 비해 상대적으로 가격이 비싸거나 싸다면 상기의 모델에서 '가격'과 관련된 항목을 추가해서 모델을 구성할 수도 있는 것이다.

이처럼 실무에서는 모델을 구성하는 개념들, 특히 태도에 영향을 미치는 구성개념들과 세부측정항목들은 실무적 니즈에 맞게 현실적이고 구체적으로 구성하는 것이 일반적이다. 실제 실무에서는 브랜드, 광고, 고객만족, 서비스품질 등의 측정모델을 구축할 때 모델 구조의 왼쪽에 있는 구성개념들과 각 개념을 구성하는 세부항목들의 수가 더 많고, 해당기업의 상황과 현실을 바탕으로 하여 실제 실무에서 개선할 수 있을 정도로 구체적이다.

## (3) 이론모델과 마케팅 실무모델의 차이점

이론모델의 가장 큰 목적은 새로운 개념의 정립이나 모델 구성변수 간 인과관계를 파악하는 것이다. 앞서 살펴보았던 '기대-불일치 모델'은 고객만족의 형성과정에 대한 이론 정립을 위해 개발된 것이다. '고객만족/불만족은 제품/서비스를 이용하기 전에 사전 기대수준과 제품/서비스를 이용한 후 평가를 바탕으로 한 사전기대와의 일치/불일치를 통해 형성된다' 라는 주장을 뒷받침하기 위한 것이다. 이런 관점에서 보면 상기의 모델에서 기대, 성과, 불일치, 만족과 같은 구성개념 간의 관계를 검증해야 하며, 이를 위해 구조방정식을 활용한다.

이론 연구에서는 구성개념 간의 관계 규명을 통해 가설을 검증하고 이론을 증명한다. 이때 각 구성개념을 이루는 세부항목들은 단지 해당 구성개념을 정확하게 측정하기 위한 수단에 불과하다. 즉, 각 개념을 측정하는 세부항목들은 위성을 발사할 때 지구 대기권을 통과해 지구 밖까지 도달하기 위해 사용되는 추진로켓과 같은 역할을 하는 것이다. 따라서 이론 연구에서 구조방정식을 통한 모델분석의 주된 관심사는 구성개념을 정확하게 측정했는지, 각 구성개념 간 관계가 있는지, 관계가 있다면 얼마나 있는지를 검증하는 것이 되며, 각 구성개념이나 개별 측정변수들의 수준(점수)이 어느 정도 되는지에 대해서는 전혀 관심이 없다.

반면, 실무에서 모델을 구축하는 가장 큰 목적은 모델을 구성하는 구성개념들의 절대 수준이 어느 정도이며, 해당 기업에 대한 소비자 태도 수준을 높이기 위해서(소비자가 해당 기업을 좋아하게 만들기 위해서)는 어떻게 해야 하는지에 대한 진단자료를 도출하는 것이다. 패밀리 레스토랑 고객만족도 모델에서 메뉴, 직원서비스, 물리적 환경, 부가서비스, 이미지, 고객만족 등과 같은 구성개념들의 절대 수준이 어느 정도인지, 경쟁대비 얼마나 차이가 나는지, 그리고 고객만족 수준(점수)을 높이기 위해서는 메뉴, 직원서비스, 물리적환경, 부가서비스, 이미지 중 어떤 구성개념을 얼마나 개선해야 하는지에 주된 관심이 있는 것이다. 또한, 앞서 이론연구에서는 측정항목은 단지 구성개념을 정확하게 측정하기 위한 목적으로 활용되었던 반면, 실무에서는 측정항목 하나하나가 중요한 의미를 가진다. 예를 들어 조사결과 '메뉴'가 고객만족 수준에 미치는 영향력은 큰 데 반해, 절대수준이 낮아 우선 개선이 필요한 것으로 분석되었다면, 실무에서는 구체적으로 메뉴를 구성하는 어떤 항목을 가장 먼저 개선해야 하는지, 즉 어떤 항목이 가장 문제인지 관심을 가지게 된다. 따라서 실무에서는 구성개념별로 모든 세부항목들의 절대수준(점수)과 각 세부항목이 해당 구성개념에 미치는 영향력을 중요하게 생각한다.

구조방정식 분석의 적용에 있어 이론 연구와 마케팅조사 실무가 가장 차이가 나는 점은 바로 여기에 있다. 이론 연구에서는 모델을 구성하는 구성개념들의 정확한 측정과 구성개념 간 관계를 검증하는 것이 가장 큰 목적인 반면, 마케팅조사 실무에서는 모델에서 태도에 영향을 미치는 구성개념들 중 어떤 것이 얼마나 더 영향을 미치는지, 그리고 각 개념과 측정항목들의 절대수준(점수)은 어느 정도인지에 더 관심을 둔다.

**이론 연구와 마케팅조사 실무의 차이점**

| 구분 | 이론 연구 | 마케팅조사 실무 |
|---|---|---|
| 목적 | 구성개념 간의 관계 검증 | 모든 구성개념들의 수준 및 태도에 대한 영향력 파악 |
| 분석수준 | 구조방정식을 통한 관계분석 | 구조방정식 분석 및 지수산출을 통한 다양한 비교분석 |
| 점수계산 | 관심 없음<br>점수계산은 전혀 하지 않음 | 매우 중요함<br>모든 항목의 점수를 계산하여 비교분석함 |
| 측정변수역할 | 구성개념의 측정을 위한 도구로만 활용 | 구성개념의 개선을 위한 주요 항목으로 활용 |

이러한 이유로 이론 연구에서는 매우 추상적인 수준에서 소비자의 태도를 측정하기 위한 개념들에는 어떤 것들이 있는지, 그 개념들은 어떤 어떤 구성개념들에게 영향을 받는지 정도만 알 수 있을 뿐 기업에서 관리할 수 있을 정도로 구제적으로 제시하지 못한다. 예를 들어, 상기에 제시한 이론 모델에서도 고객만

족은 기대와 성과 간 불일치를 통해 형성된다는 사실만 알려준다. 다시 말해서 이론 모델은 고객만족의 제고를 위해 기업에서 수행하는 여러 마케팅 활동 중 어떤 것들이 중요한 것이고 어떤 항목들을 고객만족도 모델에 넣어야 하는지에 대한 팁은 제공해 주지 못한다. 일부 이론 연구에서는 다소 구체적으로 제시를 하기도 하나 기업실무에서 바로 활용할 수 있을 정도의 구체성이나 현실성은 떨어지는 것이 사실이다. 따라서 소비자 태도의 제고를 위한 의사결정 자료를 도출하기 위해 모델을 구축할 때 기업은 소비자 태도에 영향을 미치는 구성개념들을 매우 구체적이고 현실적인 수준에서 구성하는 것이 일반적이다.

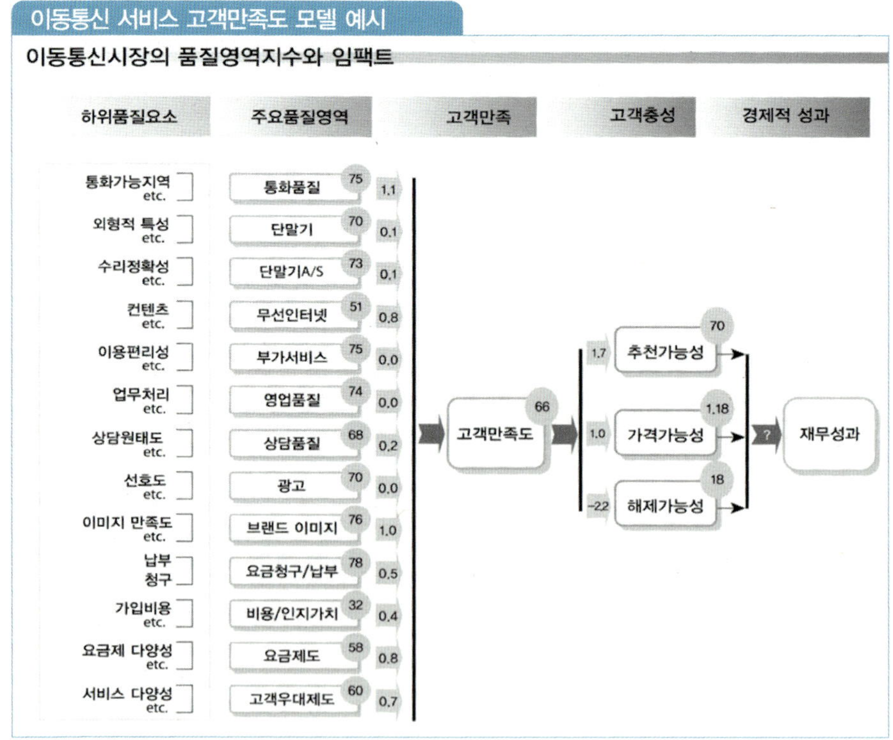


고객만족도 측정방법론과 전략적 활용, 차재성, 김영찬, 마케팅연구 제18권 제1호(2003년 3월)

상기 모델은 모 이동통신사에서 실제로 활용하고 있는 고객만족도 측정모델을 예시로 든 것이다. 모델의 전반적 구조는 소비자 태도 모델에 따라 각종 품질요인(신념) - 고객만족 - 행동의도로 구성되어 있으나 각종 품질요인의 구성은 매우 구체적이고 현실적으로 되어 있음을 알 수 있다. 이처럼 실무에서 활용하는 구조방정식 모델의 경우 전반적인 흐름이나 구조는 소비자 인지구조를 바탕으로 하되 소비자 태도에 영향을 미치는 구성개념들은 실무적 필요에 의해 매우 현실적이고 구체적으로 구성하는 것이 일반적이다.

현재 시중에 나와 있는 모든 구조방정식 관련 서적은 상기에서 언급한 두 가지 유형 중 이론 연구에 초점을 두고 있다. 그래서 지금까지는 마케팅조사 실무에 바로 적용하기 위한 팁을 기존에 나와 있는 서적에서 얻을 수 없었던 것이다. 이 책은 구조방정식 활용에 있어 이론 연구와 마케팅 실무의 이러한 차이점을 분명히 인식하여 이론 연구가 아닌 마케팅 실무위주로 구성하였다.

STEP 01 구조방정식 이해하기
STEP 02 구조방정식 **분석준비하기**
STEP 03 구조방정식 분석하기
STEP 04 구조방정식 결과활용

# 구조방정식 분석준비하기

1. 변수
2. 모델
3. 지표
4. 모델 구조와 그리스문자
5. 구조방정식 분석 시 주의사항
6. 구조방정식의 종류

구조방정식 분석을 위해 기본적으로 알아야 하는 각종 용어와 개념들을 살펴보고, 구조방정식모델의 구조와 구성 시 유의해야 할 점들에 대해 알아보기로 한다.

# 구조방정식 분석준비하기

## 1. 변수

### (1) 모수와 변수

#### 가. 모수와 변수의 개념에 대한 이해

변수(Variable)라는 것은 어떤 상황에서 가변적인 요인을 말하는 것으로 모수(Parameter)와 반대되는 개념이다. 모수가 언제나 변하지 않는 일정한 값인 상수(Constant)를 말하므로 변수는 상수와 대비되는 개념으로 일정 범위에서 변할 수 있는 값을 말한다. 마케팅조사에서는 조사대상의 전체라고 할 수 있는 모집단(Population)을 대상으로 얻게 되는 결과 값을 모수라고 하고 전체 중 일부인 표본을 대상으로 조사를 진행하여 측정하는 모든 항목을 변수라고 한다.

모집단은 항상 변하지 않고 정해져 있으므로 모집단에서 추출되는 모든 값들인 모수도 정해져 있는 값이 된다. 반면, 모집단 중 일부를 표본으로 선정하여 조사를 진행할 경우 설사 동일한 기준으로 표본을 뽑는다 하더라도 표본집단에 따라 모집단에 대한 결과값은 변할 수 있으므로 변수라고 하는 것이다.



| 구분 | 모수(Parameter) | 변수(Variable) |
|---|---|---|
| 조사대상 | 모집단(Population) | 표본(Sample) |
| 특징 | 변하지 않는 고정된 값 | 일정 범위로 변하는 값 |
| 의미 | 표본조사를 통해 궁극적으로 알고자 하는 값 | 표본조사에서 실제 도출되는 값 |

단, 여기서 모집단이 변하지 않는다는 의미는 모집단 자체가 변하지 않는다는 의미가 아니라 특정시점에 모집단에 대한 정보가 고정되어 있다는 것을 의미한다. 예를 들어, 흡연율이라는 것을 생각해 보자. 1999년의 우리나라 인구 흡연율은 2009년과는 분명히 다르다. 하지만 1999년 당시, 2009년 당시의 우리나라 인구 흡연율은 고정되어 있다. 다만 변하는 것은 1999년 당시 혹은 2009년 당시에 동일한 조건으로 추출된 여러 개의 표본집단에서의 흡연율이다. 비록 모든 조건이 동일하다 하더라도 모집단 전체가 아닌 일부를 대상으로 조사하게 되므로 동일한 시점에 동일한 모집단을 대상으로 표본을 추출하더라도 표본집단별로 결과값은 조금씩 다를 수밖에 없는 것이다.

표본조사에서 측정하는 모든 값들은 궁극적으로 모수를 추정(Estimate)하기 위해 활용된다. 예를 들어 대통령선거에서 투표 당일 오후 6시에 각 방송사에서 발표하는 선거예측조사의 결과는 변수가 되고 개표를 다 마친 선거 결과는 모수가 되는 것이다. 여기서 방송사마다 발표하는 예측조사의 결과는 조금씩 다르다. 즉, 동일한 조건으로 동일한 모집단을 대상으로 하더라도 모집단 전체가 아닌 일부를 대상으로 한 표본조사이므로 방송사마다 예측결과는 차이가 나는 것이다. 하지만 개표결과인 실제 선거결과는 모집단 전체를 대상으로 한 것이므로 변하지 않는 고정된 값을 가지게 되는 것이다.

표본조사에서 표본오차가 존재하는 이유는 바로 우리가 표본조사에서 모수가 아닌 변수를 측정하기 때문이다. 예를 들어 응답결과가 50%인데 표본오차가 95% 신뢰수준에 ±3%라는 것의 의미는 특정 표본을 대상으로 조사를 했더니 해당변수의 응답결과는 50%이며, 동일한 조사를 100회 반복했을 때 95회 정도는 이 변수의 응답결과가 47%(50%-3%)부터 53%(50%+3%) 사이에 오게 된다는 것을 의미하는 것이다.

현실적인 한계점 때문에 대부분의 조사에서는 모집단 전체가 아닌 일부만을 조사한다. 즉, 표본조사에서 측정된 모든 값은 모수를 추정하기 위한 변수인 것이다. 표본조사에서는 변수가 모수의 추정치로 활용된다는 의미이다.

**나. 구조방정식에서의 모수와 변수**

구조방정식에서 모수는 분석결과를 통해 추정된 값을 의미한다. 구조방정식 분석을 통해 산출될 수 있는 상관계수, 회귀계수, 공분산 등의 모든 값을 모수라고 한다.

구조방정식 분석이라는 것은 궁극적으로 모수를 추정한다는 의미이며, 이러한 모수의 추정은 모델에 따라 구성된 방정식의 계산을 통해 이루어진다. 또한 방정식의 구성은 구조방정식 분석을 위해 모델에 투입된 분석항목의 수와 분석항목 간의 관계 정도에 따라 단순해질 수도 있고, 복잡해질 수도 있다. 상대적으로 분석항목 수도 많고 관계가 복잡할수록 방정식도 복잡하게 구성되므로 이는 궁극적으로 방정식의 계산을 복잡하게 만든다. 특히 분석항목의 수는 적으면서 항목 간의 관계가 복잡할수록 방정식의 계산은 더욱 어려워진다. 중학교에서 고등학교로 점차 학년이 올라갈수록 수학과목의 방정식이 1차방정식에서 고차방정식으로 복잡해지면서 방정식 계산이 점점 어려워지는 것과 같은 원리이다.

구조방정식에서 모수를 중요시하는 이유는 바로 모수를 추정하는 방정식의 성립 여부에 따라 구조방정식모델의 성립 여부가 결정되기 때문이다. 즉, 구조방정식모델에서 분석항목이 많고 항목 간 관계가 복잡해서 방정식의 계산을 통해 추정해야 할 모수가 많을수록 방정식이 성립하기 어려워져 결국 모델이 성립할 가능성은 낮아지는 것이다. 이론 연구이건 실무이건 간에 구조방정식 분석의 1차 목적은 사전에 설정한 모델이 의미가 있다는 것(모델이 성립한다는 것)을 통계적으로 검증하는 데 있다. 따라서 방정식의 성립 여부는 매우 중요하며, 이러한 방정식의 성립에 결정적으로 영향을 미치는 것이 바로 방정식을 통해 풀어야 할 모수의 수인 것이다. 모수와 관련해서 다루어져야 할 보다 많은 내용들이 있으나 본 서는 실무적 활용에 초점을 둔 것이므로 모수에 대해서는 기본적인 이해를 위한 수준에서만 언급하기로 한다.

구조방정식에서 변수라는 것은 모델을 구성하는 항목을 말한다. 앞서 예로 든 이론모델에서 '기대', '성과', '고객만족'과 같은 구성개념들과 이 개념들을 측정하는 모든 항목들, 패밀리 레스토랑 고객만족도 모델에서 '메뉴', '직원서비스', '이미지' 등의 구성개념과 '메뉴'에서의 '음식맛', '다양성' 등의 세부항목들을 모두 변수라고 한다. 구조방정식이라는 것은 결국 이러한 변수들로 방정식을 구성해서 방정식 자체가 성립하는지 여부를 검증하고, 방정식의 계산을 통해 모수를 산출하는 것이라고 할 수 있다.

## (2) 원인변수와 결과변수

구조방정식 모델을 구성하는 항목들인 변수는 크게 변수 간의 관계에 따라 원인변수와 결과변수로 구분할 수 있다. 소비자 태도 모델에서 왼쪽에 위치하면서 다른 변수에 영향을 미치는 변수를 원인변수(Cause Variable), 독립변수(Independent Variable) 혹은 선행변수라고 하고, 다른 변수로부터 영향을 받는 변수를 종속변수(Dependent Variable) 혹은 결과변수(Result Variable)라고 한다.

**원인변수와 결과변수**

| 원인변수 | 결과변수 |
| --- | --- |
| 독립변수라고도 하며, 다른 변수에 영향을 미치는 변수를 말한다. 브랜드 이미지와 서비스품질은 각각 브랜드 태도와 고객만족에 영향을 미치는 대표적인 원인변수이다. | 종속변수라고도 하며, 다른 변수에 의해 영향을 받는 변수를 말한다. 브랜드 호감도, 고객만족도, 행동의도 등은 다른 변수로부터 영향을 받는 대표적인 결과변수이다. |

'패밀리 레스토랑 고객만족도 모델'에서 메뉴, 직원서비스, 물리적환경, 부가서비스, 이미지 등은 모두 고객만족의 원인변수이며, 반대로 고객만족은 결과

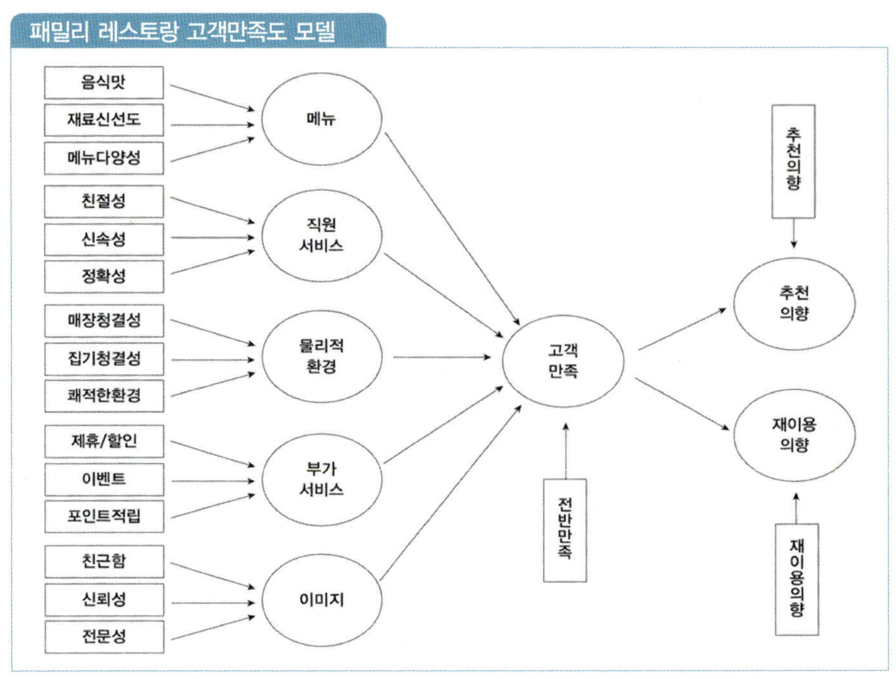



변수가 된다. 마찬가지로 추천의향과 재이용의향은 고객만족의 결과변수이며, 고객만족은 반대로 추천의향과 재이용의향의 원인변수이다. 여기서 고객만족은 메뉴, 직원서비스, 물리적 환경, 부가서비스, 이미지 등으로부터 영향을 받는 결과변수인 동시에 추천의향과 재이용의향의 원인변수이며, 이를 매개변수(Mediation Variable)라고도 한다.

## (3) 잠재변수와 측정변수

변수는 직접 측정 여부에 따라 잠재변수(Latent Variable)와 측정변수

(Measurement Variable)로 나뉠 수 있다. 잠재변수란 이론상 직접적으로 측정될 수 없는 것을 말하며, 상기 모델에서는 메뉴, 직원서비스, 물리적환경, 부가서비스, 이미지, 고객만족 등의 구성개념들이 잠재변수에 해당된다. 구조방정식모델에서 잠재변수는 항상 동그라미로 표현한다.

**실무에서 활용되는 잠재변수와 측정변수 예시**

| 주요 개념 | 잠재변수 | 측정변수 |
| --- | --- | --- |
| 브랜드<br>이미지 | 기능적 이미지 | 금리/수수료 수준이 우수하다<br>음식이 맛있다<br>상품/서비스가 다양하다<br>직원서비스가 우수하다<br>매장(지점) 수가 많다 |
| | 정서적 이미지 | 친근하다<br>신뢰가 간다<br>전문적이다<br>고급스럽다<br>앞서간다<br>고객지향적이다 |
| | 사회적 이미지 | 주위 사람들이 좋아한다<br>최근에 인기가 있다<br>앞으로도 인기가 있을 것 같다 |
| 서비스품질 | 결과 품질 | 음식이 맛있다<br>음식의 종류가 다양하다<br>재료가 신선하다 |
| | 과정 품질 | 직원들이 친절하다<br>직원들의 업무처리가 신속하다<br>직원들의 업무처리가 정확하다<br>직원들의 업무 관련 지식이 풍부하다 |
| | 물리적환경 품질 | 매장이 청결하다<br>매장환경이 쾌적하다<br>각종 집기가 청결하다<br>매장이 이용하기 편리한 곳에 위치하고 있다 |
| 브랜드 | 브랜드 호감도 | 전반적으로 호감이 간다 |
| 고객만족 | 고객만족 | 전반적으로 만족한다 |
| 고객충성도 | 고객충성도 | 앞으로도 계속 이용할 것이다<br>주위사람들에게 추천할 것이다 |

　마케팅조사에서 흔히 활용되는 브랜드, 고객만족, 서비스품질 등은 모두 잠재변수이다. 잠재변수라는 것은 단 하나의 질문항목으로 측정될 수 없는 추상적인 것으로 여러 질문항목을 통해 추정해야 한다는 것을 의미한다. 예를 들어 브랜드 이미지를 구성하는 여러 요소들 중 '정서적 이미지' 라는 것을 생각해 보자. '정서적 이미지' 는 잠재변수로서 정서적 이미지라는 단일 항목으로는 측정될 수가 없다. 그 이유는 정서적 이미지가 다양한 의미를 내포하고 있어 하나의 의미를 가진 단일 항목으로 측정할 수 없기 때문이다. 마케팅조사에서는 잠재변수를 추정하기 위해 여러 질문항목들로 구성하게 되는데 정서적 이미지의 경우에도 친근하다, 신뢰가 간다, 고급스럽다 등과 같은 개별 항목들을 측정변수로 구성하여 추정하게 된다. 상기 모델의 예에서 메뉴, 직원서비스, 물리적환경, 부가서비스, 이미지 등은 모두 각각 3개의 측정변수로 구성하였다.

　측정변수란 직접적으로 측정이 가능한 것으로 흔히 질문지의 개별항목을 의미한다. 패밀리 레스토랑 고객만족도 모델에서 메뉴, 직원서비스, 물리적환경, 부가서비스, 이미지를 구성하는 3개씩의 측정항목들이 모두 측정변수에 해당된다. 측정변수는 구조방정식 모델에서 항상 사각형으로 표현된다.

　상기 예시에서 브랜드 호감도와 고객만족은 잠재변수임에도 불구하고 각각 단일 항목으로 되어 있다. 마케팅학자들은 이론 연구 시 브랜드나 고객만족 개념을 측정하기 위해 복수의 항목으로 구성(예 : 전반적 만족도와 전반적 즐거움으로 고객만족을 측정)하여 무엇보다 측정의 정확성을 중요시하지만, 실무에서는 측정의 정확성보다는 실무에 보다 쉽고 간편하게 적용할 수 있도록 단일 항목으로 구성하는 것이 일반적이다.

만약 실무에서 고객만족을 전반적 만족도와 전반적 즐거움이라는 두 개의 항목으로 측정할 경우 고객만족의 점수 산출부터 시작해서 산출된 점수의 해석에 이르기까지 다양한 현실적인 문제가 제기될 수 있다. 우선 점수 산출을 두 항목의 산술평균으로 할 것인가 혹은 가중평균으로 할 것인가에 대한 현실적인 문제가 대두된다. 또한 산술이든 가중이든 두 항목의 평균을 통해 점수를 산출한다 해도 해석을 하기가 매우 어려워진다. 특히, 두 항목의 점수 차이에 대한 해석이 매우 애매해지게 된다. 즉, 전반적 만족도와 전반적 즐거움 항목의 절대점수가 차이가 날 것이 분명한데 이 차이에 대해 논리적으로 설명할 수 있는 근거나 이 차이가 마케팅 실무에 어떤 의미가 있는지를 파악하는 것은 거의 불가능하다. 이러한 이유로 인해 마케팅조사 실무에서는 대개 고객만족, 브랜드 등의 전반적 태도는 잠재변수라 할지라도 단일 항목으로 측정하는 것이 보편화되어 있다.

## (4) 외생변수와 내생변수

외생변수(Exogenous Variable)는 구조방정식 모델에서 다른 변수의 영향을 받지 않는 변수를 말하는 것으로 원인변수 혹은 독립변수와 유사한 개념이다. 내생변수(Endogenous Variable)란 다른 변수의 영향을 받는 변수로서 결과변수 혹은 종속변수와 유사하다.

앞서 패밀리 레스토랑 고객만족도 모델에서 메뉴, 직원서비스, 물리적환경, 부가서비스, 이미지는 다른 어떤 변수로부터 영향을 받지 않으면서 고객만족에 영향을 미치므로 외생변수이며, 고객만족, 재이용의향, 타인추천의향은 다른 변수들로부터 영향을 받기 때문에 내생변수가 된다.

## (5) 오차

구조방정식모델에서 오차(Error)는 크게 구조오차(Structural Error)와 측정오차(Measurement Error)가 있다. 구조오차는 다른 잠재변수들로는 설명되지 않는 부분을 의미하는데 방정식오차(Equation Error) 또는 잔차(Residual)라고 한다. 패밀리 레스토랑 고객만족도 모델에서 메뉴, 직원서비스, 물리적환경, 부가서비스, 이미지 등의 선행변수들이 고객만족에 영향을 미치기는 하지만 고객만족을 100% 설명할 수 는 없다. 따라서 이러한 선행변수들이 고객만족을 설명할 수 없는 부분을 구조오차라고 한다.

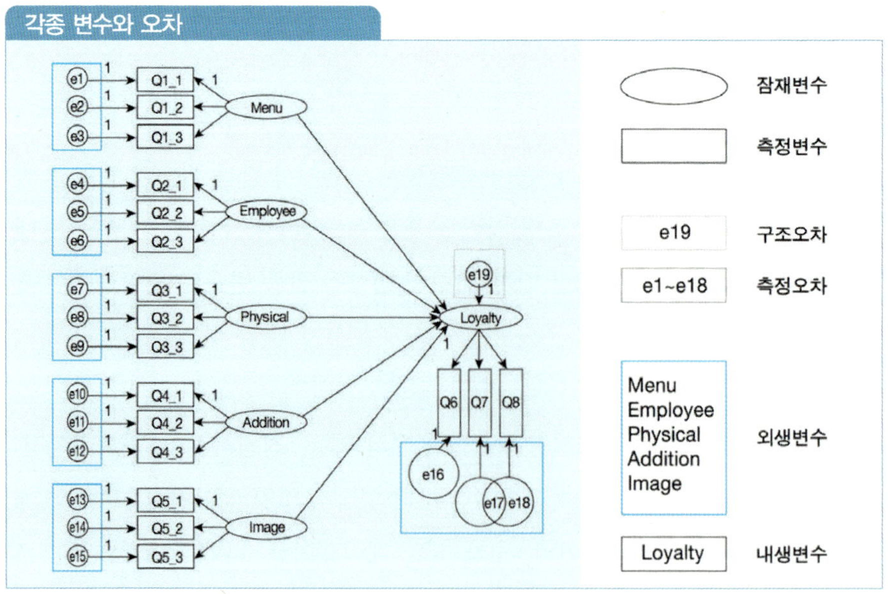

측정오차는 잠재변수를 완벽하게 측정할 수 없는 데서 생기는 오차를 의미하는 것으로 패밀리 레스토랑 고객만족도 모델에서 메뉴라는 잠재변수를 3개의 측정항목으로 100% 측정할 수 없음에 따라 발생하게 되는 오차를 말한다. 지금까지 살펴본 변수와 오차의 개념들을 정리해 보면 앞의 그림과 같다.

## 2. 모델

### (1) 측정모델과 구조모델

측정모델(Measurement Model)이란 둘 이상의 측정항목으로 구성된 각 잠재변수를 말하며, 구조모델(Structural Model)이란 잠재변수와 잠재변수 간의 관계를 의미한다. 앞서 예로 든 패밀리 레스토랑 고객만족도  모델에서 메뉴, 직원서비스, 물리적환경, 부가서비스, 이미지, 고객만족 등은 해당 잠재변수를 측정하는 측정모델이며, 메뉴부터 이미지까지의 선행변수들과 고객만족, 고객만족과 재이용의향 및 타인추천의향과의 관계는 구조모델이라고 할 수 있다.

구조방정식 모델에서 측정모델과 구조모델을 구분하는 이유는 두 모델의 목적이 다르기 때문이다. 측정모델은 말 그대로 해당 잠재변수를 정확하게 측정하는 것에 주목적이 있는 반면, 구조모델은 잠재변수 간의 관계를 규명하는 데 중점을 두게 된다. 이론 연구에서 구조방정식 분석을 할 때 먼저 각 측정모델이 정확하게 측정되었는지를 통계적으로 검증한 다음, 잠재변수 간의 관계를 분석하여 사전에 정해진 가설을 검증함으로써 이론을 최종적으로 증명한다.

측정모델과 구조모델 예시

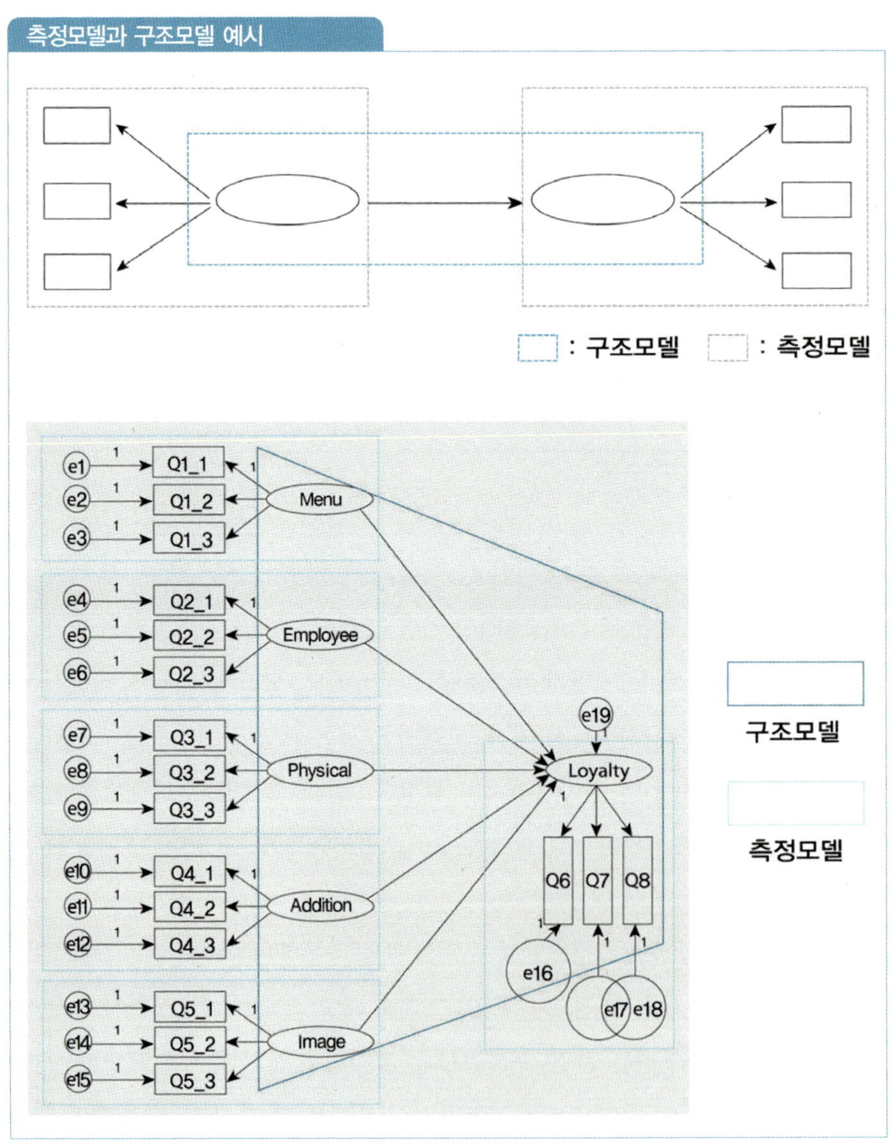
: 구조모델
: 측정모델
e1
Q1_1
e2
Q1_2
Menu
e3
Q1_3
e4
Q2_1
e5
Q2_2
Employee
e6
Q2_3
e7
Q3_1
e8
Q3_2
Physical
e9
Q3_3
e10
Q4_1
e11
Q4_2
Addition
e12
Q4_3
e13
Q5_1
e14
Q5_2
Image
e15
Q5_3
e19
Loyalty
Q6
Q7
Q8
e16
e17
e18
구조모델
측정모델

## (2) 1차요인모델과 고차요인모델

모델은 잠재변수의 구성에 따라 1차요인모델과 고차요인모델로 구분된다. 1차요인모델(First-order Factor)은 복수의 측정변수로 구성된 잠재변수를 말하며, 고차요인모델(Higher-order Factor)은 복수의 잠재변수로 구성된 잠재변수를 말한다.

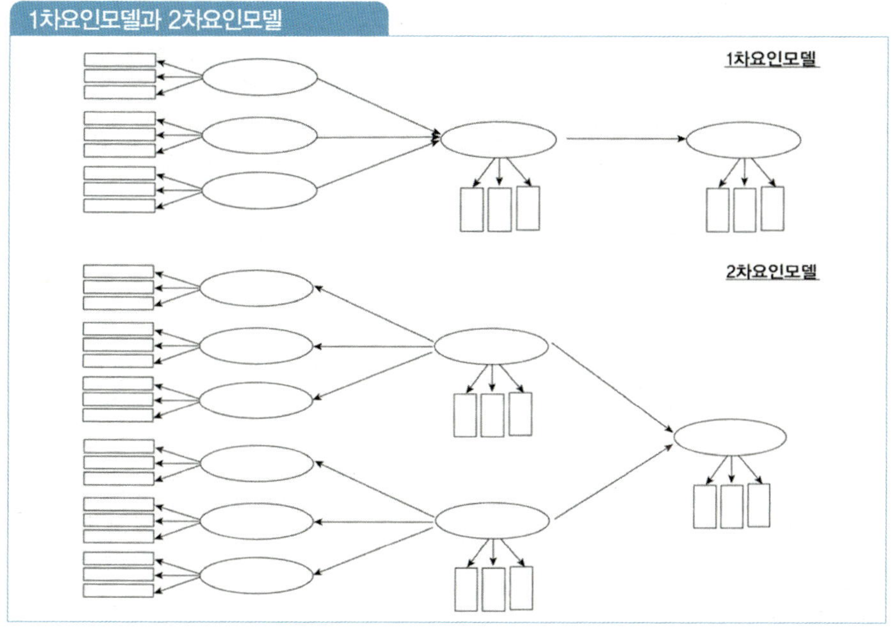


예를 들어 직원서비스라는 잠재변수를 측정한다고 가정해 보자. 이 경우 직원서비스를 구성하는 요소로 친절성 · 신속성 · 정확성이라는 3개의 측정변수로 모델을 구성하는 경우는 1차요인모델이 되지만, 친절성 · 신속성 · 정확성 각각

| 잠재변수 | 1차요인모델 | 2차요인모델 |
|---|---|---|
| 직원서비스 | 친절성 | 직원 인사성 |
| | | 직원 용모복장 |
| | | 직원 표정 |
| | 신속성 | 업무처리 신속성 |
| | | 고객응대 신속성 |
| | | 문의응대 신속성 |
| | 정확성 | 업무처리 정확성 |
| | | 고객응대 정확성 |
| | | 문의응대 정확성 |



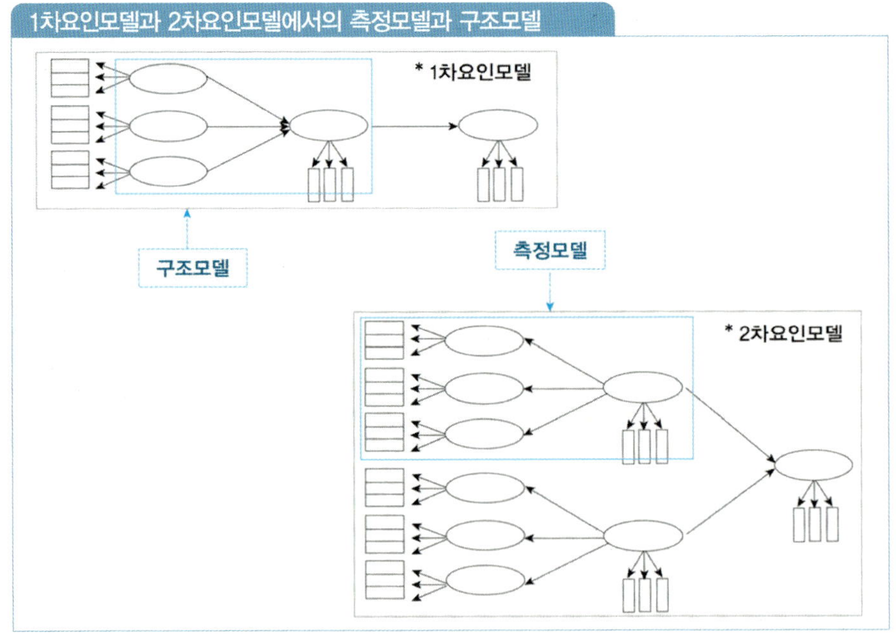

을 잠재변수로 간주해서 변수별로 다시 복수의 측정항목을 구성할 경우에는 고
차요인모델이 된다. 구조방정식모델은 1차요인모델로 분석하는 것이 가장 일반
적이다. 고차요인모델은 모델구조가 복잡하고 측정변수도 많아 잘 사용되지는
않으니 참고로만 알아두면 된다.

## (3) 경로모델과 구조방정식모델

경로모델(Path Model)이란 모델을 구성하는 모든 변수들이 단일 항목으로 되
어 있는 것을 말하며, 구조방정식모델(Structural Equation Model)이란 측정모델
과 구조모델로 구성되어 있는 것을 말한다.

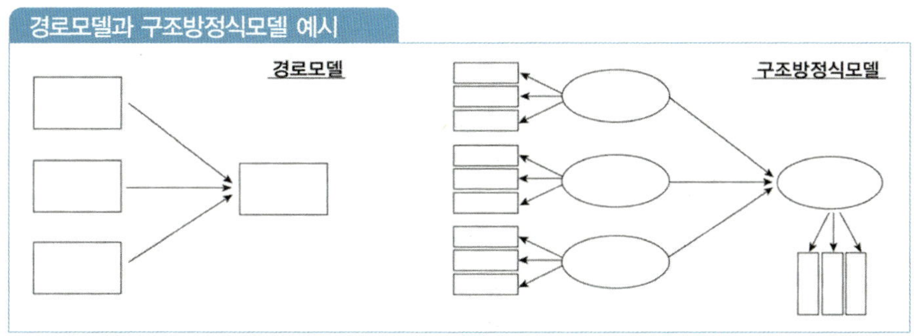


일반적으로 각 잠재변수를 측정하는 측정변수들의 수가 너무 많거나 모델을
구성하는 잠재변수의 수가 매우 많아 구조방정식모델로 분석할 수 없는 경우나
모델이 매우 복잡한 구조로 되어 있는 경우에 경로모델로 분석한다. 경로모델
은 크게 측정변수로만 구성된 항목들을 분석하는 경우와 각 잠재변수를 단일항
목으로 변환(평균)하여 분석하는 경우로 구분할 수 있다.

앞서 예로 든 '패밀리 레스토랑 고객만족도 모델'에서 메뉴, 직원서비스, 물리적환경, 부가서비스, 이미지 등의 잠재변수들을 전반적 만족도처럼 단일항목으로 응답받아 그대로 사용하거나 각 잠재변수를 구성하는 측정항목들을 평균하여 단일항목으로 만든 뒤 경로분석을 실시할 수 있다.

## (4) 모델기호

구조방정식모델에서 사용되는 기호들은 다음과 같다.

**구조방정식 모델기호**

| 기호 | 의미 |
| --- | --- |
| ⬭ | 잠재변수 |
| ▭ | 측정변수 |
| ▭ ← ⬭ | 잠재변수에서 측정변수로의 회귀계수 |
| ▭ → ⬭ | 측정변수에서 잠재변수로의 회귀계수 |
| ⬭ → ⬭ | 잠재변수에서 다른 잠재변수로의 경로계수 |
| ⬭↙ | 잠재변수의 잔차 |
| → ▭ | 측정변수와 관련된 측정오차 |

## (5) 인과관계 유형

구조방정식모델에서 변수 간 인과관계 유형은 다음과 같다. 구조방정식 모델의 궁극적인 목적은 모델을 구성하는 변수 간 인과관계를 규명하는 것이다.

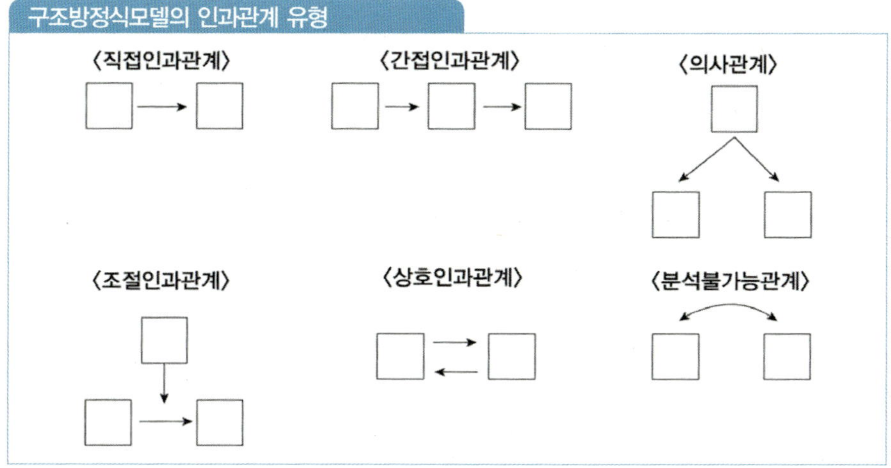


# 3. 지표

## (1) 단일지표와 다중지표

단일지표는 하나의 변수를 이용해 특정개념을 측정한 것이며 다중지표는 개념 측정을 위해 복수의 변수를 사용하는 것이다. 고객만족을 전반적 만족도라는 단일 항복으로 측성하년 난일시표, 전반적 만족도와 전반직 즐거움 등 복수의 항목으로 측정하게 되면 다중지표가 되는 것이다. 구조방정식에서는 모든 잠재변수를 다중지표로 측정하는 것을 기본 전제로 하고 있다.

## (2) 반영지표와 조형지표

### 가. 이론적 정의와 의미

잠재변수가 측정변수에 영향을 미치는 것으로 가정하는 것이 반영지표이며, 잠재구조(Latent Construct), 반영지표(Reflective Indicator) 혹은 영향지표(Effect Indicator)라고 한다. 반영지표에서 잠재변수와 각 측정변수 간의 관계는 상관관계이며, 요인분석에서의 요인적재량과 동일하다. 측정변수가 잠재변수로부터 영향을 받는 반영지표와는 달리 잠재변수가 측정변수들에 의해 영향을 받는 것으로 정의되는 것이 조형지표로서 발생구조(Emergent Construct), 조형지표(Formative Indicator) 혹은 인과지표(Casual Indicator)라고 한다.

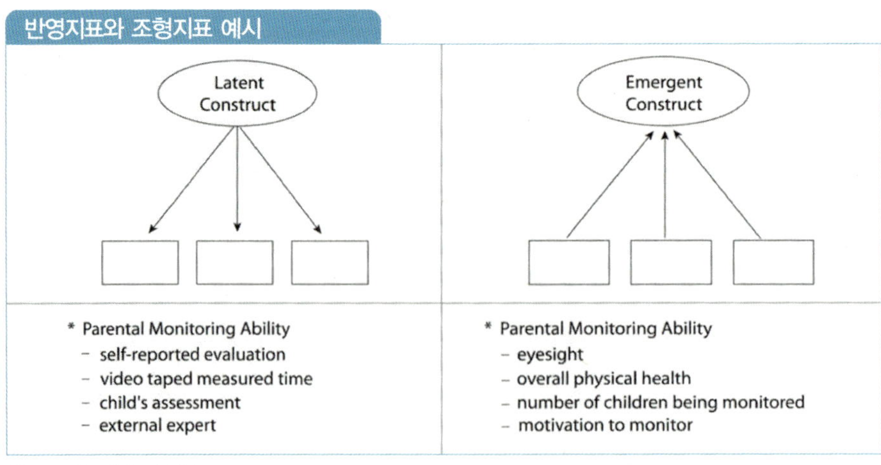



Wynne. W. Chin, 2000

예를 들어, '부모의 자식을 돌보는 능력(Parental Monitoring Ability)'이라는 개념을 반영지표와 조형지표로 측정한다고 가정해 보자. 우선 개념적으로 반영지표에서는 '부모의 자식을 돌보는 능력'을 부모 스스로의 평가, 녹화를 통한 돌보는 시간의 측정, 자녀의 부모 능력 평가, 외부 전문가 평가 등 부모 자신과 더불어 외부의 시각에서 평가되는 관점으로 구성된다. 반면, 조형지표에서는 부모의 시력, 신체적 건강 수준, 돌보는 자녀의 수, 그리고 자녀를 돌보고자 하는 동기 등 순수하게 부모의 신체적·정신적 능력으로만 구성되어 있다.

관계적 측면에서 보면 반영지표에서는 '잠재변수 → 측정변수'의 관계를 단순관계인 '단순회귀(Simple Regression)' 형태로 추정할 수 있지만, 조형지표에서의 '측정변수 → 잠재변수' 관계는 '다중회귀(Multiple Regression)'의 방식에 의해 추정할 수 있다. 또한 반영지표에서 각 측정변수는 측정오차가 존재하는 것으로 가정하지만, 조형지표에서는 각 측정변수가 외생변수로 간주되므로 측정오차가 없는 것으로 가정한다.

측정의 정확성 관점에서만 따져보자면 반영지표가 조형지표에 비해 더 정확하다고 할 수 있다. 측정에 따른 오차가 고려되고 개념적인 측면에서도 다양한 시각으로 측정할 수 있기 때문이다. 반영지표와 조형지표의 구분에 대해 아직 학계에서 많은 연구가 이루어지지 않아 통일된 기준은 없기 때문에 같은 개념에 대해서도 학자에 따라 다르게 해석하는 경우가 있지만, 현재 이론 연구에서는 대부분의 경우 반영지표를 바탕으로 하여 LISREL이나 AMOS를 이용해 분석한다. 앞서 언급한 것처럼 반영지표로 분석하는 것이 더 정확하기 때문일 것이다. 이러한 이유로 지금까지 이론연구뿐만 아니라 구조방정식에 대한 기본개념이나 분석을 설명하는 모든 자료나 서적들은 반영지표로 구성된 구조방정식에 대해서만 다루고 있다.

하지만 현실적으로 실무에서는 반영지표를 적용하기에 무리가 따른다. '부모가 자식을 돌보는 능력'에서처럼 반영지표로 측정하기 위해서는 부모, 자식, 전문가, 실제 관찰 등 여러 조사를 동시에 수행해야 한다는 현실적인 한계점과 설사 반영지표로 측정한다 하더라도 평가주체별 차이에 대한 해석과 실무 적용이 매우 어렵기 때문이다.

## 나. 실무적 관점

마케팅조사 실무에서는 기본적으로 모든 잠재변수에 대해 반영지표가 아닌 조형지표를 가정하고 있다. 우선 마케팅조사 실무에서 활용되는 모든 개념과 측정방법의 이론적인 근거가 되는 Fishbein의 소비자 태도 형성모델에서 소비자 태도는 태도를 구성하는 신념과 강도의 가중평균으로 정의되고 있어 조형지표를 전제로 하고 있다. 또한, 마케팅조사 실무에서 측정하고 활용하는 모든 잠재변수는 기본적으로 측정변수들에 의해 형성되는 조형지표를 전제로 한다.

'직원서비스'의 예를 다시 들어 보자. 직원서비스를 측정하고자 할 때 구성하는 주요 측정변수들은 직원 친절성·신속성·정확성 등 직원의 능력에 대한 평가지표로만 구성되어 있을 뿐, 어떤 외부적인 요인은 포함되어 있지 않다. 다만 직원의 능력에 대한 평가를 직원 스스로가 아닌 '고객의 관점'에서 바라보는 것뿐이다. 만약 직원서비스를 반영지표로 측정한다면 측정변수는 직원스스로의 평가, 고객의 평가, 외부의 평가, 직원이 고객을 응대하는 실제 상황에 대한 평가

등으로 구성되어야 할 것이다. 반영지표로 측정하는 것도 실무적으로 의미가 있을 수 있으나 문제는 현실적으로 측정하기가 힘들다는 것이다. 직원서비스 평가를 위해 매우 다양한 방법의 조사를 동시에 시행해야 할 것이기 때문이다.

ACSI(American Customer Satisfaction Index) 개발자인 Claes Fornell 교수는 JMR에 발표한 논문에서 구조방정식모델에서 잠재변수의 지표에 대한 결정은 연구목적, 관련이론, 그리고 경험 등 3가지 요소에 의해 이루어져야 한다고 주장하였다. 우선 연구목적이 각 측정변수를 설명하려는 것이라면 반영지표가 사용되어야 하지만, 잠재변수에 대한 설명이 목적이라면 조형지표가 사용되어야 한다는 것이다. 둘째, 이론적인 측면에서 볼 때, 기존에 연구된 사례들을 보면 마케팅조사 실무에서 활용하는 브랜드, 이미지, 과정품질, 고객만족 등의 모든 개념들은 기본적으로 조형지표로 간주해서 분석하고 있다. 셋째, 경험적 관점에서도 마케팅조사 실무에서는 기본적으로 모든 개념들을 조형지표로 간주해서 분석하고 있다. 따라서 마케팅조사 실무에서 현재 측정하는 잠재변수들은 조형지표로서 다루어지는 것이 논리적으로 더 타당할 것이다.

참고로 LISREL이나 AMOS에서는 상기 지표 중 반영지표만 분석할 수 있는 반면, PLS는 반영지표와 조형지표 모두 분석이 가능하다. 특히, 조형지표를 분석할 수 있는 것이 PLS의 큰 장점이라고 할 수 있다.

# 4. 모델구조와 그리스문자

구조방정식은 회귀분석과 요인분석을 결합한 매우 복잡한 형태의 다변량분석이다. 구조방정식모델의 기본 구조와 방정식, 그리스문자를 다음과 같이 제시한다. 보다 정확한 이해를 위해 기본적인 모델구조와 방정식의 의미를 이해하는 것이 좋으나 다소 난해하니 참고로 보기 바란다. 지금까지 구조방정식에서 다루어지고 있는 잠재변수는 기본적으로 반영지표를 가정하고 있어 다음에 제시되는 측정모델의 구조와 방정식은 모두 반영지표를 기준으로 한 것이다.

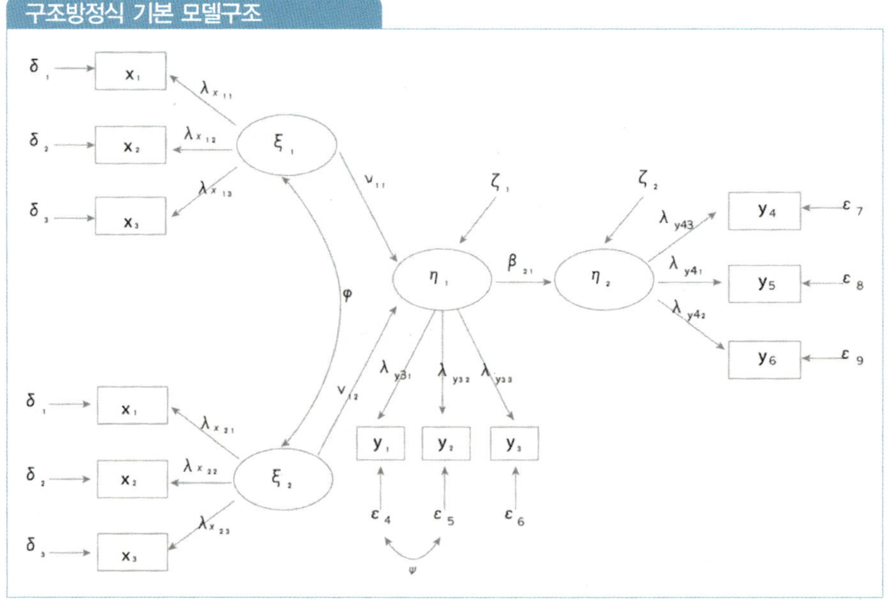

* 측정모델

Xi : 잠재외생변수를 측정하는 X변수

Yi : 잠재내생변수를 측정하는 Y변수

$\xi$ : 잠재외생변수 (ksi로 읽음)

$\eta$ : 잠재내생변수 (eta로 읽음)

$\delta$ : X변수의 측정오차 (delta로 읽음)

$\varepsilon$ : Y변수의 측정오차 (epsilon으로 읽음)

$\lambda x$ : 잠재외생변수와 측정변수 간 회귀계수 (lamda-x로 읽음)

$\lambda y$ : 잠재내생변수와 측정변수 간 회귀계수 (lamda-y로 읽음)

  * $Xi = \lambda xi\xi i + \delta i \rightarrow X = \Lambda x\xi + \delta$

  $Yi = \lambda yi\eta i + \varepsilon i \rightarrow Y = \Lambda x\eta + \varepsilon$  (단, $\Lambda x$, $\Lambda y$는 $\Lambda x$, $\Lambda y$의 회귀행렬 기호임)

* 구조모델

$\nu$ : 잠재외생변수가 잠재내생변수를 설명하는 회귀계수 (gamma로 읽음)

$B$ : 잠재내생변수가 잠재내생변수를 설명하는 회귀계수 (beta로 읽음)

$\zeta$ : 잠재외생변수가 잠재내생변수를 설명하지 못하는 부분인 잔차 (zeta로 읽음)

$\varphi$ : 잠재외생변수 간의 분산/공분산 (phi로 읽음)

$\psi$ : 측정오차 간의 분산/공분산 (psi로 읽음)

  * $\eta 1 = \nu 11\xi 1 + \nu 12\xi 2 + \zeta 1$

  $\eta 2 = B21\eta 1 + \zeta 2 \rightarrow \eta = B\eta + \Gamma\xi + \zeta$  (단, $B$, $\Gamma$는 $B$, $\nu$의 회귀행렬 기호임)

# 5. 구조방정식 분석 시 주의사항

## (1) 모델의 구조

구조방정식 분석을 위한 모델구조는 반드시 논리적으로 명백하고 타당해야
한다. 구조방정식 분석도 다른 모든 통계분석기법과 마찬가지로 사람이 입력하
는 대로 분석만 수행할 뿐이지, 그 자체로는 어떤 의미도 제공하지 못한다.

앞서 제시한 이유재 교수의 '기대-불일치 모델'에서 연구의 목적이 기대-불일치 패러다임이 제품과 서비스 간 차이가 나는 지를 검증하는 것이어서 기대-불일치 모델에 대한 기존의 연구 결과를 바탕으로 모델을 구성한 것이다. 만약, 여기서 기존의 연구결과들을 무시하고 기대, 성과, 불일치, 만족의 인과순서를 아무렇게나 구성하여 구조방정식 분석을 해서 통계적으로는 의미가 있더라도 실제로 그 모델이 시사하는 바는 아무것도 없으므로 전혀 의미를 가지지 못한다.

브랜드, 서비스품질, 고객만족 등을 실무에 적용할 경우에도 마찬가지이다. 패밀리 레스토랑 고객만족도 모델에서 각종 품질요인-고객만족-행동의향으로 연결되는 전체적인 구조는 가장 널리 받아들여지는 소비자 인지구조이다. 뿐만 아니라 고객만족에 영향을 미치는 메뉴, 직원서비스, 서비스품질, 각종 부가서비스, 이미지 등도 기존의 이론 연구나 마케팅 실무에서 이미 검증되었거나 논리적으로 타당한 것들이다. 만약 이 모델에서 고객만족과 이미지의 순서를 바꾸어서 구조방정식 분석을 실시한다 하더라도 통계적으로는 의미 있는 결과가 산출될 수 있으나 현실적으로나 실무적으로는 전혀 의미가 없다. 이러한 이유로 구조방정식 분석에서는 무엇보다 모델 구성에 대한 논리적이고 타당한 근거를 중시한다.

간혹 통계분석기법의 이러한 단점을 간과하고 질문항목을 아무렇게나 구성해서 응답받은 데이터로 무조건 분석만 시행하면 의미 있는 결과가 도출될 것으로 착각하는 경우가 있으나, 구조방정식을 포함한 모든 통계분석기법은 반드시 사전에 기획되어야 한다. 특히, 구조방정식 분석은 무엇보다도 모델의 구조에 대한 논리적인 근거가 매우 중요하므로 반드시 사전에 누가 보더라도 명백하도록 모델구조를 만들어야 한다.

## (2) 변수의 구성

브랜드, 고객만족, 기업이미지, 광고태도 등에 대한 모델을 설정할 때 이들 태도에 영향을 미치는 선행변수를 '외생변수'라고 한다는 것을 이미 언급한 바 있다. 모델을 구성하는 외생변수는 반드시 MECE(Mutually Exclusive, Collectively Exhaustive) 원칙에 입각하여 각 외생변수 간 개념의 중복됨이 없이 상호 독립적이어야 하며, 해당 태도를 형성하는 데 있어 필요한 외생변수는 누락 없이 모두 포함되어야 한다. 일반적으로 브랜드, 고객만족 등의 소비자 태도를 설명하는 데 필요한 차원의 수는 최소 3개 이상에서 최대 8개 이하가 바람직하며, 5~6개가 가장 이상적이다.

각 측정모델의 구성도 외생변수와 마찬가지로 기본적으로 MECE 원칙이 지켜져야 하며, 개별 측정모델에 대한 측정변수의 수는 최소 3개 이상이 되어야 통계적으로 의미가 있다. 또한, 각 측정모델을 구성하는 측정변수는 가급적 비슷한 수로 구성을 해야 추후 모델 분석 시 왜곡된 결과를 방지하고 논리적 설득력을 높일 수 있다.

패밀리 레스토랑 고객만족도 모델에서 메뉴, 직원서비스, 물리적환경, 부가서비스, 이미지 등의 선행변수는 모두 서로 독립적(Mutually Exclusive)이며, 패밀리 레스토랑 이용에 따른 고객만족에 영향을 미치는 모든 요인을 포함(Collectively Exhaustive)하고 있다. 또한 각 선행변수를 구성하는 측정변수들은 3개 항목씩 구성하였으며, MECE 원칙에 맞게 구성되어 있다.

## (3) 측정변수의 척도와 상관분석

구조방정식을 포함한 대부분의 다변량분석은 측정항목 간의 상관관계를 기초로 하여 분석한다. 상관관계 분석은 자료의 형태에 따라 크게 카이자승분석과 상관분석으로 구분한다. 카이자승분석은 명목형으로 된 변수 간의 관계를 분석하는 데 활용되는 반면, 상관분석은 리커트형 척도로 된 변수들의 상관관계 분석에 주로 활용된다.

마케팅조사 실무에서 상관분석이라고 하면 흔히 피어슨의 상관계수를 일컫는다. 리커트형 척도나 연속형 척도로 된 변수 간 상관관계를 −1부터 1 사이로 나타나는 상관계수를 통해 두 변수 간 상관관계 정도를 파악하는 것이다. 상관분석은 논리 자체가 매우 단순해서 누구나 쉽게 이해할 수 있으나 회귀분석, 요인분석 등과 같은 다변량분석의 기초가 되므로 그 의미를 정확하게 이해하는 것은 매우 중요하다. 상관분석을 하고자 할 때 주의해야 할 사항들을 아래와 같이 정리해 보았다.

첫째, 모름/무응답의 처리이다. 상관분석에서 상관계수는 두 변수 간의 응답 일치 정도를 이용해 산출하게 되는데 모름/무응답이 분석에 포함되게 되면 분석결과가 크게 왜곡될 수 있다. 예를 들어, 5점척도로 응답된 결과에서 모름/무응답을 결측치로 처리하지 않고 '9'로 그대로 둔 채 분석을 하게 되면 상관계수가 잘못 산출될 수밖에 없다. 따라서 상관분석을 할 때는 반드시 사전에 빈도분석을 통해 모름/무응답과 같은 이상치를 확인하여 이를 결측처리한 후 분석해야 한다. 상관분석 결과가 이상하게 산출되면 일단 빈도분석을 해서 데이터에 이상이 없는지를 확인해야 한다.

둘째, 결측치의 처리이다. 결측치는 응답값을 공란으로 처리하는 것으로 결측치의 처리 여부에 따라 상관분석의 결과는 달라질 수 있다. 상관분석에서 결측치의 처리방법은 크게 Pairwise와 Listwise 두 가지가 있다. Pairwise는 두 변수 사이에서 나타나는 결측치만을 제거하여 분석하는 것이고 Listwise는 분석에 사용된 모든 변수에서 결측치가 있는 응답은 아예 분석에서 제외하는 것이다.

단지 두 개의 변수만을 이용해 상관분석을 할 경우라면 Pairwise를 하든 Listwise를 하든 동일하나, 세 개 이상의 변수들의 상관관계를 분석할 때는 반드시 Listwise를 통해 결측치를 제거한 후 분석하여야 한다.

오른쪽 데이터를 이용해 변수1, 2, 3 간 상관관계를 분석한다고 해 보자. 여기서 변수1과 2의 상관계수보다 변수1과 3의 상관계수가 더 높은지 혹은 낮은지를 알기 위해서는 세 개의 변수 모두 분석데

| 결측치 데이터 예시 | | | |
|---|---|---|---|
| 구분 | 변수1 | 변수2 | 변수3 |
| 응답자1 | 4 | . | |
| 응답자2 | 1 | . | 2 |
| 응답자3 | 2 | . | 3 |
| 응답자4 | 4 | . | 3 |
| 응답자5 | 5 | 3 | 4 |
| 응답자6 | 2 | 2 | 3 |
| 응답자7 | 4 | 3 | . |
| 응답자8 | 4 | 5 | . |
| 응답자9 | 3 | 4 | . |
| 응답자10 | 4 | | . |

이터가 동일해야 하며, 이를 위해서는 결측치를 Listwise로 처리해야 한다. Pairwise로 처리할 경우 변수1과 2의 공통부분(응답자5~9)과 변수1과 3의 공통부분(응답자2~5)만을 이용해 분석하게 되므로 변수 간 상관계수에 왜곡이 있을 수밖에 없어 상관관계의 정도를 비교하는 것이 논리적으로 문제가 된다. 구조방정식을 포함한 모든 다변량분석은 여러 변수들의 관계를 분석하는 것이므로 변수 간 상관관계의 왜곡은 결국 분석결과의 왜곡으로 연결된다.

셋째, 상관계수의 해석에 대한 부분이다. 상관계수는 0을 기준으로 −1에서 1까지의 숫자로 산출되며, −1이나 1에 가까울수록 두 변수 간 상관관계가 강하다는 것을 의미한다. 물론 0에 가까울수록 상관관계가 약하거나 없다는 것을 의미한다. 실무에서는 상관계수가 이처럼 명확하지 않을 때가 많아 해석에 대한 기준이 필요하지만, 상관계수의 해석에 대한 절대적 기준은 존재하지 않는다.

일반적으로 실무에서 해석하는 상관계수의 해석기준은 절대값을 기준으로 0~0.2 사이는 상관관계가 거의 없음, 0.3~0.6 상관관계 존재, 0.7 이상은 매우 강한 상관관계 존재로 해석한다.

상관분석은 다변량분석의 기초로서 변수 간 일정 수준 이상의 상관관계가 존재하지 않으면 아무리 정교한 다변량분석을 적용한다 하더라도 의미 있는 결과를 도출하기 힘들다. 정해진 기준은 없지만, 실무적인 경험으로 볼 때 회귀분석이나 요인분석에서 의미 있는 결과가 산출되기 위해서는 변수 간 상관계수가 최소 0.3 이상은 되어야 한다. 데이터에 이상이 없는 한 다변량분석 결과가 의미 없다는 것은 곧 변수 간 상관관계가 없다는 것을 의미한다. 따라서 다변량분석을 시행하기 이전에 먼저 상관분석을 실시해서 변수 간의 상관관계 정도를 확인하는 것이 좋다.

피어슨 상관계수를 계산하기 위해서는 반드시 모든 측정항목들이 리커트형 척도로 측정되어야 한다. 즉, 흔히 말하는 5점, 7점, 9점, 10점, 11점 등의 등간 척도로 구성되어야만 상관분석을 할 수 있다.

구조방정식을 포함한 다변량분석 시에는 척도항목의 수가 많으면 많을수록 좋다. 여기서 좋다는 의미는 다른 모든 조건이 동일하다면 척도항목의 수가 많으면 많을수록 측정항목 간의 상관계수는 높아지고 모상관계수에 근접하게 되므로 구조방정식을 포함한 다변량분석에서 산출되는 통계치들이 더 좋아지는 경향이 있다.

**척도항목 수와 상관계수**

| 두 변수척도 | 모집단에서의 상관계수 | | | | |
|---|---|---|---|---|---|
| | 0.100 | 0.500 | 0.700 | 0.800 | 0.900 |
| 10-10 | 0.092 | 0.485 | 0.670 | 0.777 | 0.873 |
| 10-8 | 0.090 | 0.479 | 0.668 | 0.768 | 0.868 |
| 8-8 | 0.095 | 0.479 | 0.675 | 0.768 | 0.862 |
| 8-6 | 0.091 | 0.474 | 0.653 | 0.750 | 0.843 |
| 6-6 | 0.095 | 0.455 | 0.640 | 0.738 | 0.828 |
| 6-4 | 0.079 | 0.432 | 0.614 | 0.695 | 0.790 |
| 4-4 | 0.081 | 0.413 | 0.587 | 0.664 | 0.770 |

다변량분석, 이영준, 도서출판 서진, 1998년, p.14

## (4) 질문순서

구조방정식 분석을 위한 질문항목은 가급적 모델 구조의 순서대로 구성하는 것이 좋다. 즉, 소비자의 인지구조에 따라 태도에 영향을 미치는 신념과 관련된 질문을 먼저 한 다음 전반적인 태도와 의향을 물어보는 순서로 구성하는 것이 바람직하다.

예를 들어 브랜드 측정모델을 구성하고자 할 경우 가장 먼저 브랜드 인지도를 묻고, 브랜드 이미지를 기능적 이미지, 정서적 이미지, 사회적 이미지 등의 순서로 물은 다음 마지막으로 브랜드에 대한 전반적 호감도와 구매의향을 배치함으로써 응답자에게 인지구조에 따라 응답을 하도록 한다.

여기서 각 이미지를 물을 때도 3가지 이미지를 모두 한 번에 묻지 말고 가급적이면 하나의 이미지 차원씩 나누어서 질문을 배치함으로써 응답자가 보다 정확하게 응답할 수 있으며, 분석결과도 더 잘 나올 가능성이 높다.

문) 귀하께서는 OOO하면 어떤 브랜드나 상표가 가장 먼저 생각나십니까? 그다음으로
는요? 또 없습니까? (면접원 : 응답순서대로 아래 공란에 기록할 것)

1. ______________________________________

2. ______________________________________

3. ______________________________________

문) 그럼, 귀하께서 다음의 브랜드(상표)들 중에서 오늘 이전에 듣거나 보신 것들을 모두
선택해 주십시오. (중복응답)
1. AAA
2. BBB
3. CCC

문) 지금부터는 브랜드 이미지에 대해 여쭙겠습니다. 먼저 품질이미지에 대한 질문입니
다. 다음 항목별로 각각의 브랜드에 대해 1. 전혀 그렇지 않다, 2. 별로 그렇지 않은
편이다, 3. 보통이다, 4. 다소 그런 편이다, 5. 매우 그렇다 중 하나씩만 선택해 주십
시오.

| 품질이미지 세부항목 | AAA | BBB | CCC |
| --- | --- | --- | --- |
| 1. 제품성능이 우수하다 | | | |
| 2. 제품의 내구성이 우수하다 | | | |
| 3. AS가 우수하다 | | | |
| ⋮ | ⋮ | ⋮ | ⋮ |

다음은 감성이미지에 대한 질문입니다.

| 감성이미지 세부항목 | AAA | BBB | CCC |
| --- | --- | --- | --- |
| 1. 친근하다 | | | |
| 2. 신뢰가 간다 | | | |
| 3. 고급스럽다 | | | |
| : | : | : | : |

이제는 사회적 이미지에 대한 질문입니다.

| 사회적 이미지 세부항목 | AAA | BBB | CCC |
| --- | --- | --- | --- |
| 1. 최근 인기가 있는 브랜드이다 | | | |
| 2. 주위 사람들이 좋아하는 브랜드이다 | | | |
| 3. 앞으로도 계속 인기를 끌 것 같다 | | | |
| : | : | : | : |

문) 귀하께서는 AAA브랜드에 대해 전반적으로 얼마나 호감이 가십니까?
　　1. 전혀 호감이 가지 않는다
　　2. 별로 호감이 가지 않는다
　　3. 보통이다
　　4. 다소 호감이 가는 편이다
　　5. 매우 호감이 간다

문) 향후 AAA브랜드를 구매하실 의향은 어느 정도나 되십니까?
　　1. 절대 구매하지 않을 것이다
　　2. 가급적 구매하지 않을 것이다
　　3. 반반이다
　　4. 가급적 구매하겠다
　　5. 반드시 구매하겠다

## (5) 자료에 대한 가정

구조방정식을 분석하기 위해 요구되는 자료의 조건은 까다롭다. 기본적으로
확률표본추출, 즉 무작위 추출에 의해 표본이 추출되어야 하며, 측정된 변수들
은 다변량 정규분포를 이루고 변수 간에도 선형관계가 성립되어야 함을 전제로
하고 있다.

구조방정식 분석자료에 대해 이러한 가정이 요구되는 근본적인 이유는 구조
방정식에서 모수를 추정하는 통계적인 방법인 최대우도법(ML; Maximum
Likelihood) 방식 때문이다. 실제로 구조방정식을 통해 모수를 추정하는 방법은
다양하나 그중 ML방식이 가장 우수한 것으로 알려져 있다. ML방식으로 분석
하기 위해서는 표본이 무작위로 추출되어야 하며, 변수들의 분포 또한 정규분
포를 이루어야 한다.

이론 연구 시 널리 활용되는 LISREL이나 AMOS에서는 일반적으로 ML 추
정법을 이용해 분석하게 되므로 여러 가정들이 요구되지만, 마케팅조사 실무에
서 활용되는 PLS는 부분최소자승(Partial Least Square) 방식으로 모수를 추정하
기 때문에 변수 간 선형관계에 대한 가정 이외에 별다른 제약은 없다. 엄밀하게
말해 LISREL이나 AMOS를 이용해 ML방식으로 모수를 추정하고자 할 때는
상기의 조건들이 모두 충족되어야 한다는 의미이다.

마케팅조사 실무에서는 LISREL이나 AMOS 분석을 위해 요구되는 자료의
전제조건을 현실적으로 충족시키기 힘들다. 엄밀한 의미에서의 무작위 추출법

(Random Sampling)은 현실에서 구현하기가 어려우며, 변수들에 대한 정규분포
와 선형관계에 대한 조건도 충족시키는 것이 거의 불가능하다. 이러한 점을 바
탕으로 할 때 마케팅조사 실무에서는 PLS가 더 적합하다고 할 수 있다.

## (6) 표본크기

구조방정식 분석을 위한 표본크기는 충분히 커야 한다. 모델에 투입된 변수의
수, 모델의 복잡성, 통계적 검정력, 추정되어야 할 계수의 수 등에 정비례한다.
LISREL을 개발한 Joreskog(1989)는 적정표본크기에 대해 투입변수(q)의 수가
12개 이하인 경우 200명, 13개 이상인 경우에는 1.5q(q+1)는 되어야 한다고 주
장하였다. 참고로 본 서에서 다루어지는 모든 내용은 특별한 언급이 없는 한 반
영지표로 구성된 모델은 LISREL이나 AMOS를 이용해 ML방식으로 모수를 추
정하는 것을 전제하고 있다. 따라서 여기서 말하는 표본크기 또한 LISREL이나
AMOS를 이용해 분석할 경우에 필요한 표본크기를 의미한다.

구조방정식에서 일반적으로 가장 널리 받아들여지는 표본크기는 200명이다.
LISREL이나 AMOS에서 모델적합도를 평가하는 여러 지표 중 카이자승 통계량
이 있는데 이 통계량의 특성상 표본크기가 200명 이상으로 커지게 되면 실제로
그렇지 않은데도 불구하고, 귀무가설을 기각시키는 경향이 있어 카이자승 통계
량을 해석하는 것이 의미가 없어진다. 그래서 일반적으로 150명에서 200명 사
이가 가장 적정한 표본크기로 알려져 있다. 다만 변수들이 다변량 정규분포를
충족시키지 못하는 경우에는 이보다 1.5배 이상 커야 하며, 이때는 모델구조에
대한 검증을 위해 카이자승 통계량이 아닌 다른 지표를 확인해야 한다.

PLS의 경우 분포에 대한 가정이 없기 때문에 최소 표본크기가 30명 이상이면 분석할 수 있으며, 실제로 일부 학자(Fornell, 1992)들의 경우 30개의 표본을 이용해 분석한 모델을 해외유명저널에 발표한 사례도 있다. 하지만 경험상으로 볼 때 PLS로 분석하는 경우에도 최소한 모델에 투입된 변수의 수보다 표본크기가 클수록 분석결과의 신뢰성이 높아진다.

마케팅조사 실무에서 구조방정식을 적용할 때 절대표본크기에 있어서는 큰 어려움이 없다. 대부분의 마케팅조사에서는 비교적 큰 표본크기를 확보하기 때문이다. 다만 모델을 구성하는 변수의 수가 표본크기에 비해 너무 많은 것은 문제이다. 표본크기가 아무리 크다 하더라도 기본적으로 투입되는 변수의 수가 많게 되면 분석결과가 제대로 나올 리가 만무하다. 변수가 많다는 것은 질문항목이 많다는 것을 의미하므로 응답자의 응답 오류가 있을 가능성이 매우 높다. 또한 질문항목의 수가 많아짐에 따라 구조방정식 분석에서 추정되어야 할 모수가 많아지게 되고 결국 방정식이 복잡해져서 방정식의 해를 찾기가 어려워진다.

## (7) 신뢰성과 타당성 검증

구조방정식 분석에 앞서 잠재변수들이 정확하게 측정되었는가를 먼저 검증해야 한다. 일반적으로 잠재변수의 통계적 검증은 신뢰성과 타당성으로 확인한다. 앞에서 언급한 바와 같이 각 잠재변수를 구성하는 측정변수들은 잠재변수를 정확하게 측정하기 위한 측정도구이다. 따라서 구조방정식에서 잠재변수 간 인과관계를 검증하기에 앞서 각 잠재변수가 잘 측정되었는지를 검증하기 위해 사전에 신뢰성과 타당성 검증을 실시하는 것이다. 흔히 신뢰성과 타당성 검증은 측정도구의 정확성을 나타내는 대표적인 개념이라고 할 수 있다.

마케팅조사 실무에서도 구조방정식모델 분석 시 사전에 반드시 측정변수들에 대한 신뢰성과 타당성을 검증하여야 한다. 보통 실무에서는 전반적 태도에 영향을 미치는 선행변수들과 측정항목들을 이론에 기반하기보다는 실무적 니즈에 초점을 두어 구성한다. 이때 자칫 잘못된 변수들로 구성할 가능성이 매우 높기 때문에 실무에서도 반드시 신뢰성과 타당성 검증을 거쳐야 한다.

일반적으로 신뢰성은 신뢰성분석(Reliability Analysis)의 크롬바 알파(Cronbach' $\alpha$)값을 통해 검증한다. 타당성은 먼저 문항내용이 목적에 맞게 적절하게 구성되었는지 전문지식이나 경험이 있는 사람이 정성적으로 평가하는 내용타당성을 검증한 다음, 각 잠재변수를 구성하는 세부항목들이 해당 잠재변수를 정확하게 측정하고 있는지를 통계적으로 검증하기 위해 요인분석(Factor Analysis)을 실시한다.

## 가. 신뢰성분석

신뢰성분석은 동일한 개념에 대해 지속적으로 반복 측정했을 때 동일한 값을 얻을 가능성을 말한다. 즉, 측정변수들이 같은 방향으로 움직이는지를 체크하는 것이 신뢰성분석의 목적이다.

오른쪽 그림에서 비록 점들이 타깃에서 궁극적으로 목표로 하는 곳에 있지는 않지만, 서로 인접하여 있다. 신뢰성분석은 종류에 따라 크게 3가지

가 있으며, 종류별 특징은 다음과 같다.

| 구분 | 내용 |
| --- | --- |
| 반복측정 신뢰도 | 동일한 문항을 동일인에게 일정 시점을 두고 반복 측정 |
| 대안항목 신뢰도 | 동일한 개념을 측정하는 동일한 두 세트의 항목들을 동일인에게 측정하여 두 측정치 간 상관관계 비교 |
| 내적일관성 신뢰도 | 다 항목의 합산점수와 개별 항목의 점수 간 상관관계를 통한 검증 |

　마케팅학계와 조사실무에서는 상기의 3가지 신뢰성분석 중 내적일관성 신뢰도를 가장 널리 사용한다. SPSS의 신뢰성분석을 통해 측정항목 간 내적일관성 정도를 크롬바 알파값으로 판단하게 되는데 학계에서는 0.8~0.9 이상, 마케팅 조사 실무에서는 이 값이 0.6~0.7 이상이면 양호한 것으로 해석한다. 보다 자세한 내용은 추후 실제 분석단계에서 다시 설명하기로 한다.

## 나. 타당성분석

　측정하고자 하는 개념을 얼마나 정확히 측정했는가 하는 것을 말한다. 즉, 측정변수들이 해당 개념을 제대로 측정하고 있는가를 체크하기 위한 것이라고 할 수 있다.

　오른쪽 그림은 앞서 신뢰성분석의 예시와는 달리 점들이 궁극적으로 목표로 하는 타깃의 정중간에 모여 있으며, 타당성분석의 주요 목적은 바로 변수들이 해당 개념을 제대로 측정하고 있는지를 검증하는 것이다. 타당성분석도 크게 3가지로 구

분될 수 있다.

| 구분 | 내용 |
| --- | --- |
| 내용 타당성 | 문항내용이 목적에 비추어 적절한지에 대해 경험 혹은 전문 지식을 바탕으로 한 정성적 검토 |
| 예측 타당성 | 현재 측정된 특성이 미래상태를 예측하는 데 적절한지에 대한 평가 |
| 구성개념 타당성 | 측정하려고 의도한 개념을 측정도구가 얼마나 잘 측정하는가에 대한 평가<br>* 수렴 타당성<br>  : 서로 다른 방법의 측정치가 서로 같은 방향으로 수렴하는지에 대한 평가<br>* 판별 타당성<br>  : 서로 다른 개념을 측정하는 문항들이 서로 구별되는 정도에 대한 평가 |

타당성과 관련된 3가지 개념들 중 내용 타당성은 관련 전문가나 실무자가 지식과 경험을 바탕으로 정성적으로 평가하는 것인 반면, 구성개념의 수렴 타당성과 판별 타당성은 요인분석(Factor Analysis)을 통해 분석한다. 일반적으로 타당성분석이라 하면 요인분석을 활용한 구성개념의 수렴 타당성과 판별 타당성을 검증하는 것을 의미하며, 이러한 요인분석에는 크게 탐색적 요인분석과 확인적 요인분석 두 가지가 있다.

## 다. 탐색적 요인분석과 확인적 요인분석

탐색적 요인분석(Exploratory Factor Analysis)은 서로 관계가 알려져 있지 않은 측정변수와 잠재변수 간의 관계를 규명하기 위한 것이다. 예를 들어, 브랜드 이미지를 평가하기 위한 차원들로 '신뢰성', '혁신성', '친근함' 등 3개를 잠재변수로 구성하고, 차원별로 4개의 세부항목을 측정변수로 사용하였다고 한다면, 탐색적 요인분석을 통해 차원별 세부항목들이 해당 차원과 얼마나 관계가 있는지를 검증한다. 즉, 측정항목들이 미리 의도한 해당 차원을 제대로 측정하고 있는지에 대해 사전지식을 갖고 있지 않기 때문에 탐색적(Exploratory)이라고 하며, 분석결과에 따라 일부항목을 제거하거나 추가하게 된다. 탐색적 요인분석은 일반적으로 SPSS의 요인분석을 통해 시행한다.

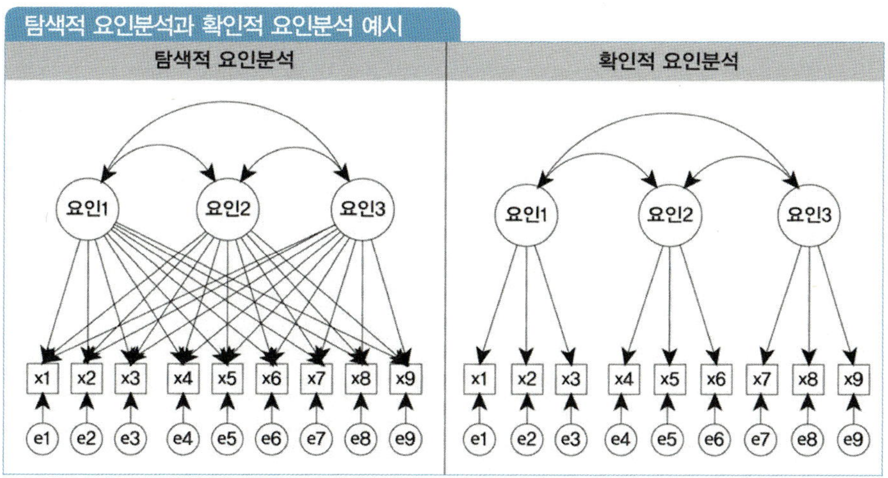


확인적 요인분석(Confirmatory Factor Analysis)은 이론적 지식 혹은 경험에 근거하여 각 측정변수와 잠재변수 간의 관계를 사전에 가정하고 이 가정을 통계적으로 검증하기 위한 목적으로 활용되며, 이론 연구에서 기존 모델의 수정이나 변경에 대한 통계적 검증에 많이 이용된다. 확인적 요인분석은 LISREL이나 AMOS를 이용해 분석한다.

이론 연구에서는 측정모델의 타당성 검증을 위해 상기 두 가지 분석을 순차적으로 시행하는 경우가 많다. 즉, 미리 설정한 모델에 대해 탐색적 요인분석을 통해 측정항목들을 1차적으로 정제한 다음, 확인적 요인분석을 실시해서 측정모델의 구성에 대한 통계적 검증을 최종적으로 실시하게 된다. 측정모델의 타당성 검증과 관련하여 두 가지의 논란이 있다.

첫째, 탐색적 요인분석과 확인적 요인분석을 반드시 단계적으로 해야 하는가에 대한 부분이다. 물론, 목적에 따라서 둘 다 시행해야 하는 경우도 있지만, 국내 학계에서는 대부분의 경우 측정모델의 타당성 검증을 위해 단계별로 요인분석을 실시한다. 반면, 해외 유명교수들이나 구조방정식 연구학자들의 경우 목적에 따라 탐색적 혹은 확인적 요인분석 중 하나로만 측정모델의 타당성을 검증하는 경우가 많다. 구조방정식모델 분석을 위한 측정모델의 검증이 반드시 필요하긴 하나 어떤 방법을 이용해야 하는가에 대해서는 현재까지 통일된 기준이 제시되지 않고 있다. 마케팅조사 실무에서는 대개 탐색적 요인분석만 시행하며 확인적 요인분석은 잘 활용하지 않는 것이 일반적이다. 실무에서 활용되는 대부분의 모델은 이미 학계에서 이론적 검증을 거친 구조를 그대로 따르게 되며, 다만 전반적 태도에 영향을 미치는 선행변수들에 대해서만 실무적 관점에서 구체적으로 설정하기 때문이다.

둘째, 요인분석의 요인추출방법(Extraction)과 요인회전방법(Rotation)에 대한 논란이 있다. 우선 요인추출방법의 경우 크게 주성분분석(Principle Component Analysis)과 공통요인분석(Common Factor Analysis)으로 나눌 수 있는데 주성분분석은 탐색적 요인분석에, 공통요인분석은 확인적 요인분석에 주로 이용된다. 동일한 측정모델의 타당성 검증을 위해 서로 성격이 다른 두 분석방법을 모두 적용해서 분석하는 것은 논리적으로 타당하지 않은 측면이 있으며, 해외 학계에서 확인적 요인분석만으로 타당성 검증을 하는 것도 이 때문인 것으로 유추된다. 뒤에서 언급하겠지만, 주성분분석은 PLS와 성격이 비슷하며, 공통요인분석은 LISREL이나 AMOS와 성격이 비슷하다. 주성분분석과 공통요인분석의 내용은 다소 어려울 수 있으니 참고로만 읽어두기 바란다.



| 구 분 | 주성분분석(PCA) | 공통요인분석(CFA) |
|---|---|---|
| 이론적 배경 | 1901년 피어슨이 자료축소를 위해 고안한 상관행렬의 분해법을 1933년 Hetelling이 주성분분석으로 발전시켰다. | 1904년 요인분석의 아버지로 불리는 스피어만이 자료축소보다는 공분산을 이용해 변수들이 공통적으로 포함하고 있는 일반 요인을 추출하기 위해 개발한 방법을 Thurstone이 다요인이론으로 발전시킨 것이 공통요인분석이다.<br><br>공통요인분석은 이후 현존하는 LISREL 혹은 AMOS와 같은 구조방정식모델로 발전하게 된다. |
| 기본 개념 | 측정변수들의 선형조합에 의해 주성분(Principle Component)이 정립된다.<br><br>즉, 서로 연관있는 측정변수들의 선형조합으로 서로 독립적인 합성변수들을 추출하며, 이렇게 선형조합으로 추출된 합성변수는 원래 측정변수보다 작으면서도 그들이 가지고 있는 분산을 충분히 설명할 수 있도록 추출되므로 자료요약이라 할 수 있다. | 측정변수들이 포함하고 있는 공통요인의 선형조합으로 측정변수가 정립된다.<br>즉, 요인 내 변수들 간 상관관계는 공통 요인에 대한 각 변수의 요인적재값의 곱으로 정립되며, 두 변수 간의 관계에서 공통요인을 제거하면 상관계수는 0이 된다.<br><br>따라서 공통요인분석은 측정변수들의 공분산을 분석하는 기법이며, 이 공분산들은 변수 간 존재하는 잠재변수에 의해 발생된다고 가정한다. |
| 분석 대상 | 변수들의 공분산과 개별분산을 이용한 상관행렬을 분석자료로 이용 | 변수들의 공분산을 이용한 공분산행렬을 분석자료로 이용 |
| 단점 | 변수 간 상관계수가 통계적으로 유의하지 않는 경우에도 요인적재값이 실제보다 커지는 경향이 있다. | 수집된 데이터는 다변량 정규분포를 기본적으로 가정하고 있다. |

상기에서 주성분분석은 탐색적 요인분석, 공통요인분석은 확인적 요인분석

과 유사한 성격을 띠고 있다. 변수가 많고 요인 수가 적을 경우, 두 결과는 비슷한 것으로 알려져 있다.

요인분석을 위한 전제조건을 간략하게 살펴보면 우선 일반적으로 전체 상관계수의 크기가 0.3 이하이면 요인분석을 할 가치가 없다고 여긴다. 요인분석을 이용한 분석결과에서 요인적재값(Factor Loadings)의 최소기준은 일반적으로 0.5 이상으로 알려져 있으나, 엄밀한 의미에서 표본크기가 100명인 경우는 0.55, 200명인 경우는 0.4, 350명 이상은 0.3 이상이 95% 신뢰수준에서 통계적으로 유의하면 된다는 연구결과도 있다는 점을 참고하기 바란다.

### 라. 요인회전방법

요인회전방법은 요인 간 상관관계가 0이 되도록 하는 직각회전(Varimax)과 어느 정도의 상관관계를 인정하는 사각회전(Direct Oblimin)이 있다. 탐색적 요인분석에서는 직각회전으로 분석한 후 LISREL이나 AMOS를 이용하고, 확인적 요인분석을 할 때는 요인 간 상관관계를 허용해서 분석함에 따라 논리적 모순이 생길 수 있다. 실제로 국내 학계에서는 몇 년 전까지만 해도 대부분 주성분분석의 직각회전을 이용해 타당성분석을 한 후 LISREL을 이용해 구조방정식모델

**직각회전과 사각회전 비교**

| 직각회전 | 사각회전 |
| --- | --- |
| – 요인 간 독립성을 유지하도록 회전<br>– 사회과학에서 요인 간 관계가 전혀 없음을 가정하는 것은 현실성이 떨어짐<br>– 상대적으로 해석이 간명함 | – 요인 간 연관성을 유지하면서 회전<br>– 복잡한 사회과학의 현실을 반영<br>– 상대적으로 해석이 어려움 |

분석을 시행하였으나, 상기와 같은 문제로 인해 주성분분석으로 분석하되 요인 간 연관관계를 허용하는 사각회전을 이용하여 타당성을 검증하는 경우가 많아졌다. 하지만 이 경우에도 앞서 요인추출방법에서 제기된 논란은 그대로 남아있게 된다. 이 부분에 대해서는 추후 실제 분석을 수행하면서 한 번 더 언급하기로 하겠다.

회전방법에 따른 논란은 있지만, 실제 직각회전과 사각회전을 통해 분석된 결과로 추출된 요인 수나 형태는 크게 차이가 나지 않는다. 그래서 일반적으로 직각회전이 널리 사용된다.

## 마. 신뢰성과 타당성의 사후적 검증

측정모델에 대한 신뢰성과 타당성을 사후적으로 검증하는 방법도 있다. 즉, 모델을 구축하기 전에 신뢰성과 타당성 검증을 하는 것이 아니라 모델을 구축해서 구조방정식 분석을 시행한 후 사후적으로 검증하는 것이다. 사후적 검증은 합성신뢰도와 평균분산추출을 통해 확인한다. 여기서 합성신뢰도는 신뢰성분석과 유사한 개념이며, 평균분산추출은 타당성분석과 거의 비슷하다.

합성신뢰도(Internal Composite Reliability)는 측정변수들의 내적일관성을 측정하는 것으로 개념신뢰도라고 하며, 0.6 이상이면 수용 가능한 것으로 받아들인다. 평균분산추출(Averaged Variance Extracted)은 측정변수들이 잠재변수를 설명할 수 있는 분산의 크기로서 일반적으로 0.5 이상 되어야 한다.

**합성신뢰도와 평균분산추출의 계산 예시**

| $\lambda$(적재 값) | $\lambda^2$ | $1-\lambda^2$ | $(\Sigma\lambda i)^2$ | $(\Sigma\lambda i^2)$ | $\Sigma(1-\lambda^2)$ | ICR | AVE |
|---|---|---|---|---|---|---|---|
| 0.840 | 0.706 | 0.294 | | | | | |
| 0.820 | 0.672 | 0.328 | 6.003 | 2.002 | 0.998 | 0.857 | 0.667 |
| 0.790 | 0.624 | 0.376 | | | | | |
| 0.500 | 0.250 | 0.750 | | | | | |
| 0.500 | 0.250 | 0.750 | 2.250 | 0.750 | 2.250 | 0.500 | 0.250 |
| 0.500 | 0.250 | 0.750 | | | | | |
| 0.900 | 0.810 | 0.190 | | | | | |
| 0.900 | 0.810 | 0.190 | 7.290 | 2.430 | 0.570 | 0.927 | 0.810 |
| 0.900 | 0.810 | 0.190 | | | | | |
| 0.100 | 0.010 | 0.990 | | | | | |
| 0.500 | 0.250 | 0.750 | 2.250 | 1.070 | 1.930 | 0.538 | 0.357 |
| 0.900 | 0.810 | 0.190 | | | | | |
| 0.500 | 0.250 | 0.750 | | | | | |
| 0.500 | 0.250 | 0.750 | 3.610 | 1.310 | 1.690 | 0.681 | 0.437 |
| 0.900 | 0.810 | 0.190 | | | | | |

상기에서 보는 바와 같이 측병변수들의 요인적재값이 일관성 있게 높으면 높을수록 합성신뢰도와 평균분산추출값은 상대적으로 높아지며, 유의수준도 신뢰성과 타당성분석에서 요구되는 수준과 비슷함을 알 수 있다. 하지만 이론 연구에서는 구조방정식모델 분석 이전에 사전적으로 측정모델에 대한 신뢰성과 타당성을 검증하기 때문에 사후적 검증은 잘 수행하지 않는 것이 일반적이다.

## (8) 1단계 접근법과 2단계 접근법

구조방정식 모델을 분석할 때, 구조모델과 측정모델을 한꺼번에 분석하는 접근법인 1단계 접근법(One-step Approach)과 측정모델에 대한 확인적 요인분석으로 타당성을 검증한 후 각 잠재변수를 설명하는 측정변수들을 평균해서 조합을 통해 단일변수로 만든 후 이들 단일변수로 구성된 모델을 경로분석을 이용해서 최종적으로 구조모델을 분석하는 2단계 접근법(Two-step Approach)이 있다.

패밀리 레스토랑 고객만족도 모델을 예로 들어 설명해 보면 고객만족에 영향을 미치는 메뉴, 직원서비스, 물리적환경, 부가서비스, 이미지 등의 잠재변수들을 그대로 모델로 구성해서 분석하게 되면 1단계 접근법이 되는 것이고, 각각의 잠재변수들을 평균하여 단일항목으로 만들어 분석하면 2단계 접근법이 되는 것이다.

일반적으로 구조방정식모델을 분석할 때는 측정모델에 대한 신뢰성과 타당성 검증 후 측정모델과 구조모델을 동시에 분석하는 1단계 접근법이 가장 널리 사용되고 있으나, 구조모델과 측정모델 간 상호작용을 회피하여 모델 내 개념들의 신뢰도를 보다 높이기 위해 2단계 접근법으로 구조방정식모델을 분석하는 경우도 있다. 두 접근법에 대한 학자 간 이견은 있으나, 구조모델과 측정모델이 강한 이론적 근거를 가지고 있고, 측정변수들의 신뢰도가 매우 높다면 1단계 접근법이 적합하며, 측정도구의 신뢰도가 떨어지고 기존에 확고히 정립된 모델이 아니라 시험적인 모델인 경우에는 2단계 접근법이 적당하다고 할 수 있다.

특히, 실무에서는 대부분의 경우 구조방정식 분석모델이 기존 이론보다는 실무적 경험에 의해 정립되고, 모델에 투입된 변수의 수도 상대적으로 많기 때문에 1단계 접근법보다는 2단계 접근법이 더 적합하다고 할 수 있으며, 한국능률협회의 정부산하기관 만족도 측정 모델인 KCSI-PS(개발자 : 이유재 교수)가 2단계 접근법을 실무에 적용한 대표적인 예이다.

단, LISERL이나 AMOS를 이용해 2단계 접근법을 적용하게 되면 잠재변수를 구성하는 측정변수들을 산술평균해서 단일변수로 만들게 되므로 측정의 정확성은 떨어지고, 항목별 중요도와 같은 세부정보가 제공되지 않는다는 단점이 있다. 이 부분에 대해서는 추후 분석결과의 해석 부분에서 자세히 다루도록 하겠다.

## 6. 구조방정식의 종류

구조방정식을 분석할 수 있는 프로그램은 우리가 익히 알고 있는 LISREL이나 AMOS 이외에도 다양하다.

### (1) 구조방정식 분석기법

#### 가. LISREL

LISREL(Linear Structural Relations)은 스웨덴 Uppsala 대학교 통계학과 교수인 Joreskog과 Sorbom에 의해 구조방정식모델을 분석하는 프로그램으로는 가장 먼저 개발되었으며, 현재까지도 구조방정식모델의 대표적인 프로그램으로 가장 널리 사용되고 있다. LISREL은 1970년대 초 요인분석에 사용되던 프로그램인 ACOVS(Analysis of Covariance Structure)를 기반으로 만들어졌으며, 주로 학계에서 많이 활용되고 있다.

#### 나. EQS

EQS(EQationS)는 UCLA의 Bentler 교수에 의해 개발되었으며, 가장 최근 버전은 EQS 6.0이다. EQS는 모델을 방정식 형태로 표현해서 분석할 수 있도록 되어 있어 사용하기에 쉬운 장점이 있다.

## 다. AMOS

AMOS(Analysis of Moment Structure)는 Arbuckle에 의해 개발된 것으로 명령문을 직접 입력해야 하는 LISREL과는 달리 SPSS Windows 버전처럼 메뉴로 되어 있어 누구나 쉽게 사용할 수 있다는 것이 가장 큰 장점이다. 과거에는 LISREL을 많이 사용하였으나 최근 들어서는 AMOS의 사용이 점점 늘어나고 있는 추세이다.

## 라. LVPLS

LVPLS(Latent Variable Partial Least Square)는 독일의 수학자인 Lohmoller에 의해 개발된 것으로 초기에는 경제학 등에 사용되던 것이 ACSI모델의 분석도구로 사용되면서 주목받기 시작하였다. LISREL이나 AMOS 등의 다른 구조방정식 프로그램과는 달리 LVPLS는 정규분포에 대한 가정, 확률표본추출, 대표본 등의 제약이 없는 것이 가장 큰 특징이며, 일부 학자들은 이러한 점 때문에 LVPLS를 구조방정식모델이 아니라고 주장하기도 하나, 사회과학이나 행동과학 분야에서 사용이 점증하고 있다. 또한, 다른 프로그램들과는 달리 LVPLS는 상용화된 프로그램(Commercial Version)은 현재까지 없으며, Fortran으로 짜인 LVPLS 초기 프로그램을 몇몇 학자들이 Graphical User Interface로 바꾸어 연구에 사용하고 있으며, 흔히 PLS로 불린다.

## 마. 기타

앞에서 소개한 프로그램 이외에도 CALIS, COSAN, LINCS, LISCOMP,

MECOSA, Mplus, Mx, RAM, RAMONA, SEPATH, STREAMS, TETRAD
Ⅳ 등이 개발되어 있다.


## (2) LISREL(AMOS)과 PLS 비교

LISREL이나 AMOS에 비해 상대적으로 데이터에 대한 가정도 덜 엄격하고 분석결과의 활용 측면에서도 우수하여 실무에서 사용하기에 적합한 구조방정식모델 분석기법이 바로 PLS라고 할 수 있다. 마케팅조사 실무에서 활용되는 거의 모든 측정모델들이 사전에 정립된 모델에 대한 수정 없이 사후분석을 통해 결과를 해석하는 성격을 띠게 되는데, LISREL이나 AMOS는 사전에 설정한 모델의 수정을 통한 최적의 모델 수립이 주 목적이지만, PLS는 실무적 목적에 맞게 미리 정해진 경로에 대한 수정 없이 최적의 모수값을 추정하기 위한 수단으로 가장 적합한 것으로 알려져 있어 실무에 보다 적합하다고 할 수 있다.

LISREL이나 AMOS와는 달리 PLS는 현재 상용화된 프로그램(Commercial Version)이 나와 있지 않다. ACSI 분석에 사용된 PLS프로그램은 ACSI 개발자인 Michigan 주립대의 Claes Fornell 교수팀이 자체 개발하여 보유하고 있으며, 우리나라에서는 현재 KPC에서 KAIST를 통해 자체적으로 PLS프로그램을 개발하여 컨설팅 프로젝트에 활용하고 있는 것으로 알려져 있다. 현재 실무에서 활용가능한 PLS 분석 프로그램으로는 미국 휴스턴대학교 W.W.Chin 교수가 개발한 PLS Graph 3.0과 독일 함부르크 대학교 Ringle 교수가 개발한 SmartPLS가 대표적이다. 이들 프로그램은 현재 아직 상용화되지 않은 베타버전(Beta-test Version)이며, 세계 주요 대학 및 기업들에서 활용되고 있다.

| 구 분 | LISREL(AMOS) | PLS |
|---|---|---|
| 목적 | 전체 구조방정식 모형의 최적화 | 모형 추정과정에서 발생하는 잔차의 최소화를 통한 예측력의 극대화 |
| 성격 | 확인적 모델링(Confirmatory Modeling) (확인적 요인분석과 유사) | 탐색적 모델링(Exploratory Modeling) (주성분분석과 유사) |
| 모수 추정법 | ML을 사용하여 각 변수 간 결합분포를 가정하는 모수추정법(Parametic Estimation) | 독립적 회귀분석 혹은 주성분분석을 반복적으로 수행하는 비모수추정법 (Non-parametic Estimation) |
| 가정 | 측정변수들의 다변량정규분포 가정 상대적으로 큰 표본크기 | 변수들의 분포에 대한 가정 없음 상대적으로 작은 표본크기 |
| 잠재변수값의 추정 | 측정변수는 잠재변수를 반영하는 반영지표로 가정되므로 잠재변수값의 추정절차가 복잡하고 어려움(The scores on LVs are not estimated directly) | 각 측정변수의 선형조합에 의해 직접 구해짐 (LVs are exactly weighted linear combinations of observed variables) |
| 잠재변수 간 인과관계 | 변수들의 관찰된 상관/공분산 행렬과 모델에 의해 예측된 행렬 간 비교가 주요 목적이므로 각 잠재변수 간의 경로계수는 예측력의 극대화가 아님 | 측정변수의 측정오차와 잠재변수 간의 예측오차를 최소화하도록 경로계수를 추정하므로 오차 최소를 통한 예측력의 극대화 |
| 통계적 검정 | 모델 경로계수, 적합도, 모델 간 차이 비교 등에 있어 다양한 통계적 검정이 가능 | 분포에 기초한 모수추정이 아니므로 확률에 기초한 통계적 검정 불가 (Bootstrap을 활용하여 검정) |
| 단점 | 모수들의 추정값이 왜곡되거나 동일한 변수가 여러 가지 추정값을 갖는 요인 불확정 (Factor Indeterminacy) 문제와 분포에 대한 가정 미 충족 시 분석 결과의 왜곡 가능성 존재 | 각 측정변수의 Weight값(요인적재값)은 과대 추정되는 반면, 각 잠재변수 간 경로계수는 과소 추정되는 경향 발생 |
| 분석지표 | 반영지표(Reflective Indicator)만 가능 | 반영(Reflective)과 조형지표(Formative Indicator) 모두 가능 |
| 실무 적용 | 확인적 방법(Confirmatory Method)이므로 단발성 조사(Ad hoc)에 부적합 | 탐색적 방법(Exploratory Method)이므로 단발성 조사(Ad hoc)에 적용 가능 |

# 구조방정식 분석하기

1. 모델구조 만들기
2. 데이터의 준비
3. 측정모델 분석
4. 구조방정식 분석

지금부터는 실제 데이터를 이용해 구조방정식모델을 구체적으로 어떻게 분석하는지를 마케팅조사 실무관점에서 살펴보기로 한다.

# 구조방정식 분석하기

## 1. 모델구조 만들기

구조방정식모델을 실제로 적용하기 위해서는 분석 시 가이드라인으로 참고하기 위한 모델구조를 만들어야 한다. 앞서 계속 강조하였던 것처럼 모델의 구조는 소비자 태도 모델을 바탕으로 하되 전체적인 흐름이 논리적이어야 한다.

우선 고객만족도 측정모델의 구조를 살펴보면 지각된 품질(PQ; Perceived Quality)―고객만족(CS; Customer Satisfaction)―행동의도(BI; Behavior Intention)의 흐름으로 구성하는 것이 가장 일반적이다. 즉, 제품·서비스 품질, 이미지, 가격 등의 선행변수들이 고객만족을 설명하고 고객만족은 다시 재구매(재이용, 계속이용)의향과 타인추천의향을 설명하는 구조로 구성하면 된다.

여기서 PQ에 해당되는 선행변수들의 구성에 많은 노력을 기울여야 한다. 고객만족과 의향은 측정항목이 정해져 있지만, 조사목적이나 기업의 사정에 따라 PQ를 나타내는 잠재변수의 수와 잠재변수별 측정변수의 수는 크게 달라질 수 있기 때문이다. 사실 모델구조는 구조방정식 분석을 위해 만드는 것이긴 하지만, 이미 질문지를 구성할 때 모델구조를 염두에 두어야 한다. 앞서 언급한 바와 같이 구조방정식도 분석을 위한 도구일 뿐이지 모델 자체를 기획하거나 구조를 제시해 주지는 못한다. 따라서 구조방정식을 활용하기 위해서는 사전에 질문지 개발 단계에서부터 모델구조를 미리 기획하고 그에 맞게 질문항목을 구성하여야 한다.

질문지의 구성은 가급적 모델의 구성과 동일한 순서로 하는 것이 좋다. 똑같은 항목들이라 하더라도 구성순서에 따라 구조방정식 분석결과는 달라질 수 있기 때문이다. 패밀리 레스토랑 고객만족도 모델을 예로 들어 보면, 모델에서 메뉴, 직원서비스, 물리적환경, 부가서비스, 이미지, 고객만족, 재이용의향, 추천의향의 순서대로 구성되어 있으므로 질문지도 동일한 순서로 구성한다. 물론 메뉴에 대한 질문을 가장 먼저 하고 의향 질문을 맨 나중에 배치하여야 한다. 각 잠재변수 간에는 응답자가 분리해서 응답할 수 있도록 질문지 구성을 독립적으로 해야 한다. 그래서 고객만족에 영향을 미치는 메뉴부터 이미지까지의 세부 측정항목들을 한 번에 모두 나열하지 말고 메뉴, 직원서비스, 물리적환경, 부가서비스, 이미지를 각각 독립적으로 구성해서 응답자에게 순차적으로 응답을 받아야 한다. 사소한 것 같지만 질문순서가 전체 응답결과 및 모델분석결과에 미치는 영향은 클 수 있으므로 질문지 구성 시 제시순서 및 잠재변수별로 구분해 주는 것은 매우 중요하다.

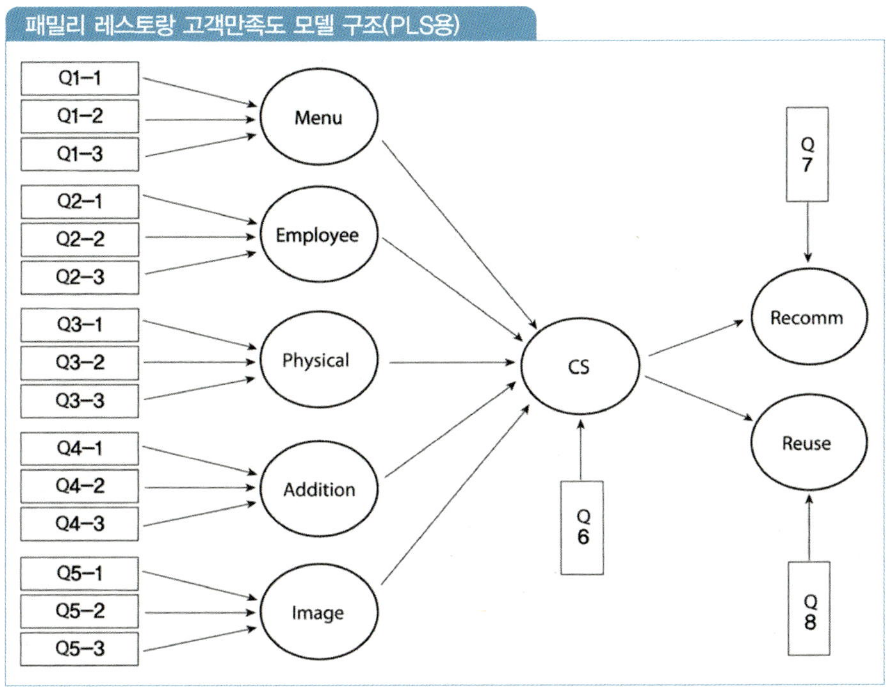



앞서 지표에서 언급한 바와 같이 마케팅조사 실무에서 측정하는 모든 개념은 조형지표임을 전제하고 있으므로 예시 모델도 조형지표 기준으로 구성하였다. 또한 실무에서는 전반적 만족도와 의향을 단일 항목으로 측정하므로 상기 모델에서도 각각 하나의 항목으로 구성하였다. 구조방정식 분석 프로그램 중 PLS는 조형지표와 더불어 단일 항목으로 된 잠재변수도 분석할 수 있으나 AMOS는 반영지표로 구성된 모델 분석만 가능하며, 모델에 포함된 잠재변수의 수도 최소 3개 이상의 측정변수로 구성되어야 함을 전제로 하고 있기 때문에 AMOS로 분석하기 위한 모델 구조도 PLS와는 다르게 구축해야 한다.

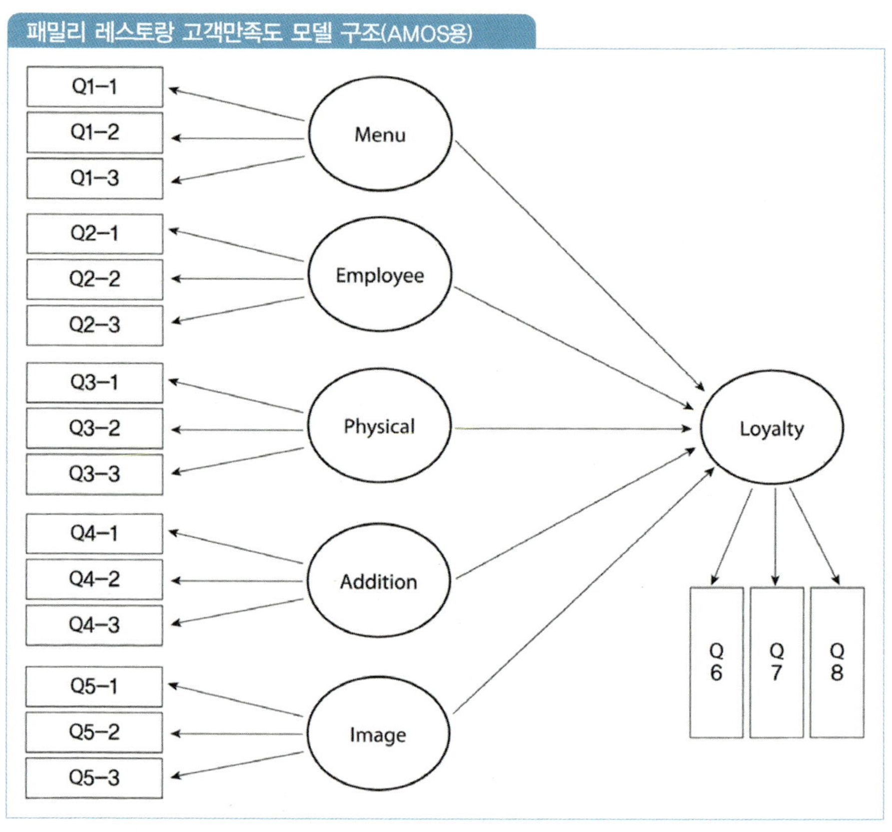


AMOS용에서는 전반만족, 재이용의향, 추천의향을 고객충성도라는 하나의 잠재변수로 구성하였으며, 모든 잠재변수는 반영지표로 표시하였다.

다음으로 브랜드 측정모델의 구조에 대해 간략하게 살펴보자. 브랜드 측정모델은 대개 인지도와 이미지–브랜드 호감도–구매의향의 순서로 구성한다. 인지도는 목적에 따라 모델에 포함하지 않아도 된다. 예를 들어 평가 대상 브랜드에 대해 대부분의 응답자가 잘 알고 있는 경우라면 인지도를 모델에서 제외하고 이미지를 주요 선행변수로 넣어도 된다. 이미지는 크게 기능적 이미지 (Functional Image), 정서적 이미지(Emotional Image), 사회적 이미지(Social Image) 로 구성된다. 기능적 이미지는 브랜드의 품질과 관련된 속성들이 모두 포함된 다. 정서적 이미지는 브랜드 개성과 관련이 있다. 친근함, 신뢰성, 세련됨 등이 정서적 이미지의 대표적인 속성들이다. 사회적 이미지는 주위 선호, 주위 수용 등 준거집단의 브랜드 평가와 관련된 속성들로 구성된다. 브랜드 모델의 가장 일반적인 구조를 제시해 보면 다음과 같다.

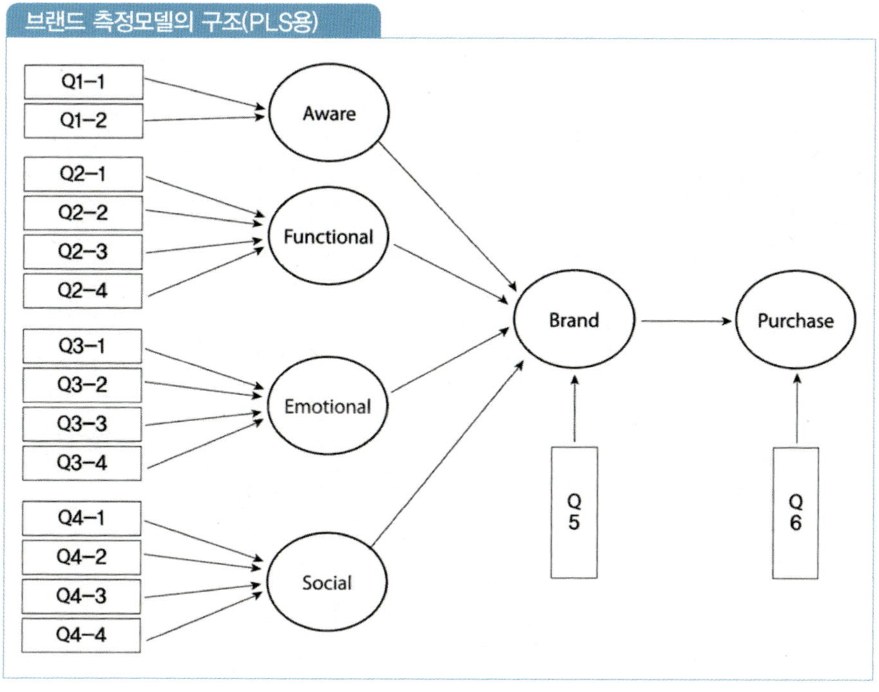



브랜드 모델에서 인지도에 해당하는 Aware 변수는 매우 주의 깊게 다루어야

한다. 다른 항목들과는 달리 브랜드 인지도는 리커트형 척도가 아닌 명목 척도로 측정되기 때문이다. 즉, 브랜드 인지도 측정에 가장 널리 활용되는 문항이 비보조인지도와 보조인지도인데 비보조인지도는 주어진 카테고리를 연상했을 때 떠오르는 브랜드를 순서대로 응답받아 비율로 분석하게 되며, 보조인지도는 해당 브랜드에 대한 인지 여부를 물어 응답비율을 계산한다. 구조방정식은 리커트형 척도로 측정된 문항에 대해서만 분석이 가능하기 때문에 명목 척도로 응답받은 인지도는 리커트형 척도로 전환하거나 아니면 인지도를 아예 리커트형 척도로 응답받아야 한다.

**명목 척도로 응답된 인지도를 리커트형 척도로 전환하는 방법**

비보조인지도와 보조인지도를 리커트형 척도로 전환하기 위해서는 비보조인지도의 응답 개수를 파악하여 순서에 따라 점수를 매긴다. 이때 보조인지도에 대한 점수부여도 고려하여 보조인지도에 '모른다'로 응답하는 경우를 최하점으로 하여 보조인지도 −비보조인지도 순으로 순차적으로 높은 점수를 부여한다.

예를 들어 비보조인지도에서 응답받은 브랜드 수는 3개이고, 브랜드 이미지와 호감도 등을 5점척도로 측정하였다고 가정해 보자. 이 경우 인지도 점수를 환산하는 방법은 비보조인지도 기준 1순위 응답에 5점, 2순위 응답 4점, 3순위 응답 3점을 부여하고, 보조인지도에서 안다고 응답하면 2점, 모른다고 응답하면 1점을 준다. 이렇게 하면 5점 리커트 척도와 동일한 방향으로 인지도를 점수화할 수 있다.

인지도를 리커트형 척도로 묻는 질문문항은 '귀하께서는 다음의 각 브랜드에 대해 얼마나 잘 알고 계십니까?'라고 질문하여 응답척도를 1. 전혀 모른다/오늘 처음 들어봤다, 2. 이름만 들어봤다, 3. 조금 알고 있다, 4. 매우 잘 안다로 구성하여 응답을 받는 것이 가장 일반적이다.

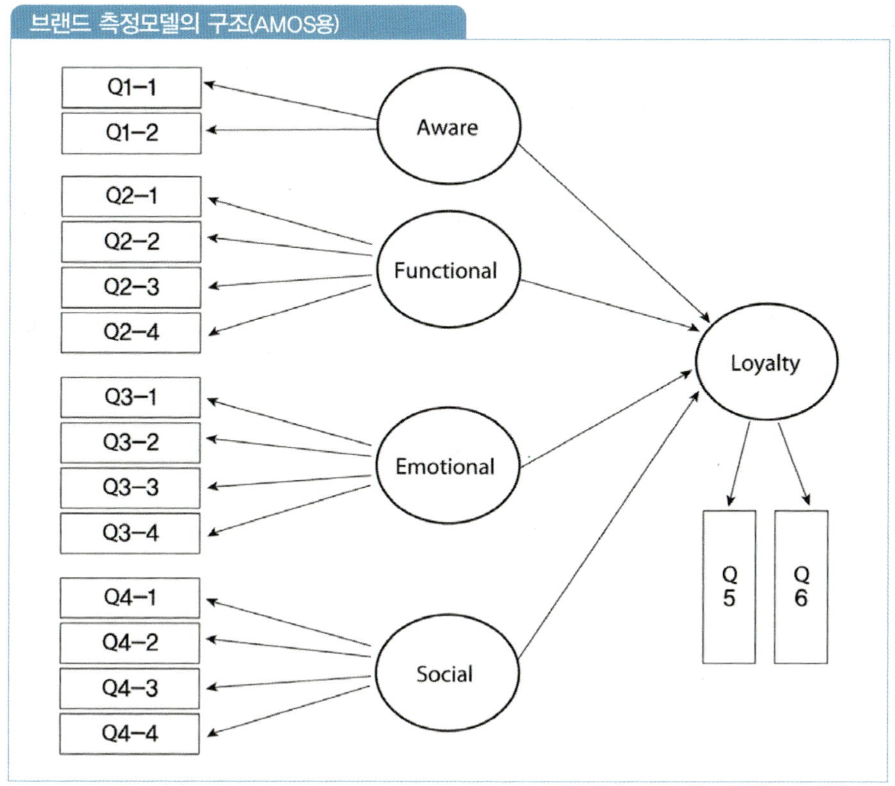



AMOS용으로 구성한 상기 모델에서 Aware와 Loyalty는 잠재변수임에도 불구하고 2개의 측정변수로만 구성되어 있다. 잠재변수가 반영지표인 경우에는 이론적으로 잠재변수가 3개 이상이 되어야 방정식의 해가 도출될 수 있지만, 2개의 측정변수로 구성하여도 수학적으로 방정식 자체는 성립한다. 실제 이유재 교수의 논문에서도 만족과 같은 잠재변수는 2개의 측정변수(전반적 만족, 전반적 즐거움)로 구성하여 모델을 검증한 사례가 많다. 따라서, AMOS 분석을 위한 모델 구성 시 가급적 잠재변수별로 3개 이상의 측정변수로 구성하되 불가피하거

나 개념이 매우 명백한 경우에는 2개의 측정변수를 사용하여도 큰 무리는 없다. 단, 2개의 측정변수로 구성된 잠재변수에 대해서는 확인적 요인분석은 수행할 수 없다는 점을 참고하기 바란다.

구조방정식 분석을 위한 모델의 구조는 워드나 파워포인트 같은 문서로 예쁘게 만들 필요 없이 시간 절약을 위해 종이에 그리는 것이 좋다. 단, 구조방정식 모델에서 활용되는 기호는 반드시 지켜서 잠재변수는 동그라미로, 측정변수는 네모로 표시한다. 변수별 변수명도 모델구조에 같이 넣어주어야 한다. 변수명은 가급적 5자 내외의 짧은 영어나 문항번호를 달아주는 것이 좋다.

## 2. 데이터의 준비

모델구조를 완성하고 나면 구조방정식 분석을 위한 데이터를 준비하여야 한다. 구조방정식을 포함한 모든 다변량 분석기법은 측정변수 간의 상관관계를 바탕으로 분석하게 된다. 상관관계 분석은 매우 심플하지만 입력데이터에 오류가 있을 경우 분석결과에 왜곡이 있을 수 있으므로 다변량 분석을 하기 전에 반드시 입력데이터에 대한 사전 점검을 해야 한다.

### (1) 빈도분석을 활용한 데이터 점검

통계분석에서 가장 기초적인 분석방법이 바로 빈도분석(Frequency)이다. 질문 항목에 대한 응답값들이 어떻게 분포되었는지를 한눈에 확인할 수 있고, 정해진 응답값들 이외에 이상치는 없는지를 확인할 수 있다. 빈도분석은 SPSS 통계 패키지 프로그램을 통해 쉽게 확인할 수 있다. 본 서에서는 SPSS 15.0 영문판을 기준으로 설명하도록 한다.

우선 SPSS를 실행시켜 데이터를 불러온다. 그런 다음 Analyze-Descriptive Statistics-Frequencies를 순서대로 클릭한다.

'Frequencies' 분석 창에서 왼쪽에 있는 변수들을 블록으로 지정해서 오른쪽으로 옮긴다. 모델을 구성하는 모든 변수들을 오른쪽에 있는 'Variable(s):'로 투입한다.

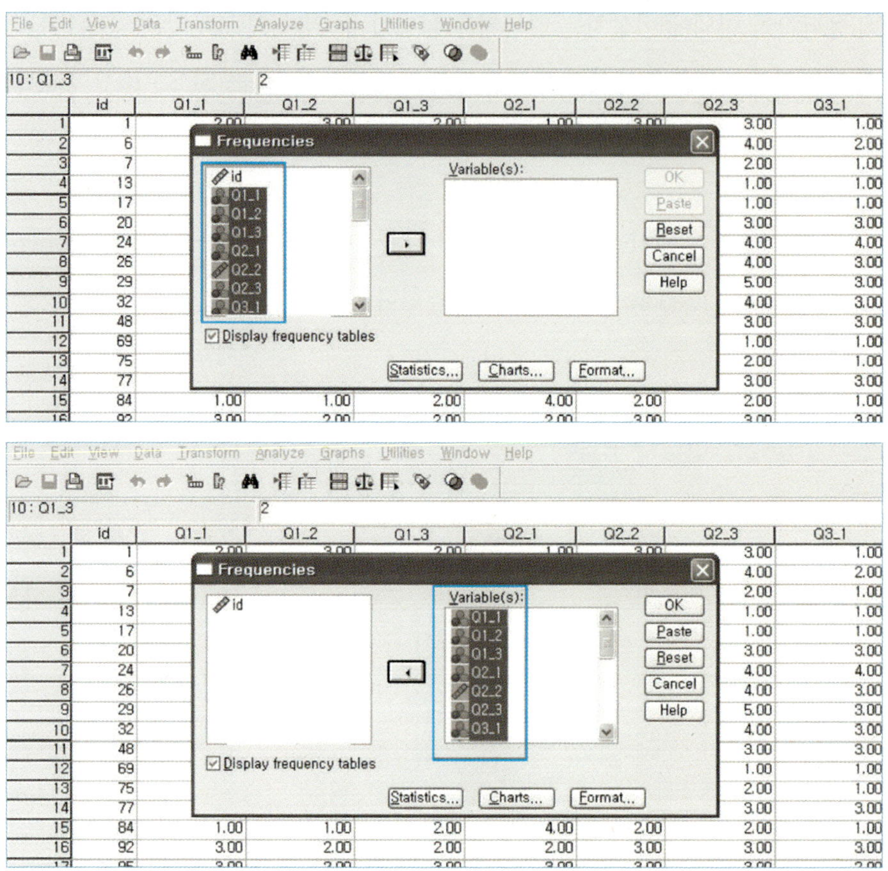

변수 투입이 완료된 후 'OK'를 클릭하면 새로운 창인 'Output'이 뜨면서 빈
도분석결과가 제시된다. 분석결과의 맨 상단에는 분석에 투입된 모든 변수들
중 응답값이 있는 사례 수(Valid)는 몇 개이고, 응답값이 없는 사례 수(Missing)는
몇 개인지를 보여준다. 여기서는 분석에 사용될 변수별 분석사례 수가 몇 개씩
인지를 확인한다. 특히 다른 변수들에 비해 분석사례 수가 현저하게 적은 변수
는 모델 분석에서 아예 제외하는 것이 좋다. 구조방정식은 변수 간의 상관관계

를 기초로 분석하기 때문에 특정변수의 분석사례 수가 다른 변수에 비해 적을
경우 변수 간 상관계수가 왜곡될 가능성이 매우 높기 때문이다.

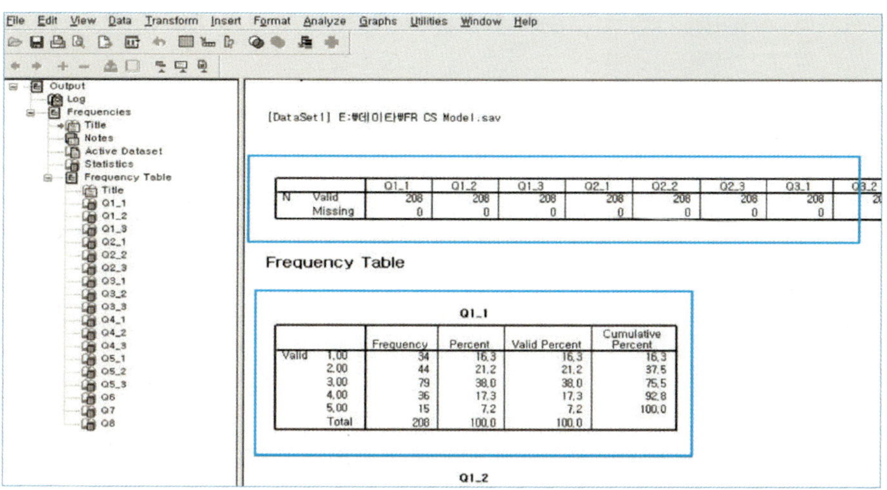

'Frequency Table' 아래에는 개별 변수 응답값들의 분포를 나타내는 표가 하
나씩 제시된다. 여기서는 표의 맨 왼쪽에 있는 응답값들 중에 이상치는 없는지,
모름/무응답은 결측치 처리가 되었는지를 확인해야 한다. 특히 없음, 모름/무응
답과 같은 응답값 처리에 유의해야 한다. 일반적으로 모름/무응답은 척도가 한
자릿수인 경우 '9', 두 자릿수인 경우 '99'로 입력하게 되는데 구조방정식을 포
함한 모든 다변량분석 시에는 반드시 모름/무응답 값을 결측치 처리하여 분석
에 포함되지 않도록 주의해야 한다. 실제 다변량분석을 실시해서 결과가 이상
하게 나오는 경우의 대부분이 바로 입력데이터에 문제가 있기 때문이다. 소수
의 모름/무응답 값이나 이상치가 전체 결과를 크게 왜곡시킬 수 있으나 쉽게 간
과되기 쉬우므로 세심한 주의가 필요하다.

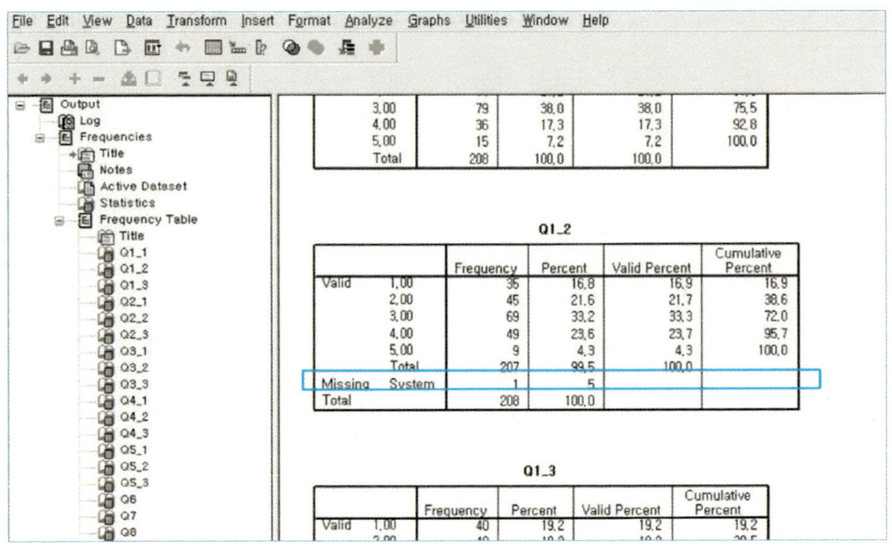

## (2) 이상치의 처리

데이터에서 모름/무응답이나 이상치가 나오면 어떤 식으로든 처리해 주어야
한다. 실무에서 가장 많이 활용되는 이상치 처리 방법은 해당 데이터 전체를 삭
제하거나 결측치(Missing)로 처리하는 것이다. 현실적으로 분석표본 수가 적어
데이터 삭제가 힘든 경우에는 응답값이 평균 계산에 사용되지 않도록 공란으로
처리해 주면 된다. 결측치로 처리하는 방법은 SPSS 메뉴에서 'Recode' 기능을
이용해 이상치를 'Missing' 으로 바꾸어 주면 된다.

SPSS 메뉴에서 Transform-Recode into Same Variables...를 선택하면
'Recode into Same Variables' 라는 분석창이 나타난다.

이 분석창에서 빈도분석에서와 같이 왼쪽에 있는 변수들 중 모름/무응답이나 이상치가 있는 변수들을 선택하여 오른쪽 'Variables:'에 옮긴다. 그런 다음 'Variables:' 아래에 있는 'Old and New Values...'를 클릭하면 새로운 분석창이 나타난다.

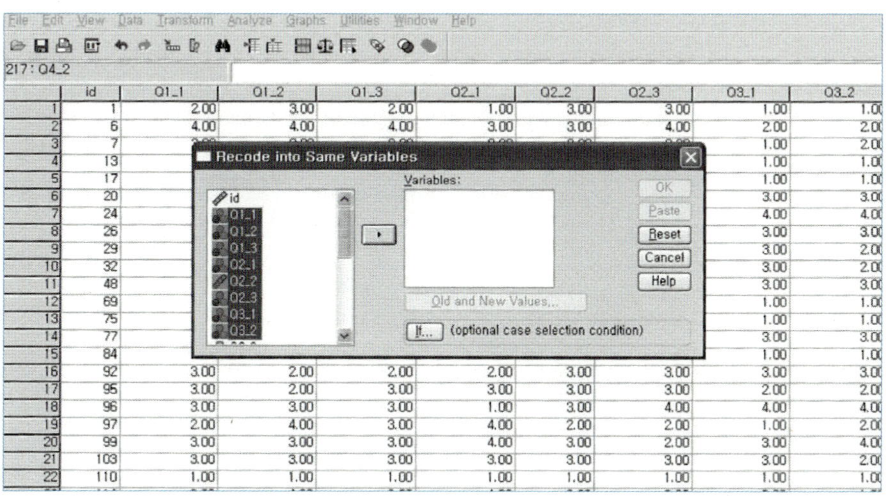

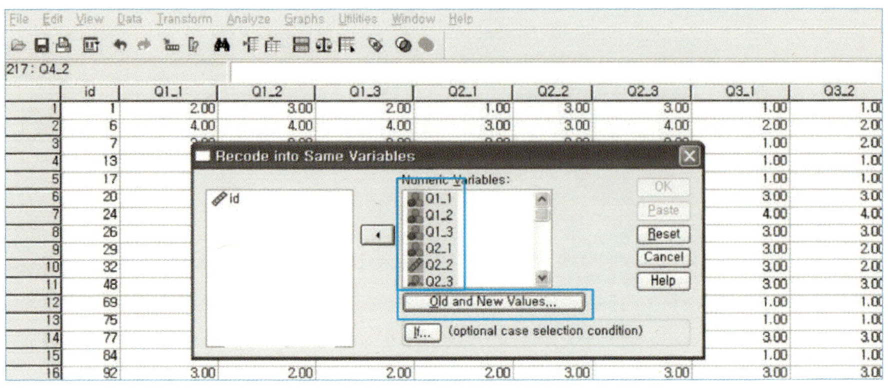

‘Old and New Values’ 창에서 ①에 해당하는 Value난에 ‘9’를 입력한다(여기서는 데이터에서 모름/무응답이 ‘9’로 입력되어 있기 때문에 ‘9’를 입력하는 하는 것이다. 이 난에는 결측처리하고자 하는 이상치의 값을 넣어주면 된다). 다음으로 창의 오른쪽 상단에 있는 ‘System-missing’에 체크한 후(②) 아래에 있는 ‘Add’를 클릭(③)하면 오른쪽 공란에 ‘9 --> SYSMIS’가 생긴다. 마지막으로 창 아래에 있는 Continue를 클릭한다.

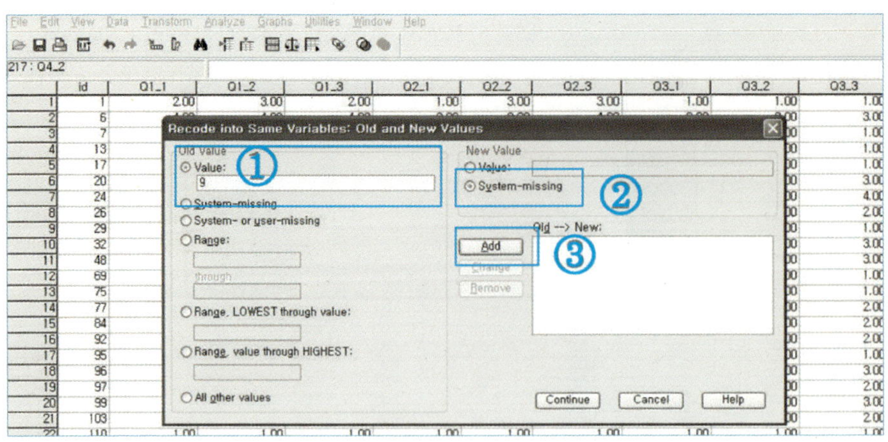

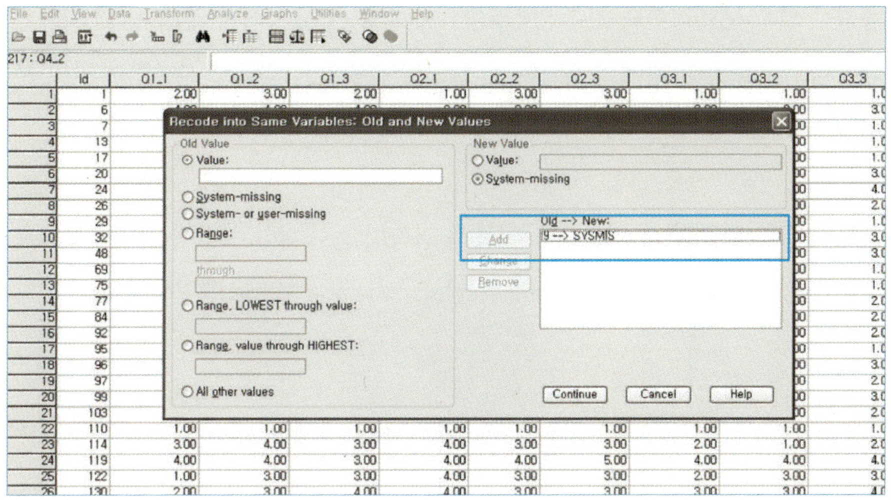

결측치가 잘 처리되었는지 확인하기 위해 빈도분석(Analyze-Descriptive Statistics-Frequencies)을 다시 실시한다. 다변량분석에서 이상치나 모름/무응답을 처리하는 것은 매우 중요하므로 반드시 사전에 확인하는 습관을 들이는 것이 좋다.

## (3) 결측치의 처리

이상치를 모두 결측치로 바꾼 다음 해야 할 일은 결측치를 처리하는 것이다. 가급적이면 결측치가 있는 사례 수는 분석에서 제외하거나 특정 값으로 대체해 주는 것이 좋다. 특히, 정기적으로 반복되는 조사의 경우 조사 시마다 결측치의 비율이 조금씩 달라지므로 결측치 자료를 반드시 제거하거나 대체하여야 한다. 참고로 LISREL이나 AMOS에서는 결측치를 그대로 넣어서 분석하는 것이 가능하나 일부 모델적합도 지수(GFI, AGFI, RMR 등)가 제시되지 않으며, PLS도 결측치를 '−1'로 변형하여 분석할 수는 있으나 결측치를 그대로 사용함에 따라 분석결과가 왜곡될 수 있다.

여기서는 SPSS에서 평균값을 이용해 결측치를 대체하는 방법을 알아보기로 한다. SPSS 메뉴에서 Transform−Replace Missing Values를 선택한다.

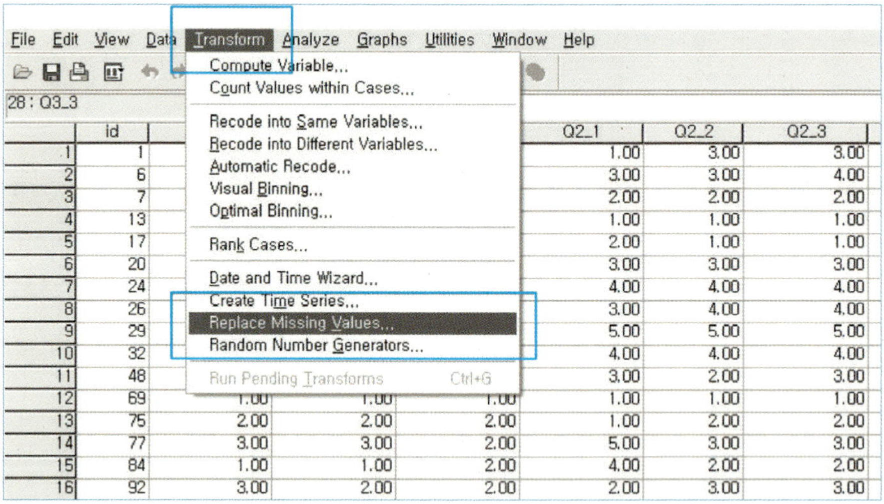

분석창에서 왼쪽에 있는 변수들 중 결측치를 평균으로 대체할 변수들을 오른쪽 New Variable(s)에 투입한다. 단, 한꺼번에 너무 많은 변수를 투입하면 프로그램 오류가 날 수 있으므로 한 번에 투입하는 변수의 수를 8개~10개 이하로 해야 한다.

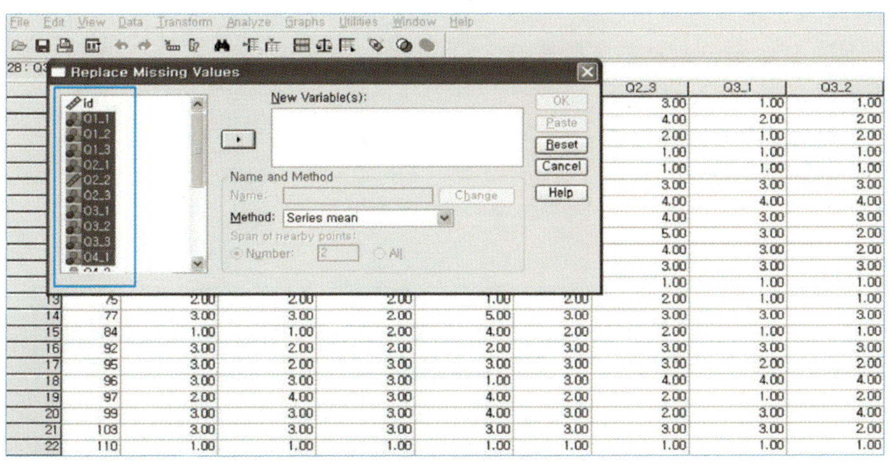

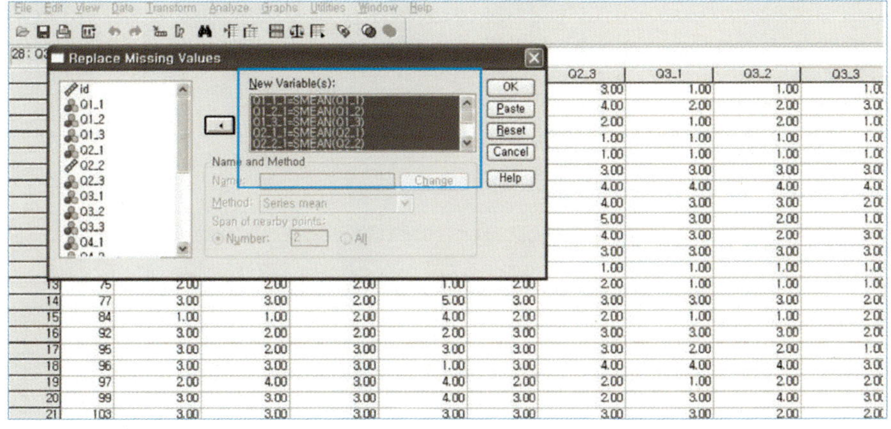

변수 투입 후 OK를 클릭하면 분석결과를 Output창에 제시해 준다. SPSS에서는 기존변수에서 평균으로 대체한 변수들을 새로운 변수들로 자동으로 만들어 저장하게 되며 Output창에서 투입한 변수들의 분석결과와 새로운 변수명을 보여준다.

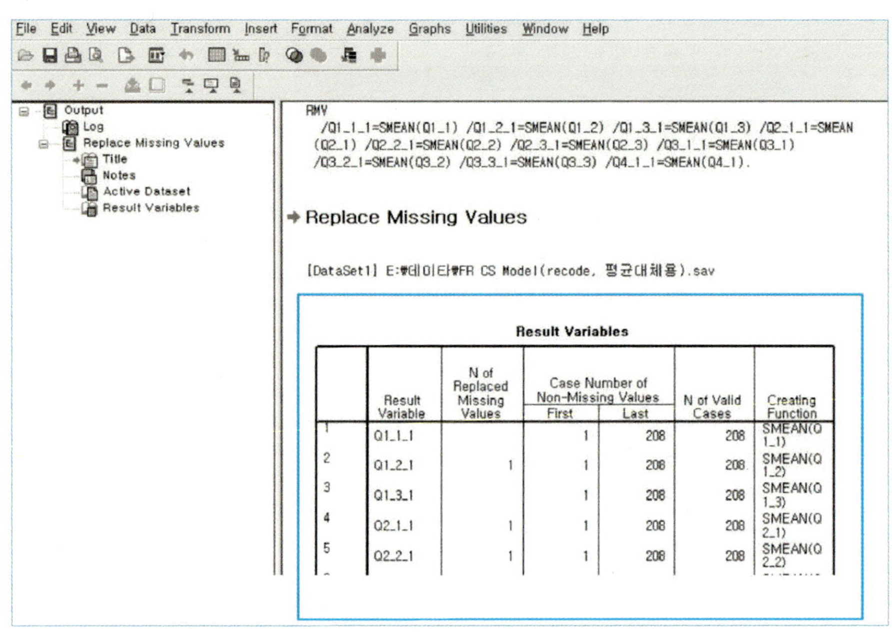

| | Q8 | Q1_1_1 | Q1_2_1 | Q1_3_1 | Q2_1_1 | Q2_2_1 | Q2_3_1 | Q3_1_1 | Q3_2_1 | Q3_3_1 |
|---|---|---|---|---|---|---|---|---|---|---|
| 2 | 4.00 | 4.00 | 4.00 | 4.00 | 3.00 | 3.00 | 4.00 | 2.00 | 2.00 | 3.00 |
| 3 | 2.00 | 3.00 | 2.00 | 2.00 | 2.00 | 2.00 | 2.00 | 1.00 | 2.00 | 1.00 |
| 4 | 2.00 | 2.00 | 2.00 | 2.00 | 1.00 | 1.00 | 1.00 | 1.00 | 1.00 | 1.00 |
| 5 | 1.00 | 1.00 | 1.00 | 1.00 | 2.00 | 1.00 | 1.00 | 1.00 | 1.00 | 1.00 |
| 6 | 4.00 | 3.00 | 3.00 | 3.00 | 3.00 | 3.00 | 3.00 | 3.00 | 3.00 | 3.00 |
| 7 | 4.00 | 4.00 | 4.00 | 4.00 | 4.00 | 4.00 | 4.00 | 4.00 | 4.00 | 4.00 |
| 8 | 5.00 | 5.00 | 4.00 | 4.00 | 3.00 | 4.00 | 4.00 | 3.00 | 3.00 | 2.00 |
| 9 | 4.00 | 3.00 | 2.00 | 2.00 | 5.00 | 5.00 | 5.00 | 3.00 | 2.00 | 1.00 |
| 10 | 3.00 | 3.00 | 2.00 | 2.00 | 4.00 | 4.00 | 4.00 | 3.00 | 2.00 | 3.00 |
| 11 | 2.00 | 3.00 | 3.00 | 3.00 | 3.00 | 2.00 | 3.00 | 3.00 | 3.00 | 3.00 |
| 12 | 3.00 | 1.00 | 1.00 | 1.00 | 1.00 | 1.00 | 1.00 | 1.00 | 1.00 | 1.00 |
| 13 | 3.00 | 2.00 | 2.00 | 2.00 | 1.00 | 2.00 | 2.00 | 1.00 | 1.00 | 1.00 |
| 14 | 3.00 | 3.00 | 3.00 | 2.00 | 5.00 | 3.00 | 3.00 | 3.00 | 3.00 | 2.00 |
| 15 | 2.00 | 1.00 | 1.00 | 2.00 | 4.00 | 2.00 | 2.00 | 1.00 | 1.00 | 2.00 |
| 16 | 3.00 | 3.00 | 2.00 | 2.00 | 2.00 | 3.00 | 3.00 | 3.00 | 3.00 | 2.00 |
| 17 | 2.00 | 3.00 | 2.00 | 3.00 | 3.00 | 3.00 | 3.00 | 2.00 | 2.00 | 1.00 |
| 18 | 2.00 | 3.00 | 3.00 | 3.00 | 1.00 | 3.00 | 4.00 | 4.00 | 4.00 | 3.00 |
| 19 | 3.00 | 2.00 | 4.00 | 3.00 | 4.00 | 2.00 | 2.00 | 1.00 | 2.00 | 2.00 |
| 20 | 3.00 | 3.00 | 3.00 | 3.00 | 4.00 | 3.00 | 2.00 | 3.00 | 4.00 | 3.00 |
| 21 | 1.00 | 3.00 | 3.00 | 3.00 | 3.00 | 3.00 | 3.00 | 3.00 | 2.00 | 2.00 |
| 22 | 3.00 | 1.00 | 1.00 | 1.00 | 1.00 | 1.00 | 1.00 | 1.00 | 1.00 | 1.00 |
| 23 | 5.00 | 3.00 | 4.00 | 3.00 | 4.00 | 3.00 | 3.00 | 2.00 | 1.00 | 2.00 |
| 24 | 5.00 | 4.00 | 4.00 | 3.00 | 4.00 | 4.00 | 5.00 | 4.00 | 4.00 | 4.00 |
| 25 | 3.00 | 1.00 | 3.00 | 3.00 | 4.00 | 3.00 | 3.00 | 2.00 | 3.00 | 3.00 |

Output창을 닫고 데이터 창에서 기존에 투입한 변수들을 지우고, 새롭게 생성된 변수명을 다시 지정하여 저장하면 된다.

## (4) 변수명의 지정

SPSS상에서 모델에 투입될 모든 변수의 변수명을 모델구조의 변수명과 동일하게 지정해 준다. 모델에 투입된 모든 변수들의 변수명을 잘 정리해 두어야 추후 AMOS나 PLS를 이용한 분석 시 프로그램상에서 경로도형을 그릴 때 혹은 변수를 지정할 때 시간을 절약할 수 있다. SPSS 메인 화면에서 하단에 있는 'Variable View'를 먼저 선택한다.

| | | | | | | | |
|---|---|---|---|---|---|---|---|
| 13 | 75 | 2.00 | 2.00 | 2.00 | 1.00 | 2.00 | 2.00 |
| 14 | 77 | 3.00 | 3.00 | 2.00 | 5.00 | 3.00 | 3.00 |
| 15 | 84 | 1.00 | 1.00 | 2.00 | 4.00 | 2.00 | 2.00 |
| 16 | 92 | 3.00 | 2.00 | 2.00 | 2.00 | 3.00 | 3.00 |
| 17 | 95 | 3.00 | 2.00 | 3.00 | 3.00 | 3.00 | 3.00 |
| 18 | 96 | 3.00 | 3.00 | 3.00 | 1.00 | 3.00 | 4.00 |
| 19 | 97 | 2.00 | 4.00 | 3.00 | 4.00 | 2.00 | 2.00 |
| 20 | 99 | 3.00 | 3.00 | 3.00 | 4.00 | 3.00 | 2.00 |
| 21 | 103 | 3.00 | 3.00 | 3.00 | 3.00 | 3.00 | 3.00 |
| 22 | 110 | 1.00 | 1.00 | 1.00 | 1.00 | 1.00 | 1.00 |
| 23 | 114 | 3.00 | 4.00 | 3.00 | 4.00 | 3.00 | 3.00 |
| 24 | 119 | 4.00 | 4.00 | 3.00 | 4.00 | 4.00 | 5.00 |
| 25 | 122 | 1.00 | 3.00 | 3.00 | 4.00 | 3.00 | 3.00 |
| 26 | 130 | 2.00 | 3.00 | 4.00 | 4.00 | 3.00 | 3.00 |
| 27 | 131 | 2.00 | 3.00 | 2.00 | 4.00 | 3.00 | 3.00 |
| 28 | 132 | 3.00 | 3.00 | 3.00 | 3.00 | 2.00 | 2.00 |
| 29 | 136 | 3.00 | 3.00 | 3.00 | 4.00 | 3.00 | 3.00 |
| 30 | 138 | 3.00 | 3.00 | 3.00 | 2.00 | 3.00 | 3.00 |
| 31 | 141 | 3.00 | 3.00 | 3.00 | 4.00 | 3.00 | 3.00 |
| 32 | 143 | 3.00 | 4.00 | 3.00 | 4.00 | 4.00 | 4.00 |
| 33 | 144 | 3.00 | 3.00 | 2.00 | 2.00 | 2.00 | 3.00 |
| 34 | 147 | 4.00 | 4.00 | 3.00 | 5.00 | 4.00 | 5.00 |

Data View / Variable View

그러면 다음과 같이 변수명을 지정하는 시트가 나온다. 여기서 맨 왼쪽에 있는 변수명을 수정해 주면 된다.

File Edit View Data Transform Analyze Graphs Utilities Window Help

|  | Name | Type | Width | Decimals | Label | Values | Missing | Columns | Al |
|---|---|---|---|---|---|---|---|---|---|
| 1 | id | Numeric | 3 | 0 | | None | None | 6 | Righ |
| 2 | Q1_1 | Numeric | 8 | 2 | | None | None | 10 | Righ |
| 3 | Q1_2 | Numeric | 8 | 2 | | None | None | 10 | Righ |
| 4 | Q1_3 | Numeric | 8 | 2 | | None | None | 10 | Righ |
| 5 | Q2_1 | Numeric | 8 | 2 | | None | None | 10 | Righ |
| 6 | Q2_2 | Numeric | 8 | 2 | | None | None | 8 | Righ |
| 7 | Q2_3 | Numeric | 8 | 2 | | None | None | 10 | Righ |
| 8 | Q3_1 | Numeric | 8 | 2 | | None | None | 10 | Righ |
| 9 | Q3_2 | Numeric | 8 | 2 | | None | None | 10 | Righ |
| 10 | Q3_3 | Numeric | 8 | 2 | | None | None | 10 | Righ |
| 11 | Q4_1 | Numeric | 8 | 2 | | None | None | 10 | Righ |
| 12 | Q4_2 | Numeric | 8 | 2 | | None | None | 10 | Righ |
| 13 | Q4_3 | Numeric | 8 | 2 | | None | None | 10 | Righ |
| 14 | Q5_1 | Numeric | 8 | 2 | | None | None | 10 | Righ |
| 15 | Q5_2 | Numeric | 8 | 2 | | None | None | 10 | Righ |
| 16 | Q5_3 | Numeric | 8 | 2 | | None | None | 10 | Righ |
| 17 | Q6 | Numeric | 8 | 2 | | None | None | 10 | Righ |
| 18 | Q7 | Numeric | 8 | 2 | | None | None | 10 | Righ |
| 19 | Q8 | Numeric | 8 | 2 | | None | None | 10 | Righ |

모델구조에서 잠재변수로 표현된 것은 따로 데이터가 없다. 잠재변수는 해당 잠재변수와 연결된 측정변수들에 의해 추정되는 것이지, 질문항목을 통해 응답되는 것이 아니다. 데이터를 준비하면서 혹시라도 이 부분에 대해 의문을 가질 수 있으므로 한 번 더 언급하는 바이다. 단, 앞서 누차 강조한 바와 같이 전반적 만족도, 브랜드 호감도, 의향 등을 단일 항목으로 잠재변수를 구성한 경우에는 각 항목이 측정변수인 동시에 잠재변수가 되므로 혼동이 없기를 바란다.

## (5) 데이터의 정리

마케팅조사 실무에서 브랜드와 고객만족도 측정모델을 구축할 때 가장 이슈가 되는 부분 중 하나가 바로 모델을 브랜드별로 따로 구축해야 하는가, 아니면 단일모델로 구축해야 하는가이다. 브랜드이든 고객만족이든 대부분의 경우 자사뿐만 아니라 경쟁사도 포함해서 조사를 진행하는 것이 일반적이다. 이 경우 자사모델과 경쟁사모델을 따로 구축하는 것이 맞는지, 아니면 자사와 경쟁사를 구분하지 말고 모델을 하나로 만들어야 하는지 여부가 이슈가 될 수 있다.

조사목적이나 브랜드별 이질성에 따라 달라질 수 있겠지만, 특별한 경우를 제외하고는 단일모델로 구성하는 것이 일반적이다. 브랜드별로 모델을 따로 구성하여 분석하게 되면 브랜드별 모델의 통계적 검증 결과가 달라 어떤 경우 극단적으로 일부 브랜드의 측정모델은 통계적으로 의미가 있는 반면 다른 브랜드들은 통계적 설명력이 떨어지는 경우가 있다. 또한, 브랜드별 모델 분석에서 분석결과가 브랜드별로 매우 상이하다면 이에 대해 논리적으로 설명하기가 매우 힘들다.

단일 모델로 구축하는 기본적인 논리는 시장에서 고객 전체의 의견이 반영된 평균적인 모델이라는 점이다. 즉, 조사대상이 되는 모든 브랜드를 단일 데이터를 이용해 단일 모델로 구축함으로써 해당 기업뿐만 아니라 경쟁사 고객들도 모두 포괄할 수 있으며, 브랜드별 비교도 동일한 기준으로 할 수 있다는 장점이 있다. 이러한 이유로 인해 브랜드별 모델을 별도로 구축하는 것이 아니라 모든 응답자의 응답데이터를 바탕으로 모델을 하나로 만드는 것이 가장 일반적이다. 단, 브랜드별 성격이 아주 상이하다면 브랜드별 모델을 구축할 수도 있으나 이 경우에는 브랜드별 분석을 위한 충분한 표본크기를 확보해야 하며, 브랜드별 상이한 분석결과에 대해서도 논리적으로 해석이 가능하도록 해야 한다.

단일 모델로 구축할 경우 브랜드 모델을 분석하기 위해서는 별도의 데이터 정리가 필요하다. 브랜드와 고객만족도조사의 질문지 구성에서 가장 차이가 나는 점은 브랜드는 한 명의 응답자가 평가대상이 되는 모든 브랜드에 대한 이미지·호감도·의향을 평가하는 반면, 고객만족도에서는 응답자 본인이 주로 구매 혹은 이용하는 하나의 브랜드에 대해서만 평가를 하게 된다는 점이다. 따라서 브랜드 질문지에서는 동일한 문항이 비교하고자 하는 브랜드 수에 비례하여 늘어나기 때문에 이러한 변수들을 데이터에서 동일한 열에 오도록 정리해야 하는 것이다. 마케팅조사 실무에서는 이러한 작업에 '데이터를 세운다' 는 표현을 사용한다.

예를 들어, 브랜드 이미지에 대한 질문항목이 다음과 같이 구성되어 있을 경우 각 이미지를 구성하는 세부항목별로 AAA, BBB, CCC 브랜드의 응답치가 데이터상에서 각각 독립적인 변수로 구성되게 된다. 따라서 같은 문항에 대해 브랜드 수별로 나누어져 있는 변수들을 하나의 변수로 만들어 주어야 한다. 이 작업은 SPSS상에서 신택스(Syntax)창을 이용하거나 아니면 손쉽게 엑셀에서도 작업할 수 있다.

문) 지금부터는 브랜드 이미지에 대해 여쭙겠습니다. 먼저 품질이미지에 대한 질문입니다. 다음 항목별로 각각의 브랜드에 대해 1. 전혀 그렇지 않다, 2. 별로 그렇지 않은 편이다, 3. 보통이다, 4. 다소 그런 편이다, 5. 매우 그렇다 중 하나씩만 선택해 주십시오.

| 품질이미지 세부항목 | AAA | BBB | CCC |
|---|---|---|---|
| 1. 제품성능이 우수하다 | | | |
| 2. 제품의 내구성이 우수하다 | | | |
| 3. AS가 우수하다 | | | |
| ⋮ | ⋮ | ⋮ | ⋮ |

다음은 감성이미지에 대한 질문입니다.

| 품질이미지 세부항목 | AAA | BBB | CCC |
|---|---|---|---|
| 1. 친근하다 | | | |
| 2. 신뢰가 간다 | | | |
| 3. 고급스럽다 | | | |
| ⋮ | ⋮ | ⋮ | ⋮ |

이제는 사회적 이미지에 대한 질문입니다.

| 품질이미지 세부항목 | AAA | BBB | CCC |
|---|---|---|---|
| 1. 최근 인기가 있는 브랜드이다 | | | |
| 2. 주위사람들이 좋아하는 브랜드이다 | | | |
| 3. 앞으로도 계속 인기를 끌 것 같다 | | | |
| ⋮ | ⋮ | ⋮ | ⋮ |

| 응답자 ID | 제품성능 | | | 내구성 | | |
|---|---|---|---|---|---|---|
| | AAA | BBB | CCC | AAA | BBB | CCC |
| 1 | 3 | 2 | 4 | 4 | 2 | 3 |
| 2 | 2 | 3 | 5 | 1 | 3 | 2 |
| 3 | 3 | 3 | 3 | 2 | 5 | 5 |
| 4 | 4 | 4 | 5 | 3 | 2 | 2 |
| 5 | 5 | 5 | 3 | 5 | 1 | 2 |
| 6 | 5 | 4 | 3 | 4 | 4 | 3 |
| 7 | 4 | 3 | 2 | 2 | 5 | 3 |

| 응답자 ID | 브랜드 | 제품성능 | 내구성 |
|---|---|---|---|
| 1 | AAA | 3 | 4 |
| 2 | AAA | 2 | 1 |
| 3 | AAA | 3 | 2 |
| 4 | AAA | 4 | 3 |
| 5 | AAA | 5 | 5 |
| 6 | AAA | 5 | 4 |
| 7 | AAA | 4 | 2 |
| 1 | BBB | 2 | 2 |
| 2 | BBB | 3 | 3 |
| 3 | BBB | 3 | 5 |
| 4 | BBB | 4 | 2 |
| 5 | BBB | 5 | 1 |
| 6 | BBB | 4 | 4 |
| 7 | BBB | 3 | 5 |
| 1 | CCC | 4 | 3 |
| 2 | CCC | 5 | 2 |
| 3 | CCC | 3 | 5 |
| 4 | CCC | 5 | 2 |
| 5 | CCC | 3 | 2 |
| 6 | CCC | 3 | 3 |
| 7 | CCC | 2 | 3 |

위 그림에서 보는 바와 같이 앞에서처럼 동일한 질문항목에 대해 브랜드별로 다르게 구성된 변수들을 오른쪽의 데이터 형태로 브랜드별로 '데이터를 세워서' 여러 변수로 나뉘어 있는 동일항목을 하나의 변수로 만들어 주어야 한다.

## 3. 측정모델 분석

구조방정식모델에서 크게 잠재변수 간의 구조를 '구조모델'이라고 하고, 각 잠재변수와 측정변수들을 '측정모델'이라고 한다는 것을 이미 살펴보았다. 구조방정식모델 전체를 분석하기에 앞서 우선 측정변수들이 잠재변수를 잘 설명하는지, 그리고 각 잠재변수는 서로 독립적인지를 사전에 검증하는 단계를 거쳐야 한다. 이는 건축물을 짓는 데 쓰이는 각종 장비들은 이상이 없는지, 투입될 자재들은 품질이나 규격이 맞는지를 확인하는 것과 같다. 따라서 측정모델에 대한 사전 검증을 거치지 않게 되면 아무리 훌륭한 모델이라 하더라도 전혀 의미가 없다. 측정모델에 대한 통계적 검증을 위해 신뢰성분석과 요인분석을 이용한다.

## (1) 신뢰성분석을 통한 측정변수의 신뢰성 검증

신뢰성분석은 각 잠재변수를 구성하는 측정변수들이 동일한 방향으로 같이 움직이는지를 검증하는 것이다. 측정변수들에 대한 신뢰성을 분석하는 방법은 동일한 문항을 일정한 시점을 두고 반복측정하는 반복측정 신뢰도, 동일한 잠재변수를 측정하는 측정변수들을 두 세트로 나누어 측정한 다음 비교하는 대안항목 신뢰도, 측정변수들의 합산점수와 개별 변수의 점수 간 상관관계를 통해 검증하는 내적일관성 신뢰도가 있다. 이들 3가지 신뢰성 분석 방법 중 시간적인 측면에서의 경제성과 분석의 효율성을 고려해 마케팅 학계와 조사실무에서는 세 번째 방법인 내적일관성 신뢰도를 가장 널리 활용하며, SPSS의 신뢰성분석 (Reliability Analysis)을 통해 분석한다.

SPSS 메뉴에서 Anaylyze-Scale-Reliablity Analysis를 순서대로 클릭한다.

'Reliability Analysis' 분석창이 뜨면 왼쪽에서 분석하고자 하는 변수들을 오른쪽에 있는 'Items:'에 투입한다. 신뢰성분석은 각 잠재변수를 구성하는 측정

모델별로 이루어지므로 측정변수들도 잠재변수별로 따로 투입해야 한다는 점
을 유의해야 한다.

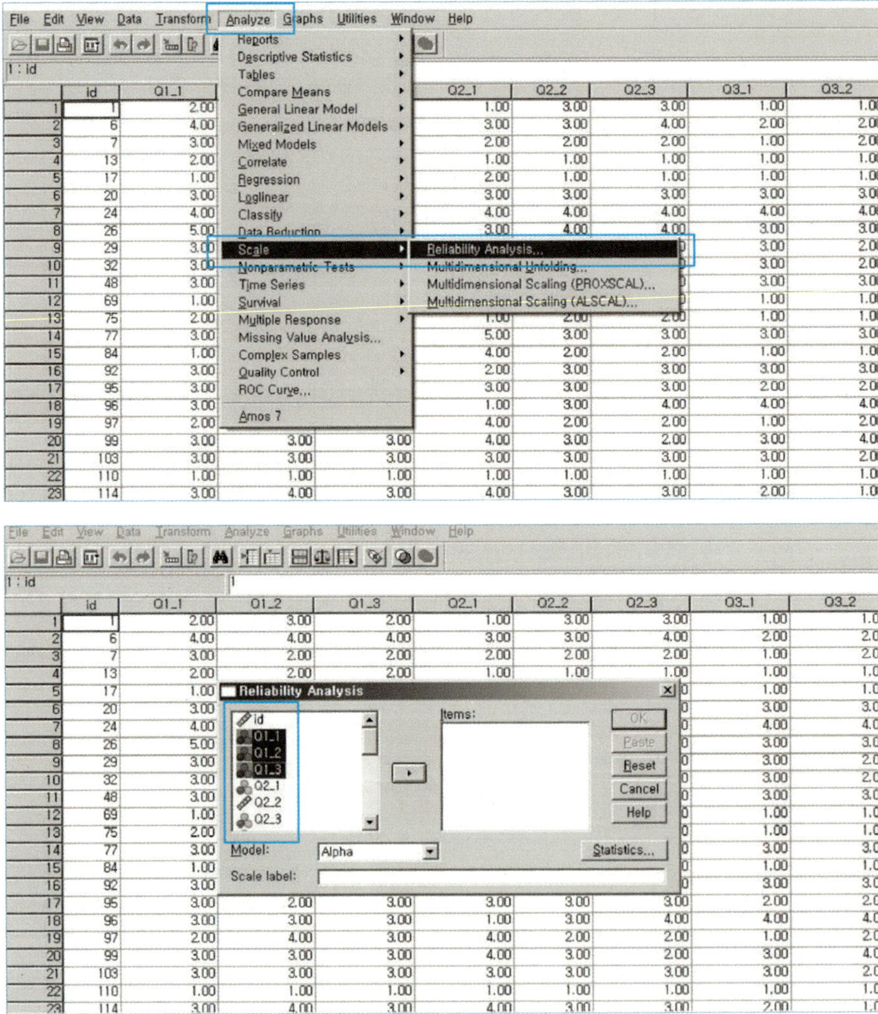

각 잠재변수를 구성하는 측정변수들을 'Items:' 에 투입한 후 OK를 클릭하면 Output창이 나타난다.

Output에서 먼저 상단에 있는 박스(Case Processing Summary)에는 분석에 사용된 사례 수가 표시된다. 아래에 있는 박스(Reliability Statistics)에는 신뢰성분석 결과와 분석 변수의 수가 있다. 박스의 왼쪽에 표시된 크롬바 알파값이 측정변수들의 신뢰성을 판단하는 통계지표인데, 학계에서는 0.8~0.9 이상, 마케팅조사 실무에서는 이 값이 0.6~0.7 이상이 되어야 의미 있는 것으로 해석한다. 반대로 크롬바 알파값이 이 수준을 넘지 못하면 일부 측정변수를 제거하거나 새로운 변수를 투입해야 한다. 경험적으로 볼 때 측정모델 분석 시 신뢰성분석에서 문제가 되는 경우는 거의 없다.

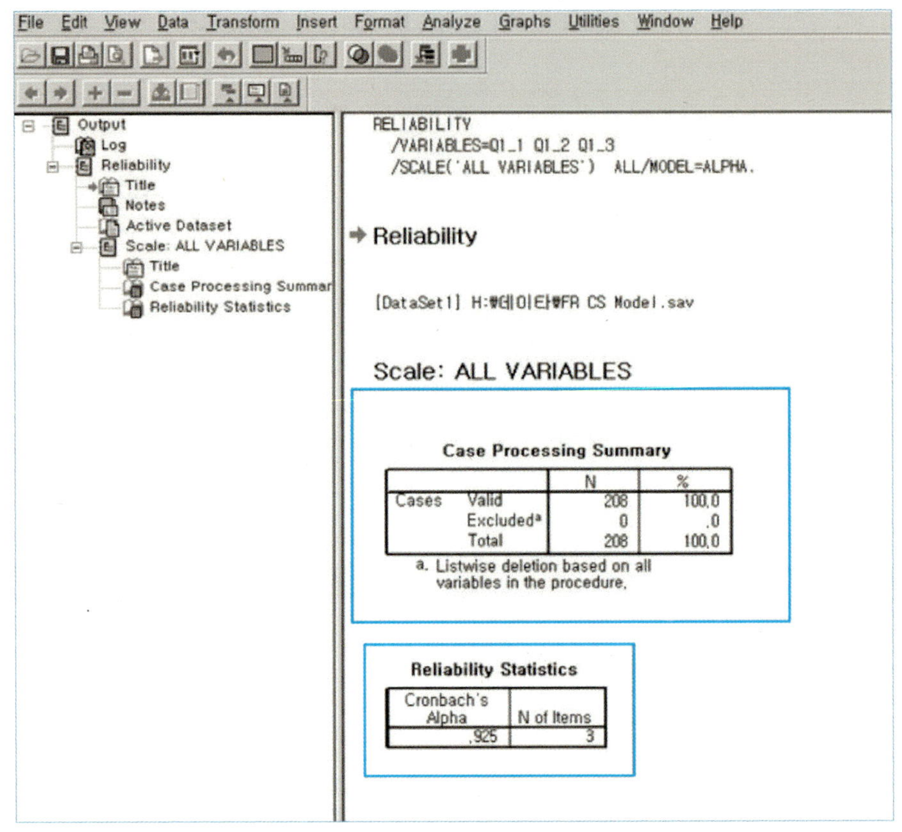



Case Processing Summary

| | | N | % |
|---|---|---|---|
| Cases | Valid | 208 | 100.0 |
| | Excluded[a] | 0 | .0 |
| | Total | 208 | 100.0 |

a. Listwise deletion based on all variables in the procedure.

Reliability Statistics

| Cronbach's Alpha | N of Items |
|---|---|
| .925 | 3 |

신뢰성분석은 잠재변수별로 별도로 실시해야 한다는 번거로움이 있다. 그래서 마케팅조사 실무에서는 SPSS 신택스(Syntax)를 활용하여 한 번에 분석하기도 한다. 'Reliability Analysis' 분석창에서 'Items:'에 변수를 투입한 후 'OK'를 누르지 말고 'OK' 하단에 있는 'Paste'를 클릭하면 해당 분석에 대한 분석명령어를 나타내 주는 신택스창이 나타난다.

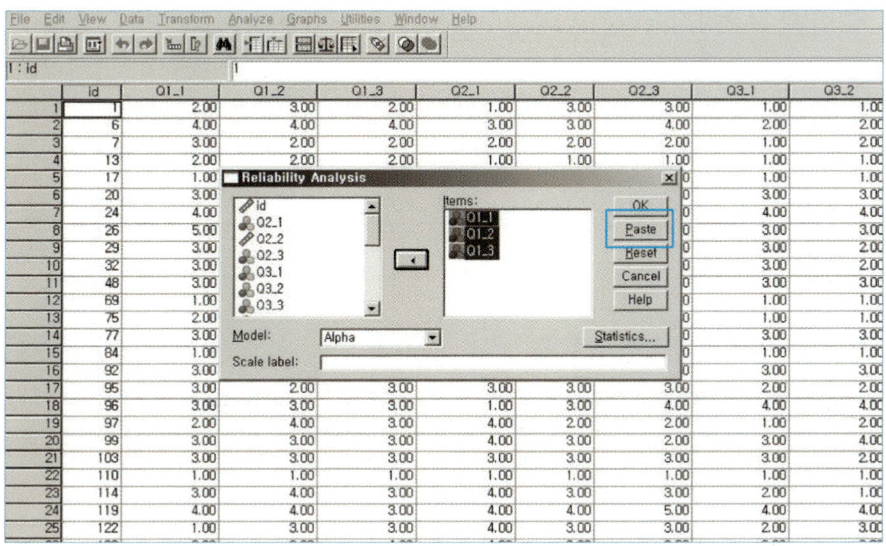

신택스창에서 해당 신택스를 복사해서 아래에 신뢰성분석을 실시할 잠재변수
의 수만큼 붙여 넣기를 한다.

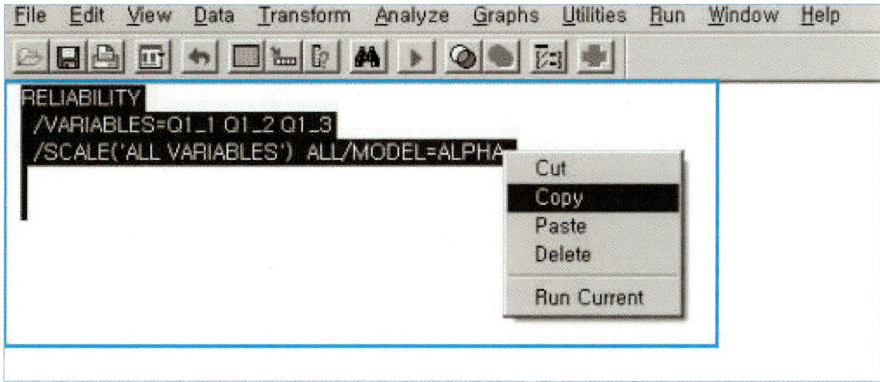

그런 다음 순차적으로 각 잠재변수에 속해 있는 측정변수들의 변수명으로 수
정한다.

수정이 모두 끝나면 모든 명령어를 블록으로 잡고① 분석메뉴의 'Analyze' 아래에 있는  표시를 클릭②하면 분석이 실시된다.

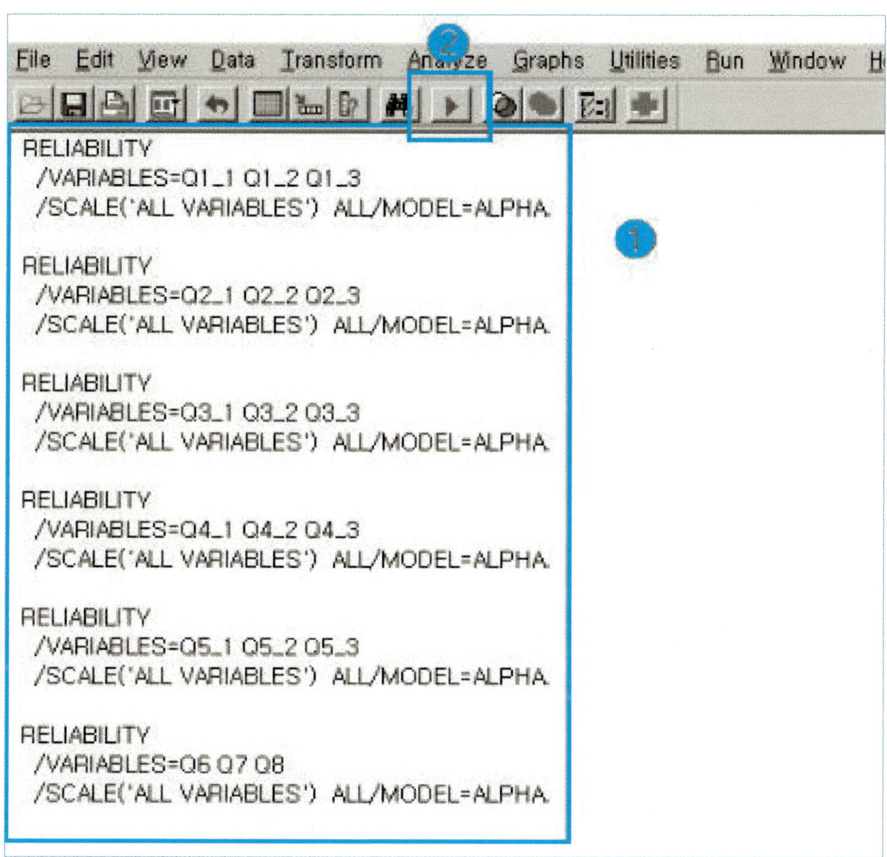


Output창에서 신택스로 분석한 모든 측정모델에 대한 신뢰성분석의 결과를 확인할 수 있다. 분석해야 할 측정모델이 많은 경우에 이 방법을 이용하면 분석에 소요되는 시간을 단축할 수 있다. 모든 신뢰성분석 결과는 추후 확인을 위해

따로 저장해 두는 것이 좋다.

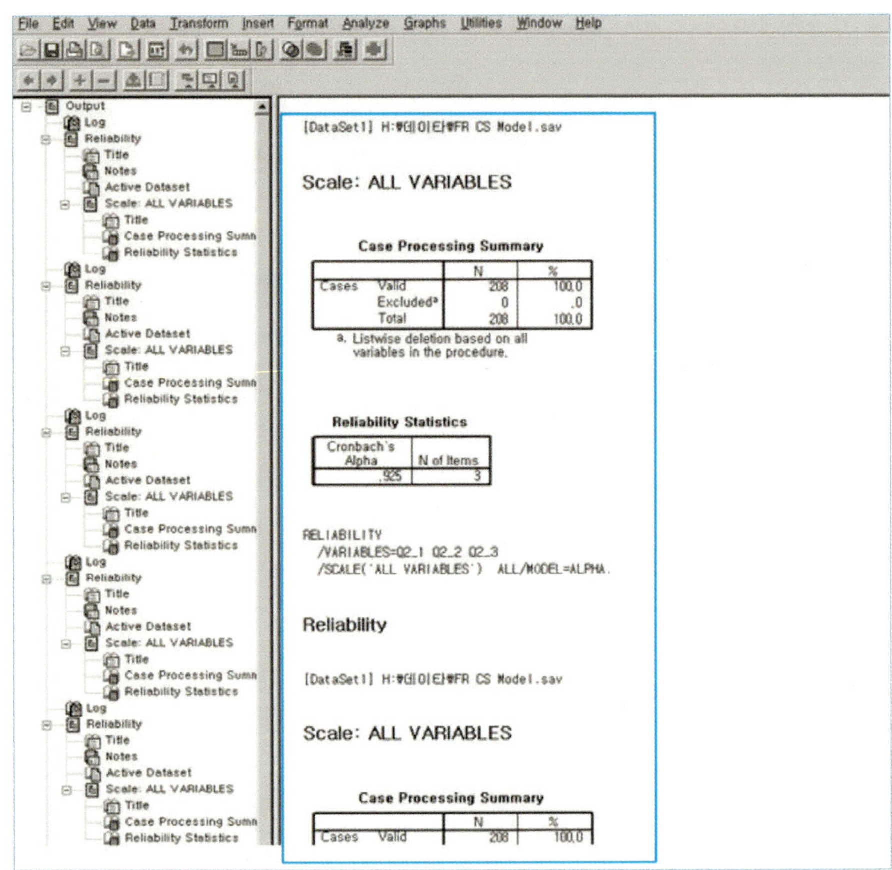

## (2) 타당성분석

타당성분석에서는 각 잠재변수를 구성하는 측정변수들이 해당 잠재변수에 잘 수렴하는지 여부(집중타당성, Convergent Validity)와 잠재변수 간 서로 독립적인지(판별타당성, Discriminant Validity)를 통계적으로 검증하게 된다. 예를 들어, 메뉴를 측정하기 위해 구성한 Q 1_1, Q 1_2, Q 1_3이 메뉴라는 잠재변수에 잘 모여 있는지, 직원서비스와 같은 다른 잠재변수에 묶이지는 않는지를 확인하는 것이라고 할 수 있다.

타당성분석에는 크게 탐색적 요인분석과 확인적 요인분석이 있는데, 탐색적 요인분석은 SPSS의 요인분석을 통해 실시하며, 확인적 요인분석은 LISREL이나 AMOS와 같은 구조방정식 프로그램을 사용해야 한다.

## 가. 탐색적 요인분석

탐색적 요인분석은 도자기를 빚을 때 초벌구이와 같은 역할을 한다. 즉, 사전에 구성한 측정변수들이 어떤 잠재변수에 속하는지에 대한 사전 정보나 가정이 없을 때 일단 측정변수들을 투입해서 분석해 봄으로써 각 측정변수가 어떤 잠재변수에 속하는지를 사전에 살펴보고자 할 때 사용하는 방법으로 알려져 있다.

마케팅 이론연구건 마케팅조사 실무에서건 간에 기본적으로 각 잠재변수에 속하는 측정변수들은 사전에 이미 정해 놓는다. 따라서 엄밀하게 따지면 탐색적 요인분석을 수행할 필요가 없으나 현재 마케팅 이론 연구에서는 대개의 경우 탐색적 요인분석과 확인적 요인분석을 실시하며, 마케팅조사 실무에서는 대개 탐색적 요인분석으로만 타당성을 검증하는 것이 일반적이다. 개념적으로나 분석적인 면에서 탐색적 요인분석과 확인적 요인분석의 경계는 다소 애매모호한 측면이 있는 것이 사실이다.

패밀리 레스토랑 고객만족도 모델을 예로 들어 탐색적 요인분석을 실시해 보자. 모델에서 잠재변수는 Menu, Employee, Physical, Addition, Image, Loyalty이다.

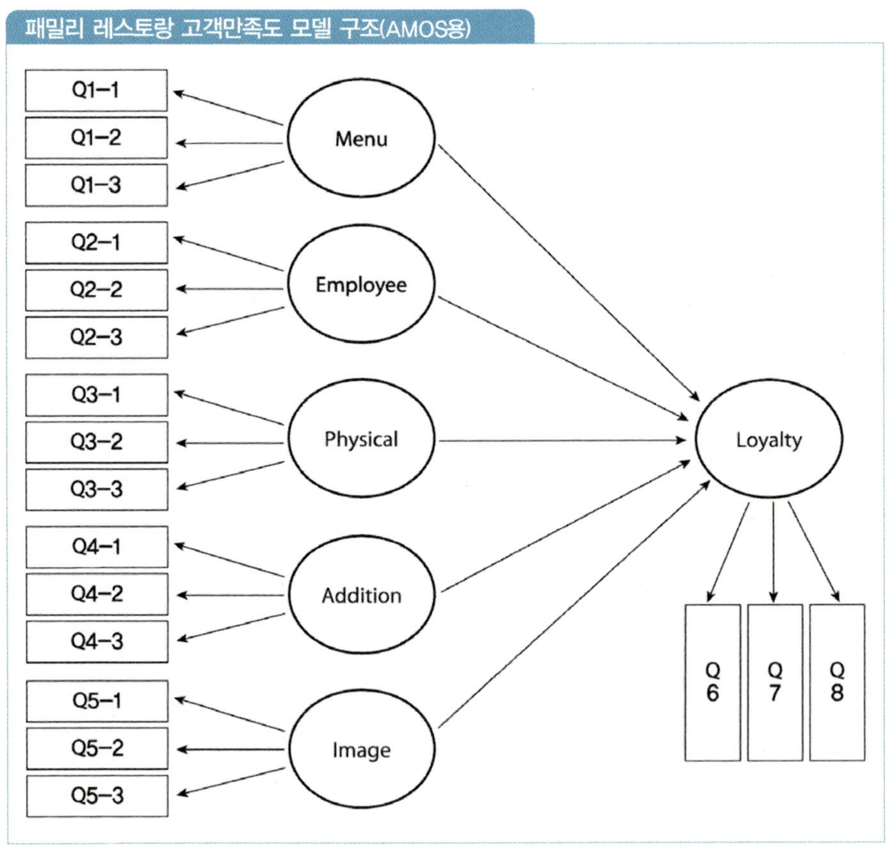



먼저 SPSS상에서 분석할 데이터를 열고 메뉴에서 Analyze-Data Reduction-Factor Analysis를 선택한다.

분석창에서 요인분석을 시행할 변수들을 왼쪽에서 오른쪽으로 옮긴다. 단, 신뢰성분석과는 달리 타당성분석에서는 모든 측정모델을 한꺼번에 분석하므로 각 측정모델을 구성하는 모든 변수들을 한꺼번에 투입하여야 한다. 패밀리 레스토랑 고객만족도 모델에서 Menu, Employee, Physical, Addition, Image, Loyalty를 구성하는 모든 측정변수들을 투입해야 한다.

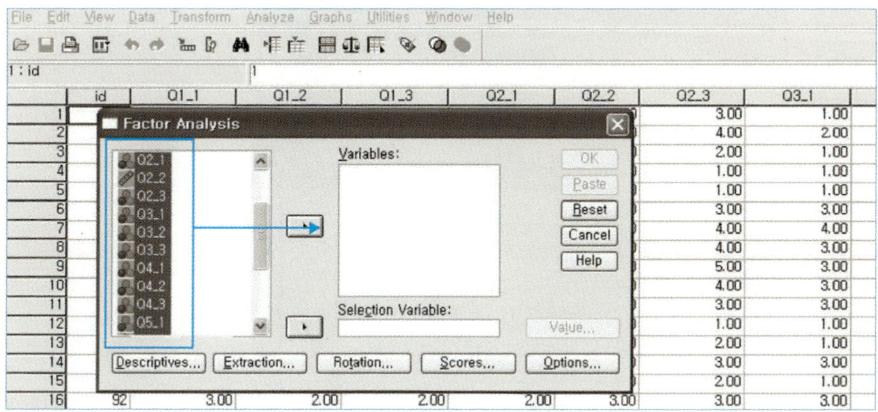

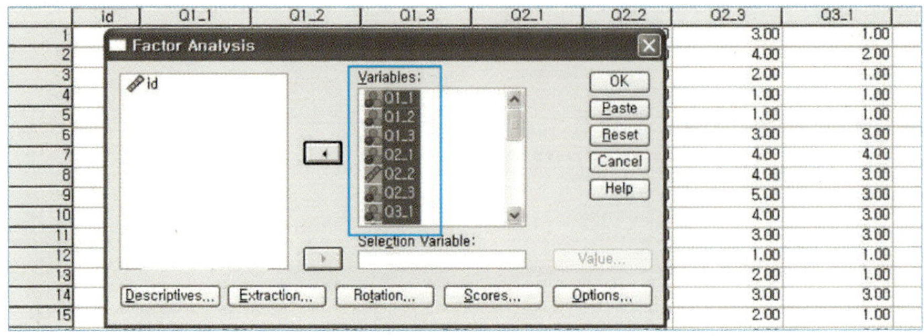

다음으로 분석창의 왼쪽 아래에 있는 옵션단추 중 ① 'Descriptive'를 클릭하면 작은 분석창이 뜨게 되는데, 이 창에서 맨 하단에 있는 ② 'KMO and Bartlett's test of sphericity'를 클릭하고, ③ 'Continue'를 누른다. 요인분석을 시행하기 위해서는 측정변수 간 일정 수준 이상의 상관관계가 반드시 존재해야 하며, 분석데이터가 요인분석에 적합한지에 대한 여부를 판단할 수 있는 통계량이 바로 KMO and Bartlett's test of sphericity이다. 이 통계량에 대한 구체적인 내용과 판단기준은 추후 결과 해석에서 살펴보기로 한다.

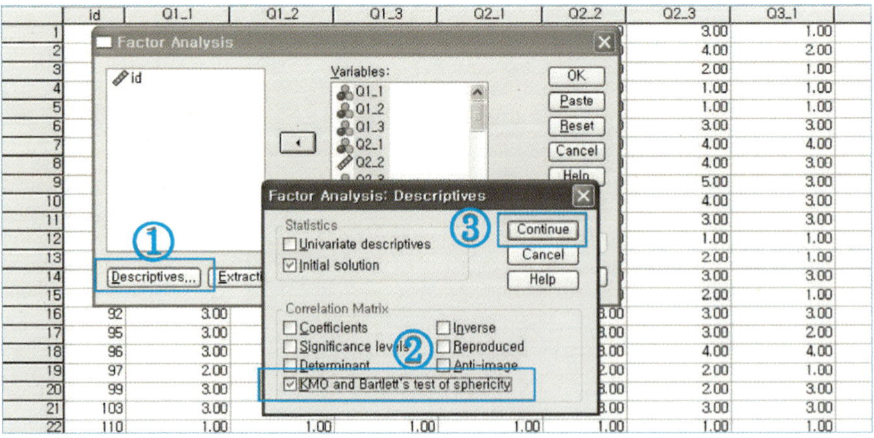

다시 요인분석의 분석창에서 왼쪽 하단에 있는 'Extraction' 단추를 클릭하면 Descriptive에서와 같이 'Factor Analysis: Extraction'이 뜬다. 여기서는 요인 추출방법과 요인추출기준에 대한 통계량을 지정해 주게 되는데, 우선 요인추출 방법의 경우 작은 분석창의 맨 상단에 'Method'로 지정할 수 있으며 Principal Components가 디폴트로 되어 있다. 앞서 요인분석에서 설명한 주성분분석이 바로 Principal Components에 해당하며, 'Method'의 스크롤바를 클릭하면 Unweighted Least Square, Generalized Least Square, Maximum Likelihood 등이 있는데, 이들이 모두 앞서 설명한 공통요인분석에 해당한다. 탐색적 요인분석에서는 일반적으로 디폴트로 되어 있는 Principal Components로 지정하여 분석한다.

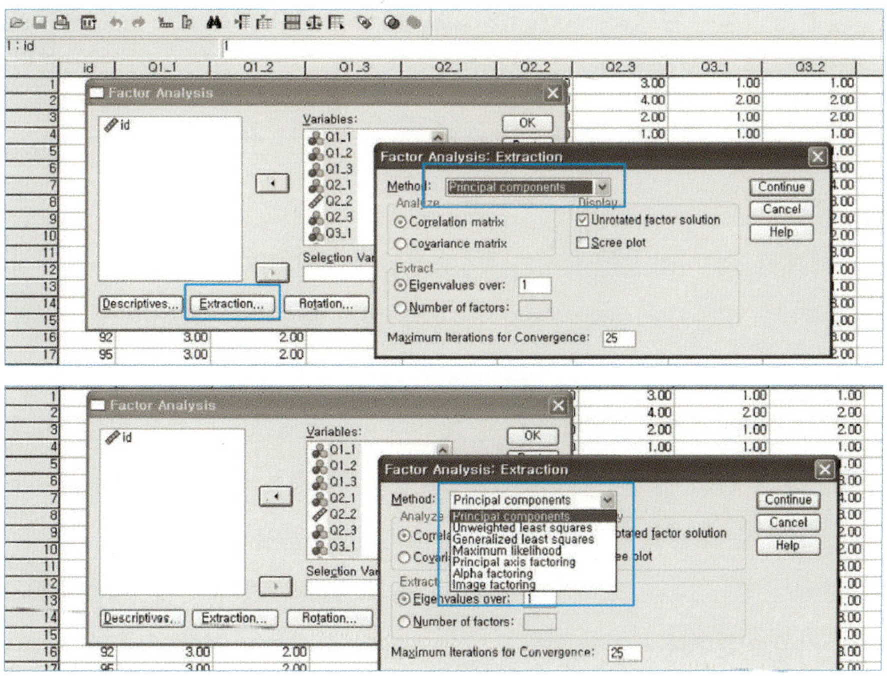

요인추출기준에 대한 설정은 'Factor Analysis: Extraction'의 중간부분에 'Extract'라는 메뉴에서 'Eigenvalues over'와 'Number of factors'로 지정할 수 있는데 구조방정식모델 분석을 위한 측정모델의 타당성분석에서는 'Number of factors'를 이용해 사전에 설정된 측정모델의 수만큼 지정해 주면 된다.

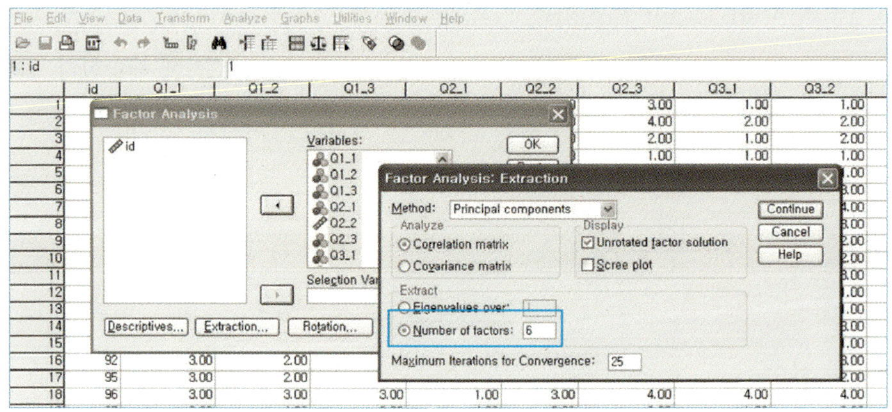

탐색적 요인분석의 본래 의미가 측정항목들이 미리 의도한 해당 차원을 제대로 측정하고 있는지에 대해 사전지식을 갖고 있지 않으므로 탐색적이라고 하였는데, 요인추출기준에서 요인 수(Number of Factors)를 지정해 주는 것은 엄밀히 말해서 사전에 모델을 설정하고 이를 검증하는 것이 되므로 탐색적 요인분석의 본래 성격과 다소 배치되어 논리적으로 모순일 수 있다. 하지만 요인분석을 다루는 다변량분석 관련 문헌에서는 요인 수의 선정기준에 대한 다양한 방법(예 : Eigenvalue, Screeplot, 전체 요인의 설명력 등)을 모두 고려해야 하며, 그중에서도 특히 기존 이론이나 사전에 검증된 요인의 수를 선정하는 것이 가장 바람직한

것으로 제안하고 있으므로 요인 수를 사전에 지정해서 탐색적 요인분석을 실시하는 것이 논리적으로 문제가 되지 않을 것으로 판단된다. 앞서 언급한 것처럼 마케팅 이론 연구나 조사 실무에서 활용하는 탐색적 요인분석은 개념적·분석적 관점에서 확인적 요인분석과 중복되는 측면이 있어 정확하게 어떤 방법이 옳은 것인지 판단하기 힘들다.

실무적 경험으로 볼 때 요인 수를 지정해 주는 것이 지정해 주지 않는 것보다는 훨씬 더 사전에 모델을 구성한 대로 분석결과가 잘 나올 가능성이 높다. 마케팅조사 실무에서 탐색적 요인분석을 실시하는 주요 목적은 진정한 의미에서의 측정의 정확성보다는 실무적 활용에 문제가 되지 않을 정도의 '논리적 근거' 확보를 위한 것이기 때문이다.

요인추출방법에 대한 지정을 끝내고 'Continue'를 눌러 최초의 요인분석창으로 돌아간 다음, 요인회전 방법을 지정하기 위해 분석창의 중앙 하단에 있는 'Rotation' 메뉴를 클릭하면 'Factor Analysis: Rotation'이 뜬다.

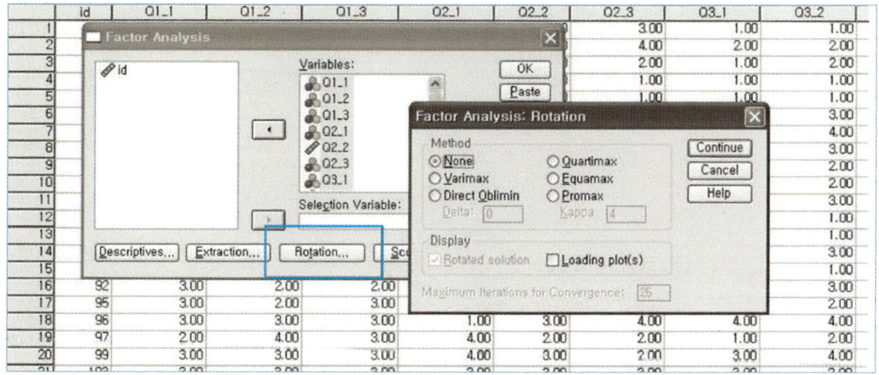

이 창에서 맨 위의 'Method' 메뉴에는 여러 가지 회전방법들이 나열되어 있는데, 이 중에서 가장 많이 쓰이는 회전방법이 앞서 설명했던 직각회전(Varimax)과 사각회전(Direct Oblimin)이다. 직각회전은 요인 간 상관관계가 0이 되도록 요인을 회전하는 것이므로 해석이 간명하기는 하나, 복잡하게 얽혀 있는 사회과학에서 요인 간 관계가 전혀 없음을 가정한다는 것은 비현실적이라는 단점이 있으며, 사각회전은 이러한 현실을 반영하여 요인 간 관계를 허용하면서 요인을 회전하므로 상대적으로 보다 현실적이기는 하나 요인 간 상관관계를 유지함으로써 해석이 어렵다는 단점이 있다.

회전방법에 대한 지정도 '정답'은 없으며, 직각회전 방식을 가장 널리 활용한다. 직각회전과 사각회전의 분석로직과 의미를 감안할 때 LISREL이나 AMOS로 분석을 하고자 한다면 사각회전을 이용하고, PLS로 분석할 때는 직각회전을 이용하는 것이 더 바람직할 것이다. 추후 설명하겠지만 LISREL이나 AMOS에서는 기본적으로 분석 시 독립변수 간에 일정한 상관관계가 존재한다는 것을 전제로 하지만, PLS는 회귀분석과 마찬가지로 독립변수들이 서로 상관관계가

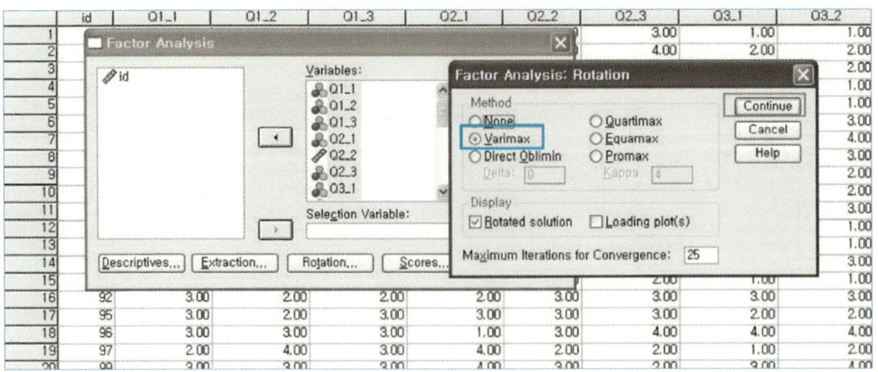

없음을 가정하기 때문이다. 본 서에서는 두 가지 회전방법을 모두 이용해서 분석하기로 하며, 우선 직각회전을 이용해 탐색적 요인분석을 시행해 보기로 한다. 메뉴창에서 'Varimax'를 선택한 다음 'Continue'를 클릭한다.

이제 요인분석창으로 돌아와 'OK'를 클릭하면 분석결과인 Output창이 생성된다.

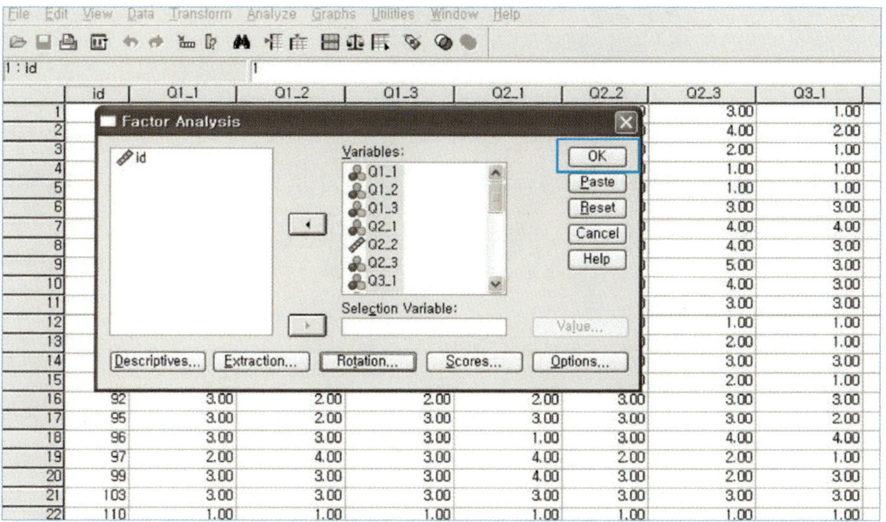

우선 Output 상단에 제시된 'KMO and Bartlett's Test' 분석결과를 살펴보자. 이 통계량은 요인분석을 수행하기 위해서는 변수 간 상관관계가 어느 정도는 존재해야 한다는 가정을 검증하기 위한 것으로 KMO는 0.9 이상(0.5 미만이면 부적합), Bartlett's Test는 $p < 0.05$이면 적합한 것으로 판정하면 된다.

| KMO의 표본적합도 | 판정기준 |
|---|---|
| 0.90 이상 | Marvelous (매우 만족스러운 수준) |
| 0.80 ~ 0.89 | Meritorious (꽤 괜찮은 수준) |
| 0.70 ~ 0.79 | Middling (괜찮은 수준) |
| 0.60 ~ 0.69 | Mediocre (보통 수준) |
| 0.50 ~ 0.59 | Miserable (빈약한 수준) |
| 0.50 미만 | Unacceptable (받아들일 수 없는 수준) |

다변량 분석, 이영준, 도서출판 석정, 1998년, p.52

패밀리 레스토랑 고객만족도 모델을 구성하는 측정변수들의 경우 KMO는 0.932, Bartlett's Test는 p=0.000이므로 두 가지 통계량 모두 기준을 충족하여 분석데이터가 요인분석을 시행하기에 적합하다고 판단하면 된다.

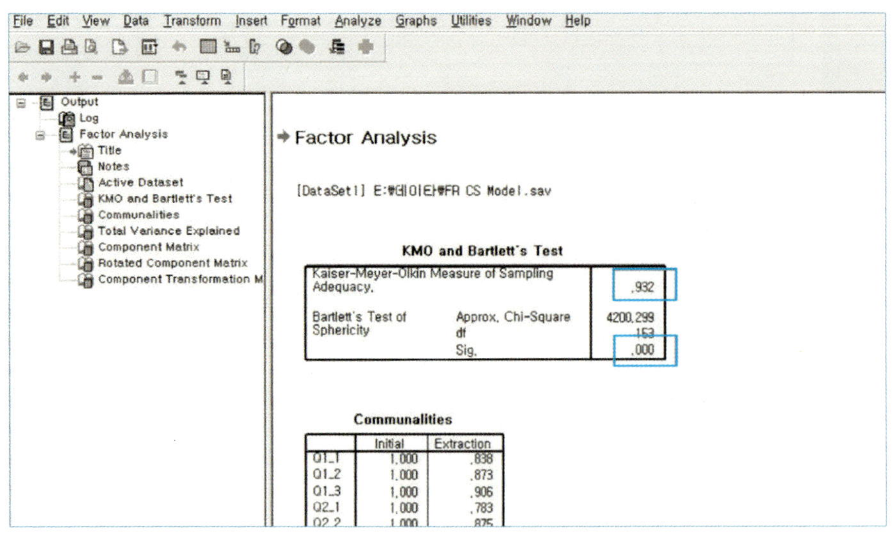

두 번째로 살펴보아야 할 통계량은 Output창의 중간쯤에 있는 'Total Variance Explained'이다. 이 수치는 추출된 요인들이 설명하는 전체 분산에 대한 상대적 비율을 나타내는 것으로 일반적으로 60~75% 이상 되어야 하는 것으로 알려져 있다. 본 예에서는 88%로 분석에서 추출된 요인들의 설명력이 상대적으로 높음을 알 수 있다.

File Edit View Data Transform Insert Format Analyze Graphs Utilities Window Help

**Total Variance Explained**

| Component | Initial Eigenvalues | | | Extraction Sums of Squared Loadings | | | Rotation Sums of Squared Loadings | | |
|---|---|---|---|---|---|---|---|---|---|
| | Total | % of Variance | Cumulative % | Total | % of Variance | Cumulative % | Total | % of Variance | Cumulative % |
| 1 | 11.172 | 62.067 | 62.067 | 11.172 | 62.067 | 62.067 | 2.784 | 15.465 | 15.465 |
| 2 | 1.321 | 7.338 | 69.405 | 1.321 | 7.338 | 69.405 | 2.752 | 15.291 | 30.755 |
| 3 | 1.008 | 5.598 | 75.003 | 1.008 | 5.598 | 75.003 | 2.708 | 15.044 | 45.799 |
| 4 | .953 | 5.295 | 80.298 | .953 | 5.295 | 80.298 | 2.661 | 14.785 | 60.584 |
| 5 | .798 | 4.434 | 84.733 | .798 | 4.434 | 84.733 | 2.510 | 13.945 | 74.529 |
| 6 | .611 | 3.395 | 88.128 | .611 | 3.395 | 88.128 | 2.448 | 13.598 | 88.128 |
| 7 | .353 | 1.960 | 90.088 | | | | | | |
| 8 | .264 | 1.469 | 91.557 | | | | | | |
| 9 | .261 | 1.451 | 93.008 | | | | | | |
| 10 | .234 | 1.299 | 94.307 | | | | | | |
| 11 | .209 | 1.164 | 95.471 | | | | | | |
| 12 | .168 | .931 | 96.402 | | | | | | |
| 13 | .149 | .828 | 97.230 | | | | | | |
| 14 | .145 | .803 | 98.033 | | | | | | |
| 15 | .120 | .664 | 98.697 | | | | | | |
| 16 | .116 | .646 | 99.343 | | | | | | |
| 17 | .100 | .553 | 99.896 | | | | | | |
| 18 | .019 | .104 | 100.000 | | | | | | |

Extraction Method: Principal Component Analysis.

마지막으로 변수들이 해당 측정모델에 잘 묶이는지를 살펴보기 위해 'Rotated Component Matrix'를 Output창 하단에서 확인한다. 여기서 해당 요인(Factor)과 측정변수별 상관관계인 요인적재값이 일정수준 이상 되어야 해당 변수가 요인에 묶인다고 할 수 있다. 요인적재값의 일반적인 수용기준은 마케팅조사 실무 0.5 이상, 이론연구는 0.6~0.7 이상이다. 그러나 절대적인 기준은 없으며, 앞서 언급한 바와 같이 분석표본수 대비 변수의 수 등에 따라 달라질 수 있다.

아래 분석결과에서는 모든 측정변수들이 해당 요인에 묶이는 요인적재값이 0.6 이상을 보여 해당 잠재변수에 잘 묶여 있으며, 다른 잠재변수와의 상관관계는 상대적으로 낮음을 확인할 수 있다. 예를 들어, Q1_1, Q1_2, Q1_3의 경우 Component 3과의 상관관계가 일정하게 가장 높은 반면, 다른 Component와의 상관관계는 상대적으로 낮아서 3개의 측정변수가 해당 잠재변수에 잘 수렴된다고 할 수 있다. 다른 잠재변수를 구성하는 측정변수들도 해당 잠재변수와의 상관관계가 일정한 수준이상으로 가장 높다.

**Rotated Component Matrix[a]**

| | Component | | | | | |
|---|---|---|---|---|---|---|
| | 1 | 2 | 3 | 4 | 5 | 6 |
| Q1_1 | .222 | .245 | .775 | .166 | .207 | .239 |
| Q1_2 | .226 | .280 | .765 | .205 | .220 | .261 |
| Q1_3 | .297 | .181 | .779 | .194 | .218 | .304 |
| Q2_1 | .182 | .253 | .155 | .750 | .206 | .237 |
| Q2_2 | .243 | .272 | .157 | .791 | .236 | .190 |
| Q2_3 | .226 | .228 | .227 | .783 | .260 | .173 |
| Q3_1 | .808 | .202 | .202 | .223 | .162 | .246 |
| Q3_2 | .826 | .209 | .226 | .195 | .218 | .245 |
| Q3_3 | .751 | .183 | .293 | .248 | .239 | .229 |
| Q4_1 | .160 | .862 | .238 | .239 | .228 | .162 |
| Q4_2 | .172 | .866 | .224 | .242 | .228 | .165 |
| Q4_3 | .323 | .694 | .217 | .323 | .184 | .192 |
| Q5_1 | .331 | .159 | .279 | .240 | .221 | .760 |
| Q5_2 | .283 | .203 | .303 | .212 | .227 | .783 |
| Q5_3 | .255 | .239 | .377 | .292 | .253 | .683 |
| Q6 | .192 | .289 | .304 | .264 | .667 | .353 |
| Q7 | .251 | .229 | .207 | .219 | .815 | .182 |
| Q8 | .195 | .198 | .192 | .282 | .815 | .171 |

Extraction Method: Principal Component Analysis.
Rotation Method: Varimax with Kaiser Normalization.
a. Rotation converged in 7 iterations.

실무에서는 가끔씩 요인적재값이 0.3이나 0.4가 나오는 경우도 있다. 많은 문항에서 이런 수치가 나온다면 측정문항들을 다시 한번 조정할 필요가 있지만, 몇 개의 문항에서만 이런 결과를 보이는 경우는 그대로 활용해도 무방할 것으로 생각된다. 요인적재값의 의미가 해당 요인과의 상관관계이므로 상관계수의 해석 시 0.3이나 0.4에 대해 상관관계가 전혀 없다고 해석하지는 않는다는 점, 조사실무에서는 통계적 정확성도 중요하지만, 실무적 활용 측면도 중시하므로 실무적 관점에서 반드시 포함되어야 하는 문항이라면 실무적 니즈가 통계적 정확성을 우선한다는 점, 그리고 요인분석은 타당성을 검증하는 여러 방법들 중 하나일 뿐으로 마케팅조사 실무에서 실무자나 전문가들의 경험을 바탕으로 타당성을 검증하는 '내용타당성'이 사전에 항목을 구성하면서 이미 검증되었다는 점을 감안할 때 몇몇 문항에 한해 최소 0.3 이상 되어도 사용 가능한 것으로 보는 것이다.

이제는 요인회전방법으로 사각회전을 이용하여 측정모델의 타당성분석을 시행해 보기로 한다. 앞서 요인분석창에서 Descriptives, Extraction 등은 모두 동일하게 설정하고 Rotation을 'Varimax'가 아닌 'Direct Oblimin'으로 선택하여 요인분석을 실시한다.

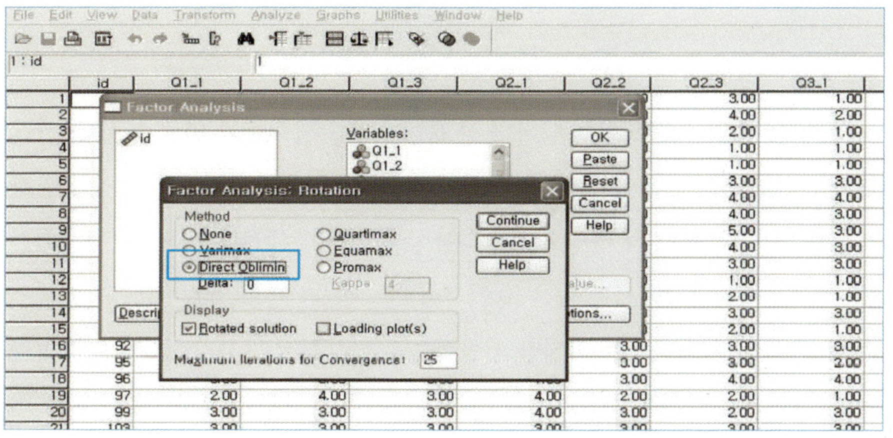

분석결과를 나타내는 Output창에서 'KMO and Bartlett's test'와 'Total Variance Explained'는 앞서 직각회전에서 분석한 것과 동일하다.

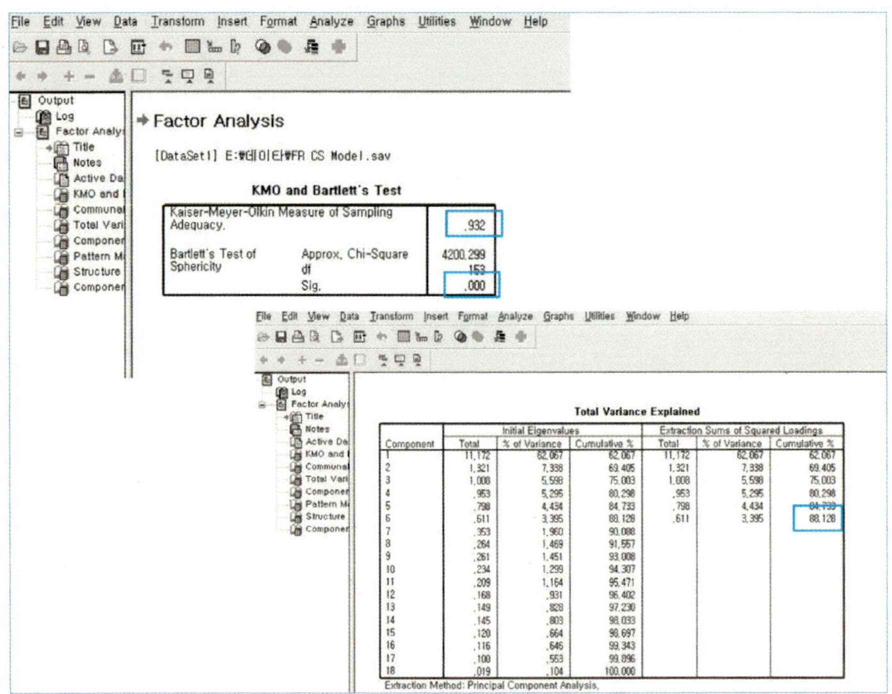

각 측정변수가 해당요인에 얼마나 잘 묶이는지를 살펴보기 위해 Output 하단에 있는 Pattern Matrix를 확인해 보면, 각 요인에 대한 모든 변수들의 요인적재값이 0.6 이상으로 각 측정모델이 타당성이 있다고 해석할 수 있다. 직각회전과 비교해 사각회전에서는 높은 요인적재값은 좀 더 높고, 낮은 요인적재값들은 좀 더 낮게 나타나기는 하지만 전반적으로 직각회전과 사각회전의 분석결과는 큰 차이를 보이지 않는다. 여기서 알 수 있듯이 직각회전과 사각회전은 각 회

전이 내포하고 있는 의미상의 차이가 중요하다. 즉, 직각회전은 요인회전 시 직각을 만들어 요인 간 서로 독립을 유지하는 것이며, 사각회전은 사회과학의 현실을 고려해 요인 간 상관관계가 일정 수준 존재하도록 요인을 회전하는 것이다. 따라서 회전방법을 선택할 때는 무작정 한 방식을 맹목적으로 따라하기보다는 이러한 차이점을 인식해서 분석의 목적에 맞게 활용하는 것이 훨씬 더 효과적일 것이다.

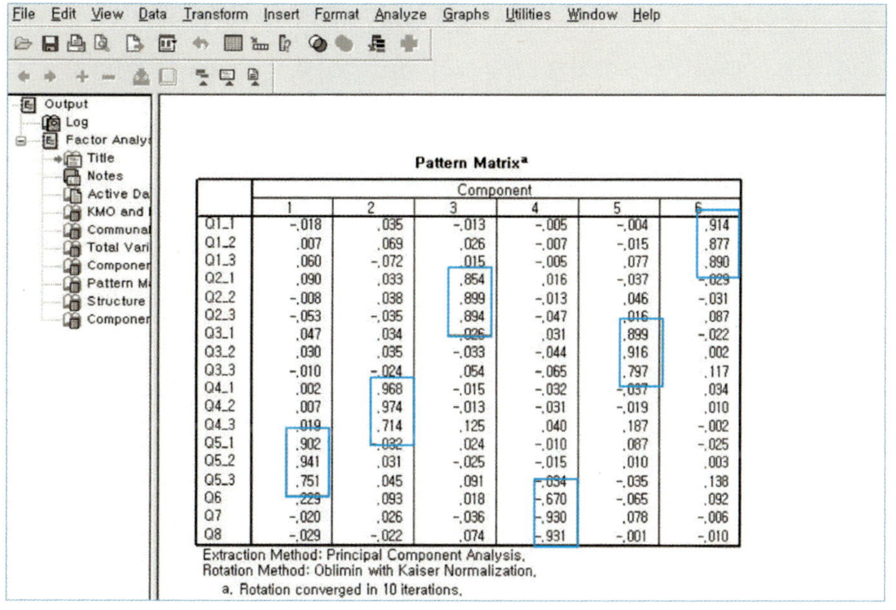

**Pattern Matrix[a]**

| | Component | | | | | |
|---|---|---|---|---|---|---|
| | 1 | 2 | 3 | 4 | 5 | 6 |
| Q1_1 | -.018 | .035 | -.013 | -.005 | -.004 | .914 |
| Q1_2 | .007 | .069 | .026 | -.007 | -.015 | .877 |
| Q1_3 | .060 | -.072 | .015 | -.005 | .077 | .890 |
| Q2_1 | .090 | .033 | .854 | .016 | -.037 | -.029 |
| Q2_2 | -.008 | .038 | .899 | -.013 | .046 | -.031 |
| Q2_3 | -.053 | -.035 | .894 | -.047 | .016 | .087 |
| Q3_1 | .047 | .034 | .026 | .031 | .899 | -.022 |
| Q3_2 | .030 | .035 | -.033 | -.044 | .916 | .002 |
| Q3_3 | -.010 | -.024 | .054 | -.065 | .797 | .117 |
| Q4_1 | .002 | .968 | -.015 | -.032 | -.037 | .034 |
| Q4_2 | .007 | .974 | -.013 | -.031 | -.019 | .010 |
| Q4_3 | .019 | .714 | .125 | .040 | .187 | -.002 |
| Q5_1 | .902 | .032 | .024 | -.010 | .087 | -.025 |
| Q5_2 | .941 | .031 | -.025 | -.015 | .010 | .003 |
| Q5_3 | .751 | .045 | .091 | -.034 | -.035 | .138 |
| Q6 | .229 | .093 | .018 | -.670 | -.065 | .092 |
| Q7 | -.020 | .026 | -.036 | -.930 | .078 | -.006 |
| Q8 | -.029 | -.022 | .074 | -.931 | -.001 | -.010 |

Extraction Method: Principal Component Analysis.
Rotation Method: Oblimin with Kaiser Normalization.
a. Rotation converged in 10 iterations.

회전방식을 사각회전으로 지정하여 분석하는 경우 엄밀한 의미에서 타당성분석의 두 가지 목적 중 판별타당성에 대한 검증이 완전하게 이루어졌다고는 볼 수 없다고 할 수도 있다. 즉, 타당성분석의 목적이 측정모델(요인)의 수렴타당성과 판별타당성을 검증하는 것이다. 수렴타당성은 요인별 변수들이 해당 요인을 얼마나 잘 설명하는가를 나타내는 요인적재값(일반적으로 0.5 이상)으로 판단하며, 판별타당성은 측정모델(요인) 간 관계가 서로 독립적인지를 회전방법을 통해 검증하게 된다. 여기서 수렴타당성은 회전방법에 관계없이 요인적재값으로 명확히 검증이 되며, 판별타당성은 요인의 회전방법을 직각회전으로 한 경우에는 이 방법으로 분석한 것 자체가 판별타당성을 확보했다고 할 수 있으므로 논리적으로 문제가 되지 않는다. 하지만 사각회전의 경우 요인 간의 일정한 상관관계를 허용하면서 분석하기 때문에 판별타당성 검증을 위해서는 요인 간 상관관계가 수용 가능한 수준인지를 검증해야 한다. 이론 연구에서는 일반적으로 LISREL이나 AMOS를 이용해 확인적 요인분석을 실시하면서 모델을 구성하는 측정모델(요인) 간의 상관관계 수준을 검증한다.

## 나. 확인적 요인분석

이제는 AMOS를 이용해 확인적 요인분석을 실시해 보자. 우선 AMOS를 실행하여 상단의 File메뉴에서 Data Files를 클릭하여 분석할 데이터를 선택한다. 본 서에서는 AMOS 4.0버전을 이용하였으며 분석데이터는 SPSS 파일('*.sav')이다.

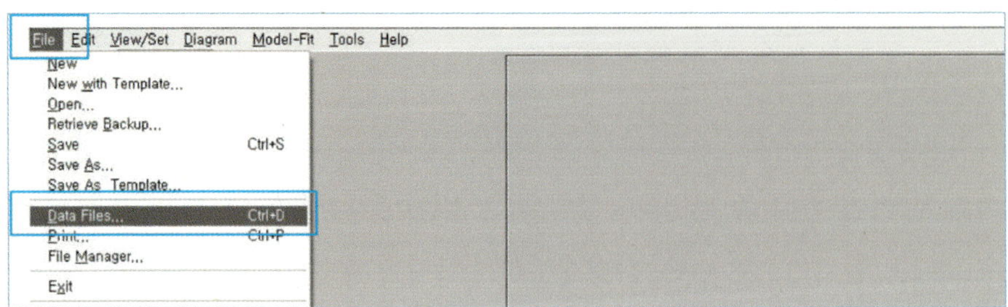

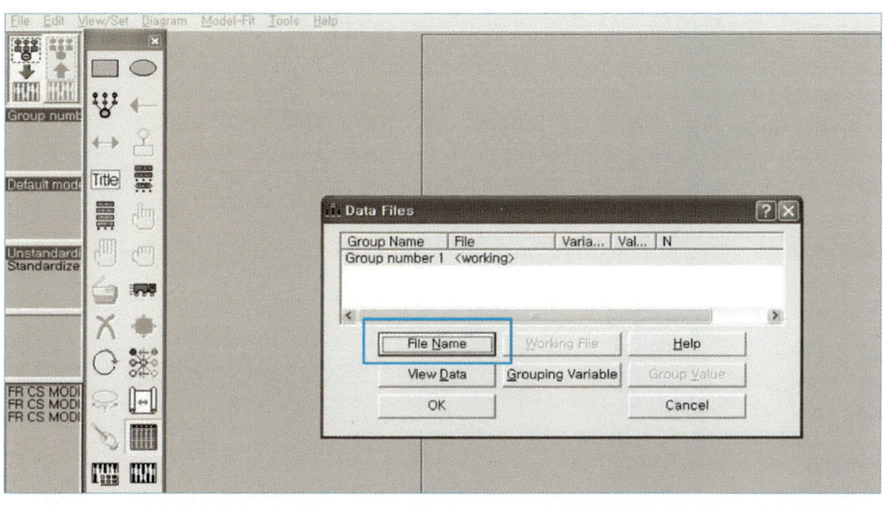

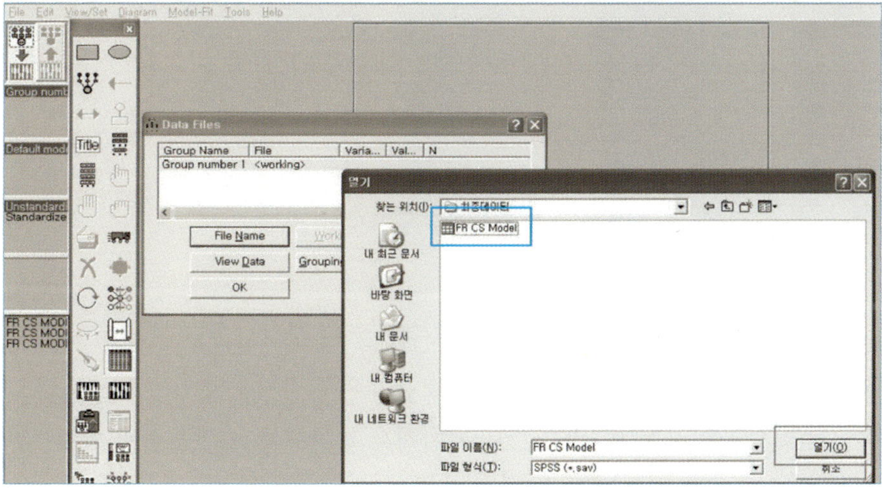

이제는 확인적 요인분석을 위해 AMOS창에 모델을 직접 그려 보기로 한다. 참고로 AMOS의 가장 큰 장점 중 하나가 바로 'Graphical User Interface' 로 SPSS의 DOS버전처럼 일일이 명령어를 입력해야 하는 LISREL과는 달리

AMOS에서는 모델을 그림으로 그려 넣어서 분석할 수 있다.

AMOS창의 왼쪽에 있는 여러 가지 도형으로 구성된 가늘고 길쭉한 창에서 도형창 상단에 있는 사각형을 클릭하여 오른쪽의 직사각형으로 된 선 안에 적당한 크기로 드래그하여 그린다.

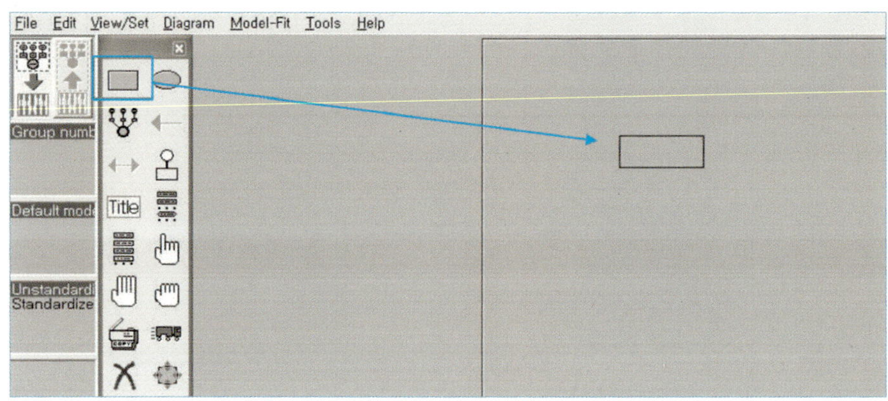

하나의 측정모델에 포함된 측정변수의 수만큼 이 사각형을 그려 넣기 위해서 복사기능을 이용하면 되는데, 복사는 도형창의 왼쪽 중간쯤에 있는 'Copy'라고 쓰인 도형을 클릭한 다음, 방금 그린 사각형을 클릭하여 아래로 드래그하거나, 미리 그려진 사각형에 화살표를 대고 마우스 오른쪽을 클릭하면 작은 메뉴창이 뜨게 되는데, 여기서 'Duplicate'를 클릭하여 사각형에서 드래그하면 도형이 복사된다. 이런 방법으로 일단 해당 측정모델에 포함된 측정변수의 수만큼 사각형을 다 그린다. 도형을 카피할 때 'Shift+Ctrl'을 누르면서 드래그하면 수직 혹은 수평이 동일한 선상에 놓이게 할 수 있다.

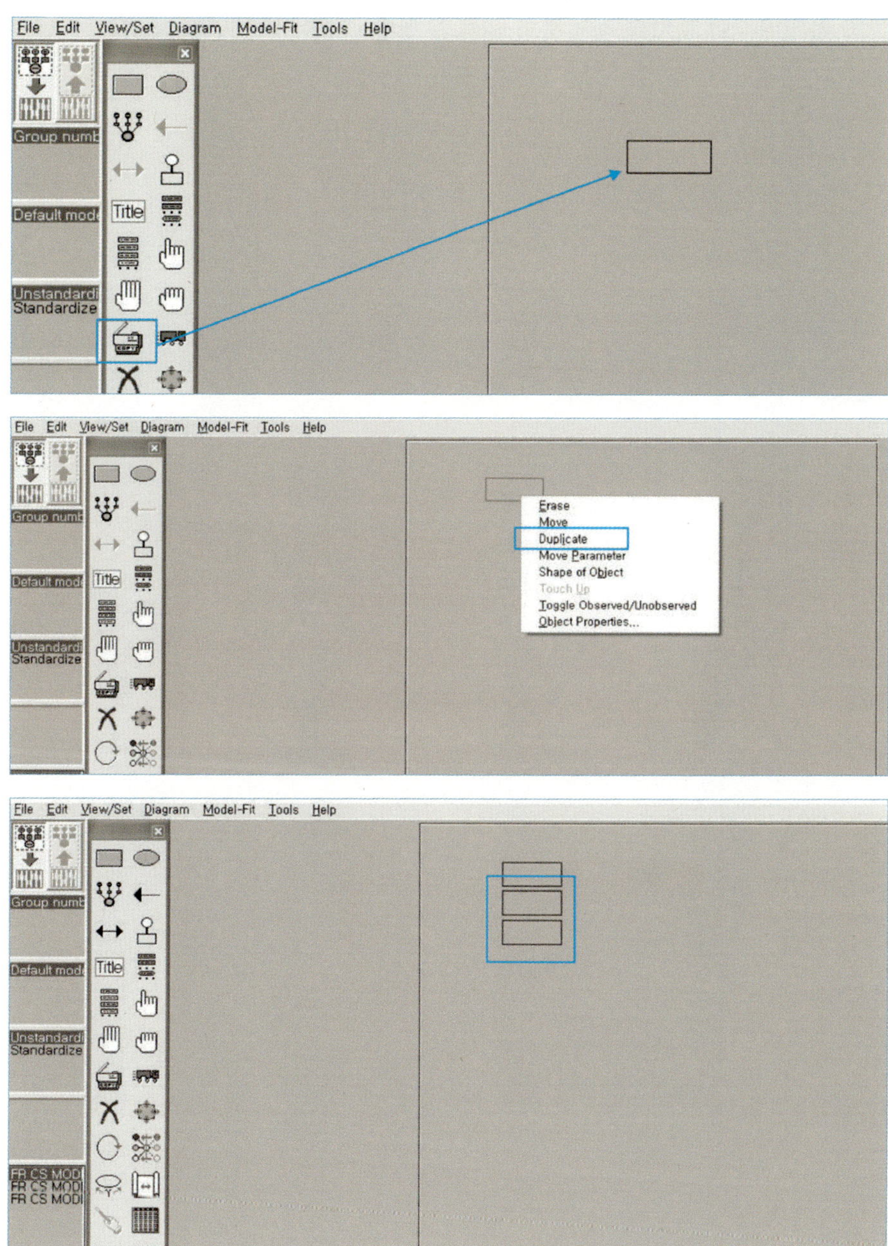


File  Edit  View/Set  Diagram  Model-Fit  Tools  Help
Group numb
Default mod
Unstandardi
Standardize
Title
Erase
Move
Duplicate
Move Parameter
Shape of Object
Touch Up
Toggle Observed/Unobserved
Object Properties...
FR CS MODI
FR CS MODI
FR CS MODI

각 측정변수의 오차를 설정하기 위해 도형창 상단에서 세번째에 위치한 '오' 모양의 도형을 선택하여 앞서 그려 넣었던 사각형 안에 화살표를 위치시켜 마우스 왼쪽을 클릭할 때마다 '오' 모양의 도형이 사각형을 중심으로 시계방향으로 이동하므로 계속 클릭하여 각 측정변수의 왼쪽에 배치시킨다.

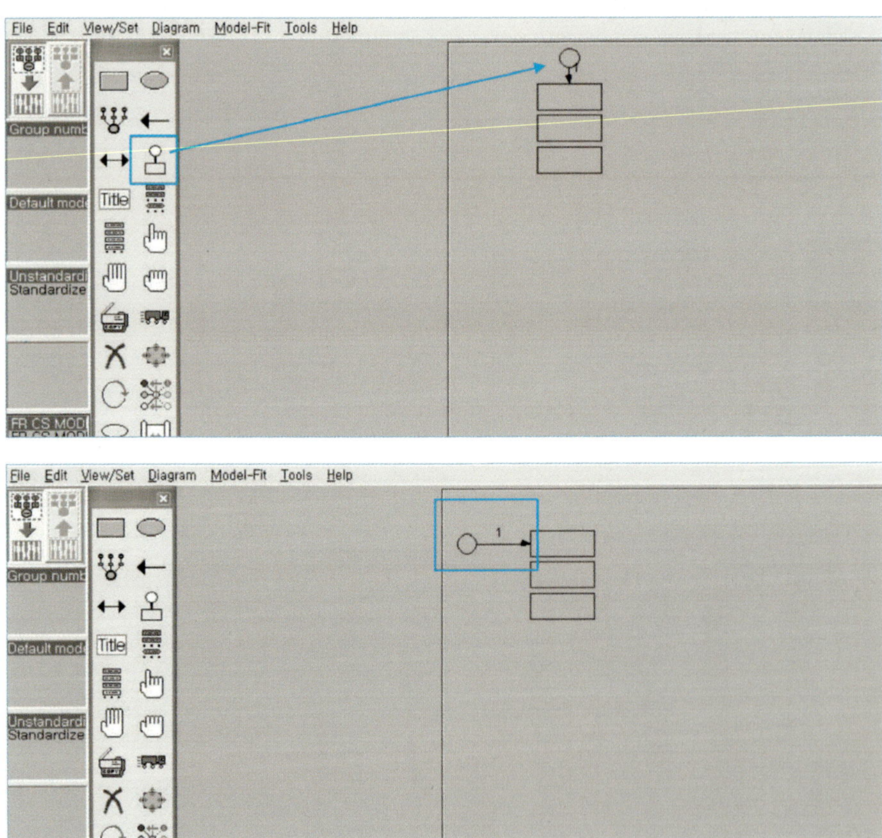

동일한 방식으로 전 측정변수에 대한 오차를 모두 달아준다.

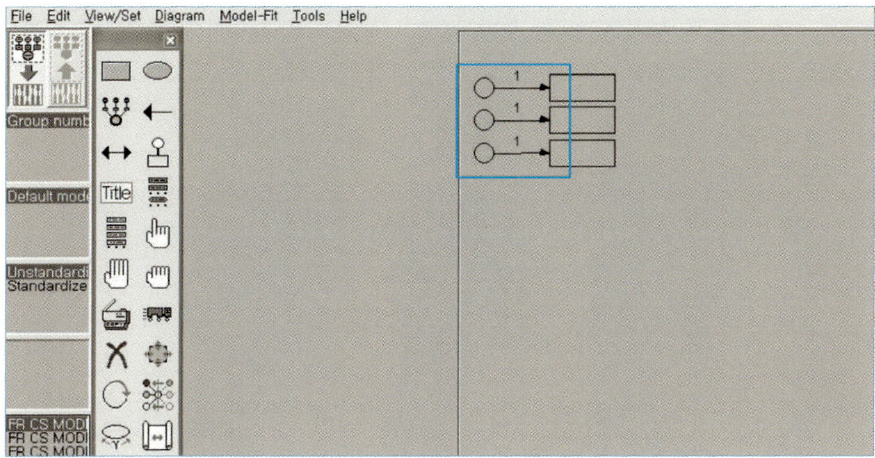

다음으로 도형창 상단에 있는 타원형 도형을 선택한 뒤 이미 그려진 측정변수
의 오른쪽에 적당한 크기로 드래그하여 타원형을 그린다.

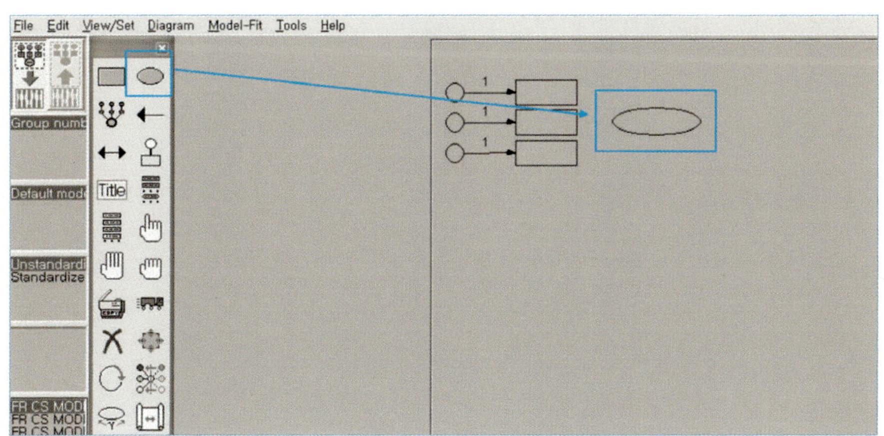

타원형을 측정변수들의 중간으로 이동시키고자 할 경우에는 왼쪽의 도형모음 창에서 중간쯤에 위치한 검지손가락 표시를 클릭하여 도형에 갖다 댄 후 원하는 곳으로 이동시킬 수 있으며, 아니면 그려진 도형에 마우스를 두고 마우스 오른쪽을 클릭해서 'Move'를 선택하여 이동시키면 된다.

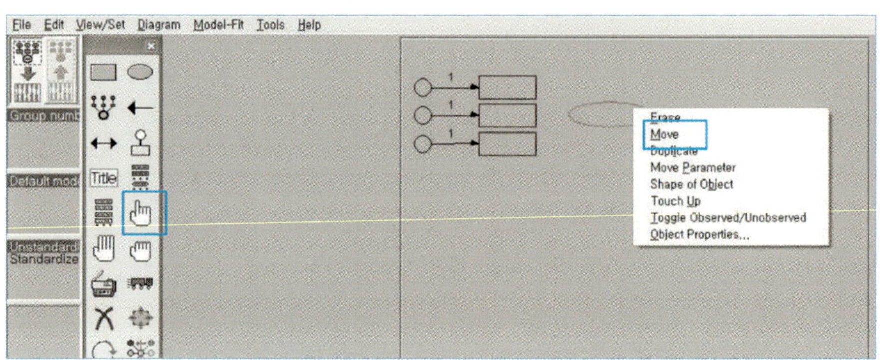

다음은 도형창의 상단에 있는 일방향 화살표를 클릭하여 잠재변수에서 각 관측변수쪽으로 드래그하여 화살표를 하나씩 그린다. 앞서 설명한 바와 같이 AMOS에서는 기본적으로 반영지표(Reflective Indicator)만 분석할 수 있으므로 화살표의 방향은 잠재변수에서 관측변수로 향해야 한다.

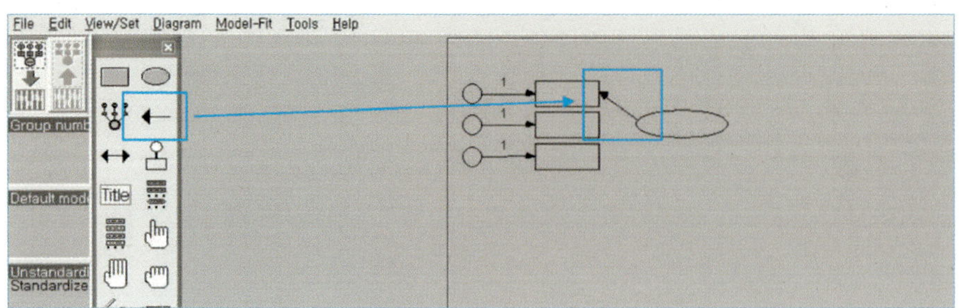

동일한 방식으로 해당 잠재변수와 모든 측정변수를 화살표로 연결해 준다. 화살표는 한 번만 클릭해도 원하는 만큼 그릴 수 있다.

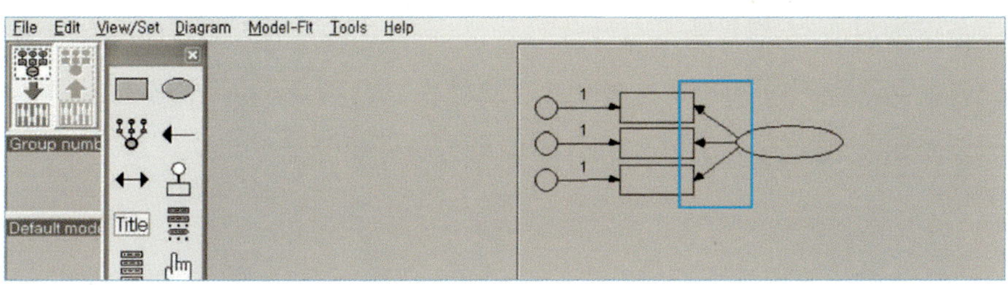

구조방정식모델의 표시기호에서 타원형은 잠재변수이며, 사각형은 개별 측정변수이므로 패밀리 레스토랑 고객만족도 모델 검증을 위해 6개의 타원형 및 측정모델별 변수의 수만큼 사각형을 그린다. 확인적 요인분석에서는 독립변수 간 상관관계의 수준에 대한 검증이 주 목적이므로 독립변수들이 주요 분석대상

에 해당된다. 예를 들어 패밀리 레스토랑 고객만족도 모델에서 Loyalty를 제외한 나머지 6개 잠재변수에 대해 확인적 요인분석을 실시하면 된다.

모델을 그릴 때 한 가지 주의할 점은 AMOS 분석창의 오른쪽에 있는 직사각형은 모형의 분석 범위를 표시한 것으로 이 직사각형의 범위를 벗어나 모형을 그리면 추후 분석이 실행되지 않으므로 모형을 그릴 때 이 범위 안에 모두 들어가도록 미리 각 도형의 위치와 크기를 잘 생각해야 한다.

상기와 같은 방법으로 패밀리 레스토랑 고객만족도 모델 중 독립변수들의 구조를 그린다. 여기서 각 측정모델의 구조를 잠시 살펴보면, AMOS에서는 모든 측정모델이 반영지표임을 기본적으로 가정하며, 각 지표에는 하나의 잠재변수에 해당 잠재변수를 구성하는 일련의 측정변수들, 그리고 측정변수별 오차로

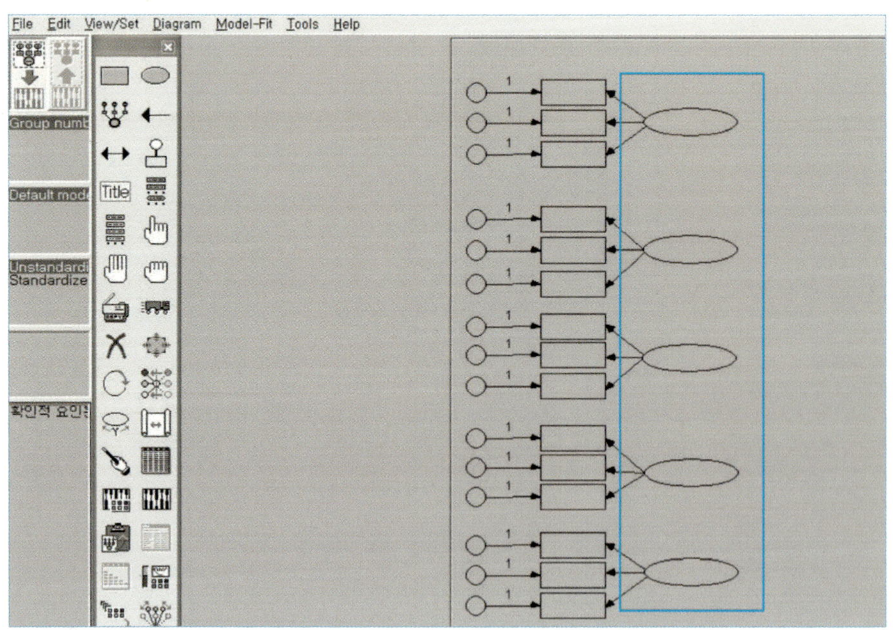

구성됨을 알 수 있다. 또한 오차가 각 측정변수에 미치는 영향력은 '1'로 고정되어 있고 하나의 측정변수에는 하나의 오차만 존재함을 알 수 있다.

　AMOS에서는 측정모델의 판별타당성을 분석하기 위해 잠재변수별 연관관계를 표시해 주어야 하는데 도형창의 맨 위에서 아래로 세 번째에 있는 양방향 화살표를 클릭하여 모든 잠재변수를 선으로 연결해 준다.

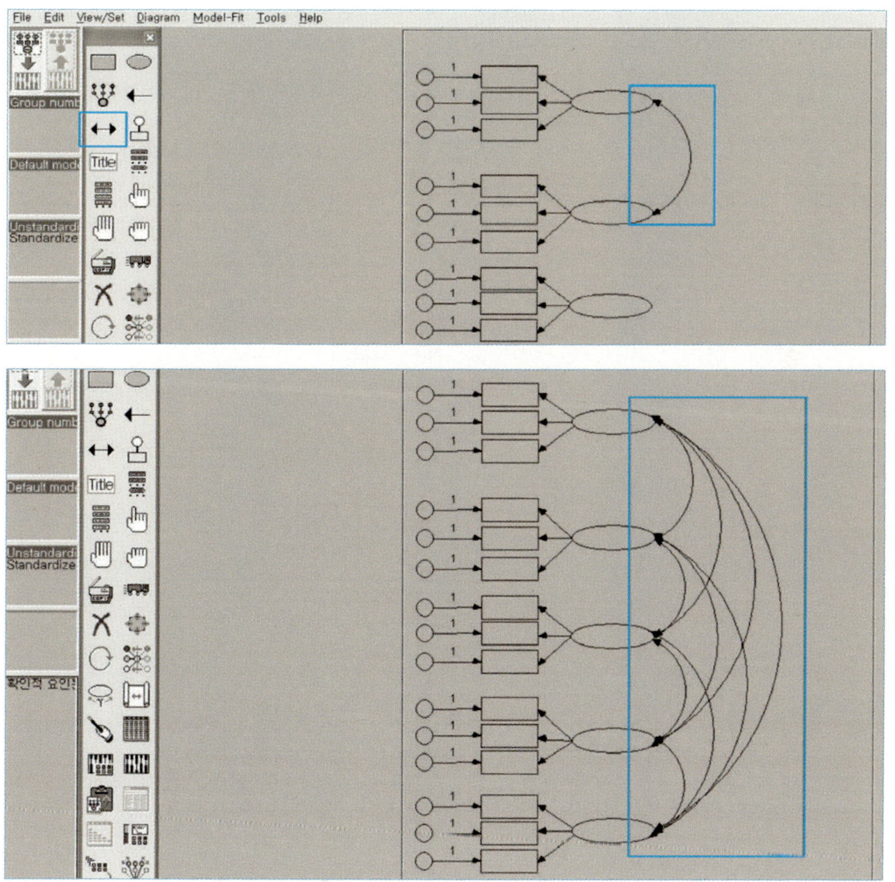

AMOS에서는 사회과학의 복잡한 현실을 반영하여 잠재변수 간 연관관계가 존재하고 있음을 기본적으로 가정하고 있기 때문에 모델 구성 시 반드시 이를 표시해 주어야 하며, 그렇지 않으면 추후 분석을 시작하기 전에 연관관계가 없음을 알리는 경고메시지가 나타나는데 만약 이를 무시한 채 그대로 분석을 시행할 경우 전반적인 모델적합도 지수가 낮아진다.

다음은 그려진 모델에서 변수별로 이름을 입력해야 하는 단계이다. 변수명은 잠재변수, 측정변수, 오차 등 모델 내에 있는 모든 변수에 이름을 지정해야 하며, 모델에 포함된 모든 측정변수들의 이름은 데이터에 있는 각 측정변수의 이름과 정확하게 일치하도록 하고, 중복이나 누락이 있으면 프로그램이 실행되지 않는다.

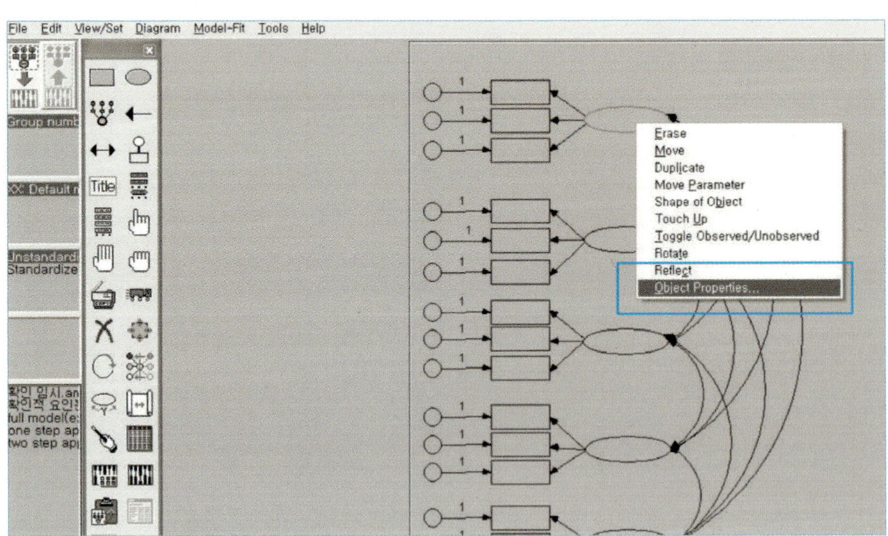

각 변수의 도형 안에 화살표를 위치시켜 마우스를 더블클릭하면 'Object Properties'라는 분석창이 나타나는데 여기서 'Text' sheet에 있는 Variable name에 해당 변수의 이름을 직접 입력한 후, 다른 도형을 하나씩 번갈아 클릭해 가면서 변수명을 입력하면 된다. 오차항의 경우에는 'e'로 표시하여 e1, e2, e3 등의 순서로 지정해 준다.

모델에 포함된 모든 도형에 대해 변수명을 입력해 주어야 하며, 측정변수의 변수명은 반드시 데이터에 있는 변수명과 동일해야 한다.

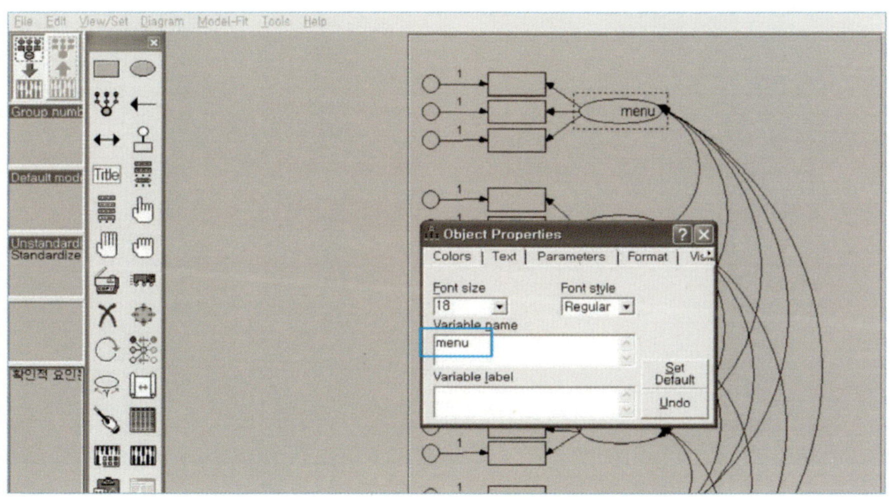


하나의 변수에 변수명 입력을 완료한 후 다른 변수를 마우스로 클릭하면 해당 변수의 'Object Properties'로 자동으로 전환되므로 변수명 입력을 위해 변수별로 일일이 변수 입력창을 열 필요가 없다.

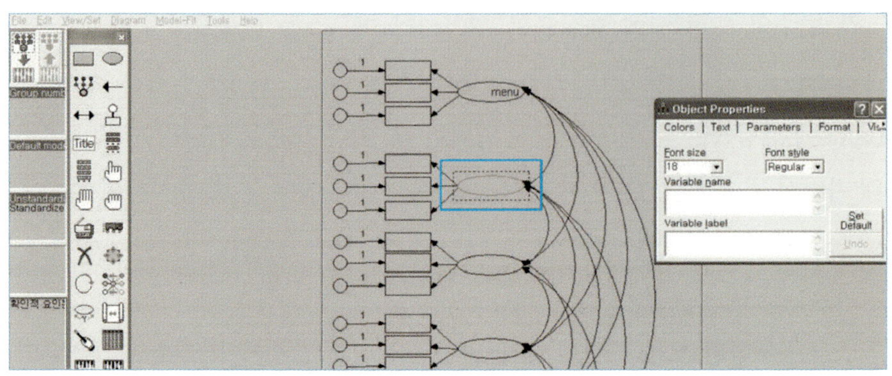

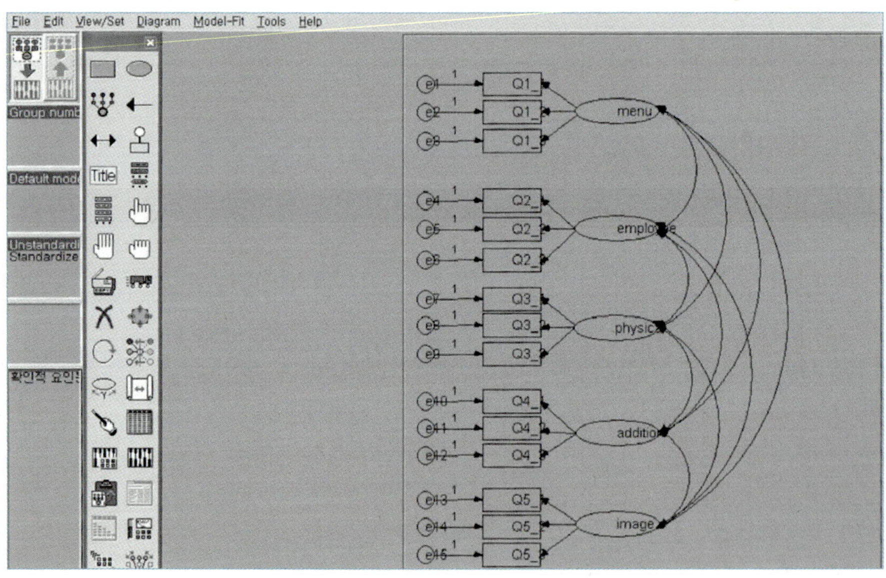

마지막으로 각 잠재변수의 측정단위를 해당 측정변수들과 동일하게 고정하기 위해서 하나의 측정변수를 '1'로 지정해 주어야 한다. 잠재변수는 그 본래 의미가 측정되지 않는 변수, 혹은 관측되지 않는 변수이므로 그 자체로는 척도를 가지지 않는다. 따라서 이러한 잠재변수를 분석하기 위해서는 척도를 임의로 부

여(표준화)하여야 하는데 추후 분석결과의 해석을 위해서는 해당 잠재변수를 설명하는 측정변수와 동일한 척도이어야 하므로 여러 측정변수들 중 임의의 측정변수를 '1'로 고정시켜주는 것이다. 이는 분석을 위한 초기값을 임의로 '1'로 주는 것과 같은 의미로 이 초기값 설정을 어떤 변수에 주느냐에 따라 각 측정변수에 대한 잠재변수의 회귀계수값(Regression Weights)은 달라지지만, 표준화된 회귀계수값(Standardized Regression Weights)은 달라지지 않는다.

잠재변수의 측정단위를 고정하기 위해서는 AMOS 분석창에서 각 잠재변수와 연결된 맨 첫 번째 측정변수의 화살표를 더블클릭하거나 화살표에 마우스를 대고 오른쪽을 클릭하면 앞서 변수명을 지정할 때와 동일한 창이 뜨는데, 이 창에서 'Parameters' Sheet에서 'Regression weight' 난에 '1'을 입력해 주면 된다. 마찬가지로 화살표별로 일일이 창을 열 필요가 없이 지정하고자 하는 다른 화살표를 클릭하면 해당 창으로 변환되므로 숫자 1을 반복적으로 입력해 주면 된다.

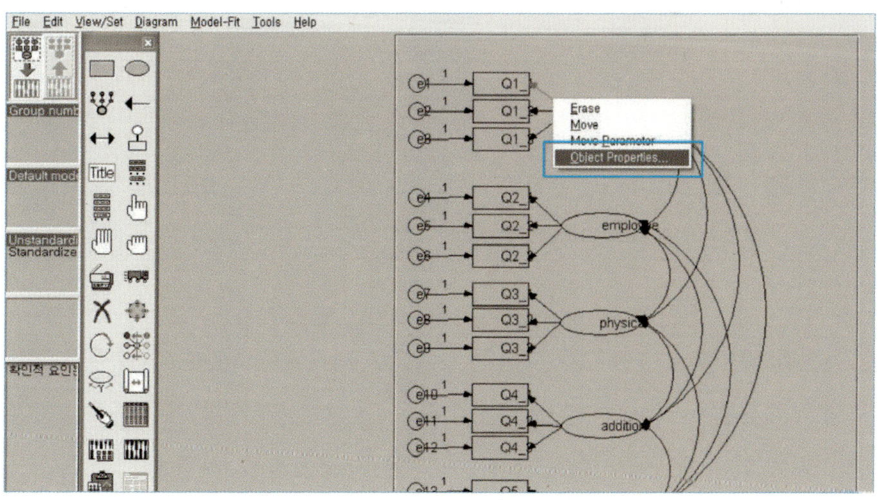

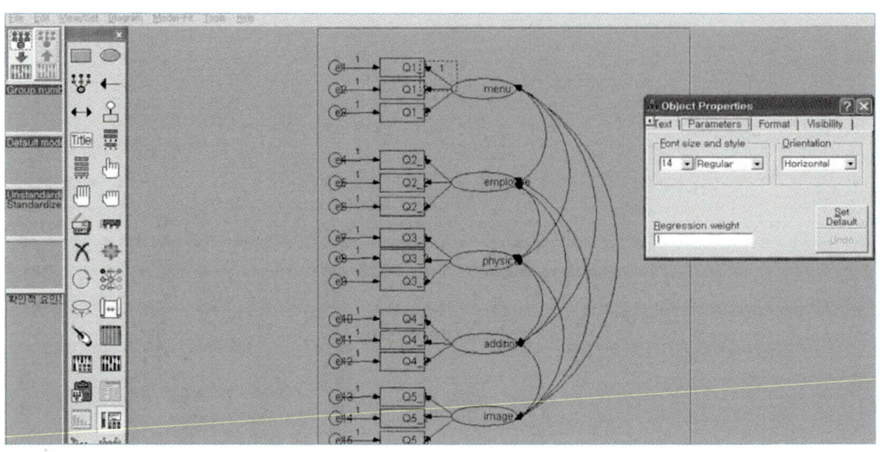

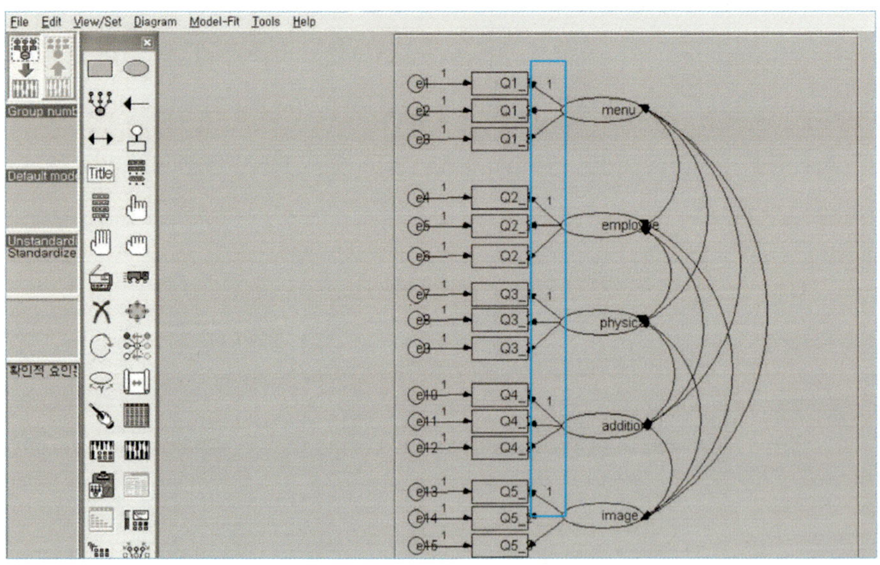

이제 모델분석을 위한 설정이 모두 끝났으니 마지막으로 분석의 실행을 위해 도형창 중간쯤에 위치한 '피아노 건반' 으로 된 도형을 클릭하거나 프로그램의 맨 위쪽에 있는 메뉴에서 'Model-Fit' - 'Calculate Estimate' 를 클릭한다.

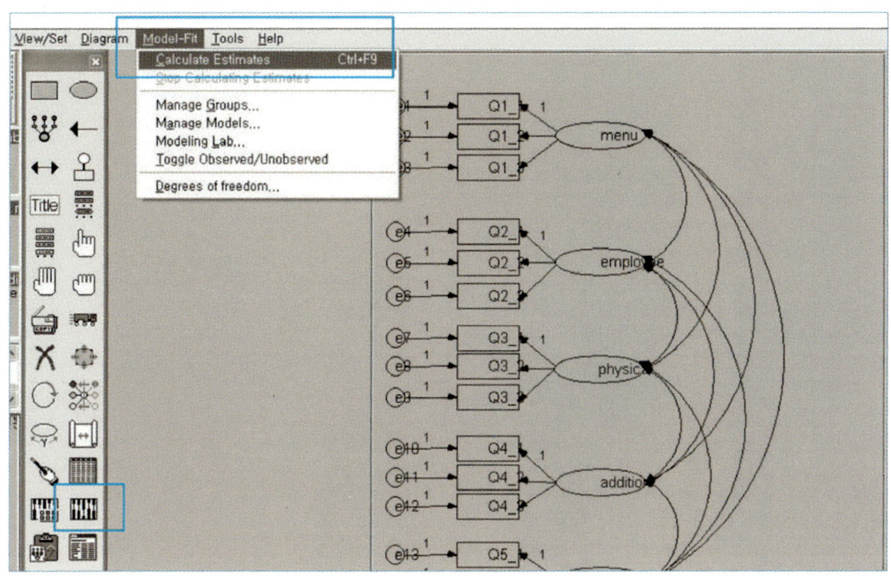

분석이 끝나면 분석창의 왼쪽 상단 메뉴 중 'Edit' 아래에 있는 도형단추가 활성화되며, 이 단추를 클릭하게 되면 모델의 경로별 모수값이 모두 표시된다. 여기서 분석창의 맨 왼쪽 중간에 있는 'Unstandard'와 'Standardize'를 번갈

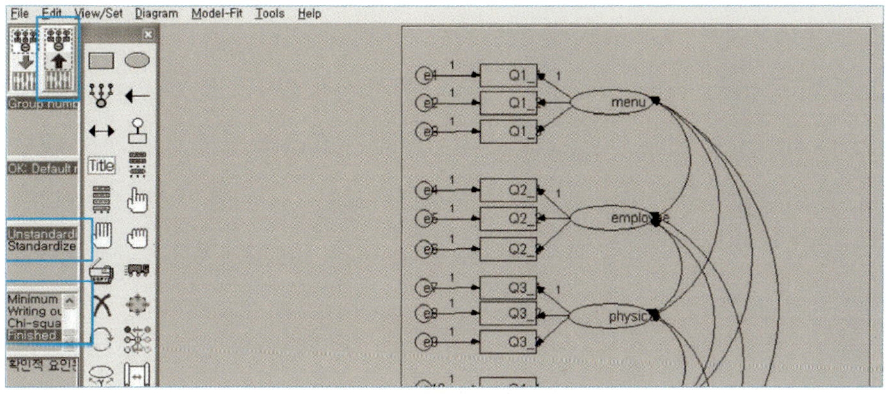

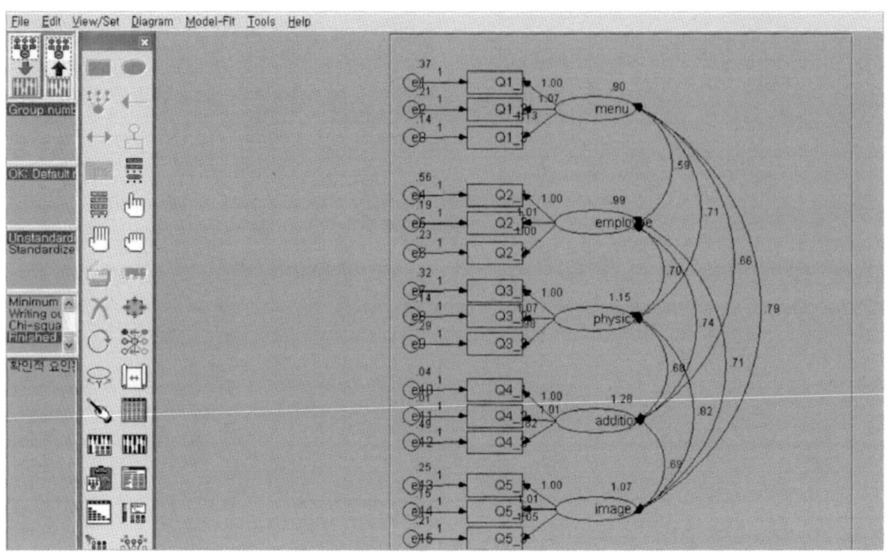

아 클릭하면 모델에 표시된 모수값이 변한다. 여기서 'Unstandard'를 클릭하면 표준화되지 않은 모수를 표시하고, 'Standardize'를 클릭하면 표준화된 모수들이 제시된다.

이제 모델분석의 자세한 결과는 Output에서 구체적으로 살펴보자. 분석창 상단의 메뉴에서 'View/Set'을 클릭하면 아래쪽에 여러 sub 메뉴들이 나타나는데 이 중 Text Output과 Table Output에서 분석결과를 볼 수 있다. 여기서 Text Output과 Table Output의 차이는 Text Output의 경우 모델 개요, 모수값, 모델 적합도 등이 Text창 형태로 순서대로 모두 제시되며, Table Output은 분석결과를 카테고리별로 각각 제시해 준다. 여기서는 상대적으로 분석결과를 확인하기에 편리한 Table Output을 기준으로 확인해 보기로 한다.

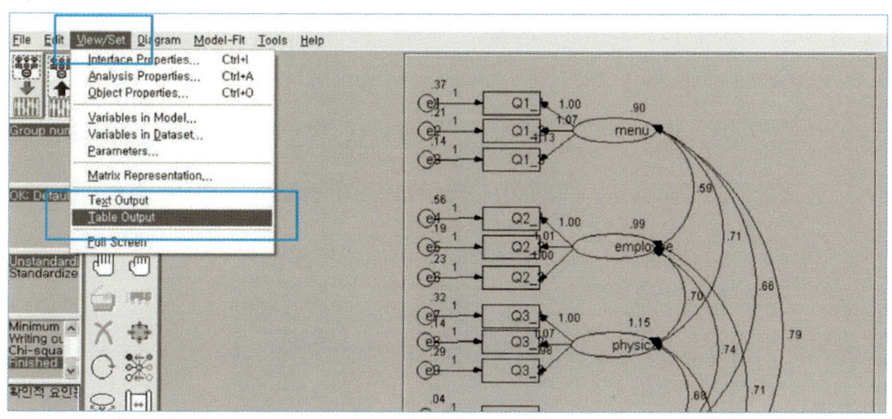


## 다. LISREL과 AMOS의 모델 평가지표

분석결과를 확인하기에 앞서 모델이 통계적으로 의미가 있는지를 판단하는 데 활용되는 모델 평가지표들을 먼저 살펴보도록 하자. LISREL이나 AMOS를 이용한 구조방정식모델의 적합도를 평가하는 적합지수는 크게 모델의 전반적 적합도를 평가하는 절대적합지수(Absolute Fit Index), 기초모델에 대한 제안모델의 적합도를 비교하는 증분적합지수(Incremental Fit Index), 그리고 모델의 간명도와 관계된 간명적합지수(Parsimonious Fit Index)가 있다. 대부분의 적합지수는 0(무적합)에서 1(완벽한 적합) 사이의 값을 갖게 되며, 각 적합도의 수용기준은 상대적이다.


① 카이자승 검정

구조방정식모델에서 모델의 적합도에 대한 통계적인 유의성을 검증할 수 있는 유일한 통계량은 바로 이 카이자승 검정이다. 카이자승은 기본적으로 두 집단 간 비율이 차이가 있는지를 검증하는 통계분석이다. 구조방정식에서는 분석에 사용된 데이터가 구조방정식모델 분석 후 만들어진 데이터와 얼마나 일치하는지를 카이자승 분석을 통해 확인한다. 카이자승에서는 두 집단 간 차이가 없는 경우 유의하지 않는 것으로 해석($p$>0.05)하므로 구조방정식 분석 결과 카이자승의 유의확률이 0.05보다 큰 값이 나와야 모델이 적합하다(분석을 통해 만들어진 데이터가 원래 데이터와 차이가 없다)고 해석하게 된다.

여기서 카이자승 검정의 논리를 살펴보자. 사회과학을 포함한 모든 분야에서 과학적으로 검증이 되었다는 의미는 그것을 일반화할 수 있음을 뜻한다. 그래서 과학적 검증이 된 것은 누구나 검증된 것과 동일한 방식을 적용하면 검증 결과도 동일하게 산출된다는 것을 의미한다. 과거 황우석 박사의 줄기세포 사건에서도 문제가 된 것은 논문에서 발표한 연구결과가 조작되어 다른 학자가 동일한 방식으로 연구를 진행했을 때 동일한 결과를 산출할 수 없다는 점 때문이다. 구조방정식의 경우 모델이 검증되었다는 의미는 그 모델을 만든 연구자가 아닌 제3자가 연구자와 동일한 방식으로 모델을 구성해서 분석해도 동일한 분석결과가 나온다는 것을 말한다. 따라서 연구자가 설정한 모델이 원래 데이터와 일치하는지를 확인하기 위해 카이자승 검정을 활용하는 것이다.

단, 이 카이자승 통계량은 표본의 크기에 매우 민감하게 반응해서 표본크기가 200명 이상이 되면 통계적으로 유의한 차이가 없음(모델이 적합)에도 불구하고 차이가 있는 것처럼 결과를 제시하며, 표본크기가 100명 이하가 되면 실제로 통계적으로 유의한 차이가 있음(모델이 부적합)에도 차이가 없는 것처럼 결과를 제시하여 신뢰할 수 없게 된다. 그래서 카이자승 분석을 통해 모델적합도를 검정하기 위해서는 표본크기가 100명에서 200명 사이가 되어야 한다. 구조방정식을 이용한 대부분의 이론 연구에서 표본크기가 200명 내외인 것도 이런 이유 때문이다.

참고로 LISREL이나 AMOS에서는 카이자승을 계산하기 위해 ML이나 GLS(Generalized Least Square, 일반 최소자승법)를 이용해 모수추정을 해야 한다. 구조방정식 모델에서 카이자승 통계량 이외의 다른 모든 적합지수는 엄밀한 의미에서 통계적 검정 수치는 아니기 때문에 특정 적합지수를 절대기준으로 사용하지 않으며, 여러 적합지수를 동시에 고려하여 전반적 모델적합도를 판단하게 된다. LISREL이나 AMOS에서 일반적으로 가장 널리 사용되는 전반적 모델적합도로는 카이자승 통계량, GFI, AGFI, RMR, RMSEA, TLI, NFI, CFI 등이다.

② 절대적합지수

구조방정식 모델이 원래의 데이터를 예측하는 정도를 나타내는 적합도 지수를 의미하며, 대표적인 절대적합지수로는 GFI, RMR, RMSEA 등이 있다.

| 구분 | 의미 |
| --- | --- |
| GFI | Goodness-of-fit-index는 원래의 데이터와 분석을 통해 도출된 데이터 간의 차이의 비율에 기초한 것으로 분석결과로 나타난 데이터가 원래 데이터를 설명하는 크기를 의미하며, 회귀분석에서의 R Square와 비슷한 성격을 띤다.<br>GFI는 ML, GLS 등의 추정방법을 통해 산출되며 보편적인 수용기준은 0.9 이상이다. |
| RMR | Root Mean Square Residual은 구조방정식모델이 설명할 수 없는 원래 데이터의 부분에 대한 지수로 작으면 작을수록 좋다. RMR은 변수들의 측정단위에 의해 값이 달라질 수 있으며, 일반적으로 0.05 이하이면 좋은 모델로 간주된다. |
| RMSEA | Root Mean Square Error of Approximation은 모델을 표본이 아닌 모집단에서 추정할 때 기대되는 적합도로서 이 값이 0.10 이하이면 자료를 잘 적합시키고, 0.05 이하이면 매우 잘 적합시키고, 0.01 이하이면 가장 좋은 적합도로서 해석한다. RMSEA의 일반적인 수용기준은 0.08 이하이다. |

③ 증분적합지수

구조방정식 모델을 측정변수 간 관계가 전혀 존재하지 않는 기초모델(Null Model)과 비교한 적합도 지수를 말하며, TLI(NNFI), NFI, CFI 등이 있다.

| 구분 | 의미 |
|---|---|
| TLI(NNFI) | Turker-Lewis Index(Non-normed Fit Index)는 분석된 구조방정식모델과 기초모델의 비교를 바탕으로 한 지수로서 일반적으로 0.9 이상이면 수용 가능한 것으로 받아들여진다. |
| NFI | Normed Fit Index는 분석된 구조방정식모델이 기초모델에 비해 얼마나 향상되었는가를 나타내는 지수로서, NFI가 0.9라는 의미는 기초모델에 비해 제안모델이 90% 향상되었다는 것을 의미한다. 일반적인 수용기준은 0.9 이상이다. |
| CFI | Comparative Fit Index는 [1- (분석된 구조방정식모델의 카이자승통계량 - 자유도/기초모델의 카이자승통계량 - 자유도)]로서 일반적으로 0.9 이상이면 수용가능한 것으로 판단한다. |

④ 간명적합지수

모델적합도가 너무 많은 추정모수에 의해 과적합하고 있는가를 진단하는 것으로 모델의 간명도를 평가하는 적합도 지수라고 할 수 있으며, AGFI가 대표적이다. 앞서 방정식을 설명하면서 모델을 구성하는 변수의 수가 많을수록 방정식이 복잡해진다고 언급하였는데 절대적합지수의 하나인 GFI는 모델이 복잡할수록 적합도가 높아지는 비합리적인 경향을 띠고 있어 이를 견제하기 위해 모델이 얼마나 심플한지를 평가하기 위한 지표가 바로 간명적합지수이다.

| 구분 | 의미 |
|---|---|
| AGFI | Adjusted Goodness-of-fit-index는 절대적합지수인 GFI를 확장시킨 것으로 모델이 복잡하고 추정모수가 많을수록 적합도가 높아지는 경향이 있는 GFI 값에 Penalty Function을 적용하여 추정모수의 수가 많아짐에 따라 GFI 값을 하향 조정한 적합지수로 일반적인 권장수용기준은 0.90 이상이다. |

⑤ 구조모델의 평가

이제는 잠재변수 간의 관계를 나타내는 구조모델에 대한 평가지표들을 살펴
보자. 구조모델을 평가하는 지표로는 크게 구조모델 간의 경로계수에 대한 통계
적 유의성 검증과 구조모델 자체의 평가지표라고 할 수 있는 R Square가 있다.

| 구분 | 의미 |
| --- | --- |
| 경로계수의 유의성 검증 | t값을 기준으로 평가하며, 화살표의 방향이 미리 정해진 경우라면 단측검정(t)1.645), 화살표의 방향을 사전에 설정하지 않았다면 양측검정(t)1.96)으로 계수의 유의성을 검증하면 된다. 또한, 계수의 부호가 사전에 설정한 것과 동일한지도 검증해야 한다. |
| R Square | 회귀분석의 R Square로 독립변수에 의해 설명되는 종속변수의 분산의 양을 의미하며, R Square가 높을수록 구조모델이 잘 수립되었다고 볼 수 있다. 구조방정식모델에서는 종속변수별로 R Square가 각각 계산되며, 수용기준은 특별히 없으므로 회귀분석에서와 같이 해석하면 무리가 없을 것으로 판단된다. |

지금까지 구조방정식모델의 적합도를 평가하는 여러 지표들을 살펴보았다.
이제는 앞서 분석과정을 연결해서 실제 분석된 결과들을 하나씩 확인하도록
하자.

앞서 언급한 것처럼 카이자승 통계량이 표본크기에 민감하게 반응하여 신뢰
할 수 없으므로 다른 적합도 지수를 이용하여 확인적 요인분석 모델이 적합한
가를 먼저 평가하기로 한다. Table Output에서 왼쪽 상단의 카테고리가 있는
메뉴 바를 아래로 드래그하면 'Fit'이라는 타이틀로 'Fit Measures 1'과 Fit
Measures 2'가 있는데, 각종 적합도 지수를 세로로 보여주는 것이 'Fit
Measures 1'이고, 가로로 제시되는 것이 'Fit Measures 2'이다.

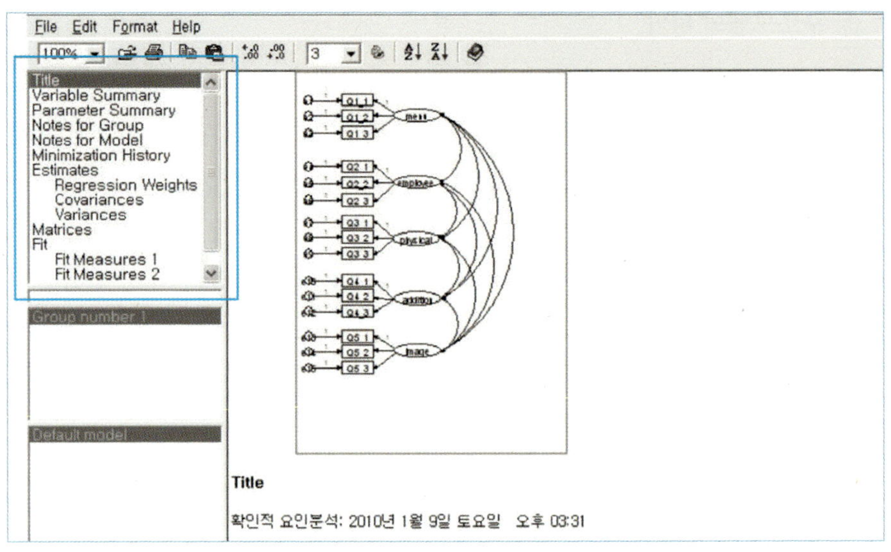



'Fit Measures 1'을 클릭해 보면, 앞서 설명했던 여러 적합도 지수들이 제시되는데, 그 중 GFI, AGFI, RMR, NFI, CFI, RMSEA 등이 가장 일반적으로 사용되고 있다. 패밀리 레스토랑 고객만족도 모델의 적합도 지수를 살펴보면, GFI = 0.920, AGFI = 0.880, NFI = 0.961, CFI = 0.940, RMR = 0.073, RMSEA = 0.060 등으로 전반적으로 모델이 적합하다고 볼 수 있다.

여기서 AGFI의 경우 일반적인 수용 기준인 0.9에 다소 못 미치며, RMR이 0.05를 다소 초과하는데도 불구하고 모델이 적합하다고 결론지은 이유는 첫째, 구조방정식모델 분석에서 가장 중요한 것은 앞서 언급한 것처럼 모델구조의 이론적 배경이나 경험을 통한 논리적 근거에 있으므로 통계적으로 계산된 모델의 적합도 지수가 이러한 논리적 근거를 앞설 수 없다는 것이다. 그렇다고 논리적 근거가 충분하다면 모델적합도를 완전히 무시할 수 있다는 뜻은 아니며, 이번

예와 같이 수용기준에 다소 미달하는 적합도를 보일 경우에는 논리적 근거를
이용해 모델의 정당성을 설득할 수 있다는 뜻이다.

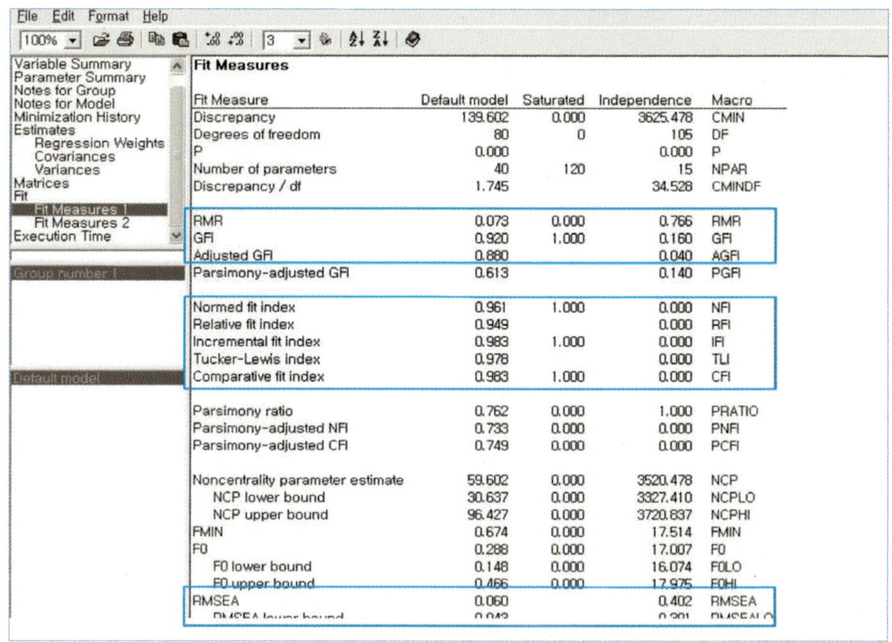

　둘째, 구조방정식모델의 전반적 적합도를 평가하는 대표적인 적합도 지수들
의 수용기준(GFI, NFI, CFI = 0.9 이상, RMR = 0.05 이하)이 절대적인 기준은 아니라
는 점이다. 즉, 많은 연구자들이 해당 적합도 지수가 그 수준 정도 되면 좋다라고
추천하는 정도의 의미이지 그 수준에서 0.01이라도 낮거나 높으면 안된다는 뜻
은 아니다. 모델적합도 지수로 여러 지표를 동시에 사용하는 이유도 이러한 지
수들이 절대적 기준으로 해석될 수 없기 때문에 여러 지표들을 이용해 Cross-
check를 하기 위한 것이라고 볼 수 있다. 실제로 국내외 학회지에 등재된 논문

들 중 일반적인 수용기준에 다소 못 미치는 적합도를 보인 구조방정식모델을 제시한 연구들도 많이 있다. 따라서, 모델적합도 지수가 절대적인 수용기준에는 다소 못 미치더라도 모델 구조에 대한 논리적 근거가 충분하다면 받아들일 수 있는 것으로 해석할 수 있다.

　모델에 대한 전반적 적합도 평가가 끝나면, 각 측정모델의 수렴타당성과 판별타당성을 확인해야 한다. 측정모델의 수렴타당성은 해당 잠재변수와 각 측정변수 간 경로계수의 통계적 유의성 검증을 통해 이루어지며, 판별타당성은 각 측정모델의 상호독립성을 검증하게 된다. 먼저 수렴타당성을 확인하기 위해 'Fit Measures 1'의 왼쪽 상단 카테고리에서 'Estimates' 아래에 있는 'Regression Weights'를 선택하면 각 잠재변수의 개별 측정변수에 대한 회귀가중치(람다값이라고 함), 표준오차(SE), t-value와 같은 개념인 CR값, 그리고 p값이 각각 제시된다. 여기서 개별 측정변수의 CR값이 모두 1.96 이상이면 통계적으로 유의하

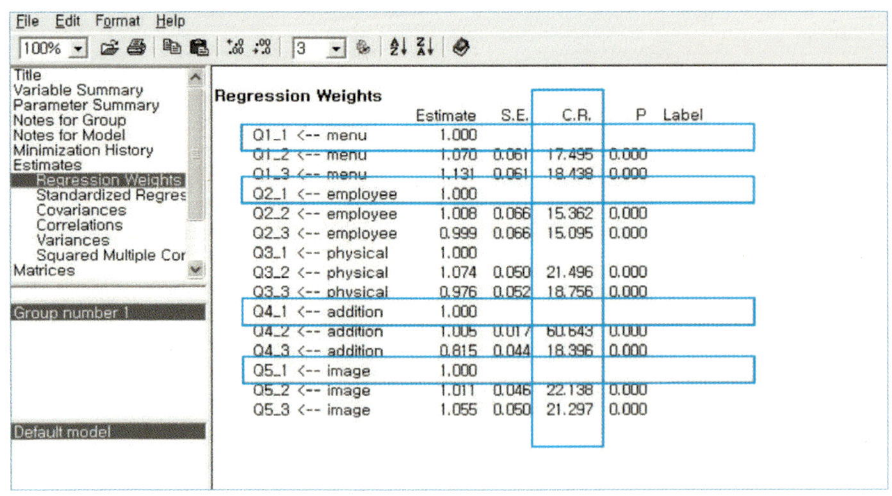


| | Estimate | S.E. | C.R. | P | Label |
|---|---|---|---|---|---|
| Q1_1 <-- menu | 1.000 | | | | |
| Q1_2 <-- menu | 1.070 | 0.061 | 17.495 | 0.000 | |
| Q1_3 <-- menu | 1.131 | 0.061 | 18.438 | 0.000 | |
| Q2_1 <-- employee | 1.000 | | | | |
| Q2_2 <-- employee | 1.008 | 0.066 | 15.362 | 0.000 | |
| Q2_3 <-- employee | 0.999 | 0.066 | 15.095 | 0.000 | |
| Q3_1 <-- physical | 1.000 | | | | |
| Q3_2 <-- physical | 1.074 | 0.050 | 21.496 | 0.000 | |
| Q3_3 <-- physical | 0.976 | 0.052 | 18.756 | 0.000 | |
| Q4_1 <-- addition | 1.000 | | | | |
| Q4_2 <-- addition | 1.005 | 0.017 | 60.643 | 0.000 | |
| Q4_3 <-- addition | 0.815 | 0.044 | 18.396 | 0.000 | |
| Q5_1 <-- image | 1.000 | | | | |
| Q5_2 <-- image | 1.011 | 0.046 | 22.138 | 0.000 | |
| Q5_3 <-- image | 1.055 | 0.050 | 21.297 | 0.000 | |

므로 각 측정모델의 수렴타당성이 확보되었다고 해석할 수 있으며, 1.96 미만인 변수가 있으면 엄밀한 의미에서는 해당 변수를 제외하고 다시 분석해야 한다. 예시 모델에서는 모든 변수의 CR값이 1.96 이상이므로 각 측정변수들이 해당 잠재변수에 잘 수렴되어 있다고 볼 수 있다.

참고로 'Regression Weights' 표에서 'Estimate'는 각 측정변수에 대한 잠재변수의 비표준화 계수이며, AMOS 분석 전 모델 설정 시 '1'로 고정한 변수들의 경우 계수가 1로 표시되어 SE, CR, p값 등이 제시되지 않는다. 또한 비표준화 계수는 '1'로 고정한 변수에 따라 절대값이 달라지게 되므로 'Estimates' 메뉴 다음에 제시되는 'Standardized Regression Weights'를 통해 각 측정변수에 대한 잠재변수의 계수들의 크기를 비교하여 분석결과를 해석하는 것이 일반적이다. 이 값은 각 계수를 표준화한 것이므로 '1'로 고정한 것과 상관없이 항상 동일하다.

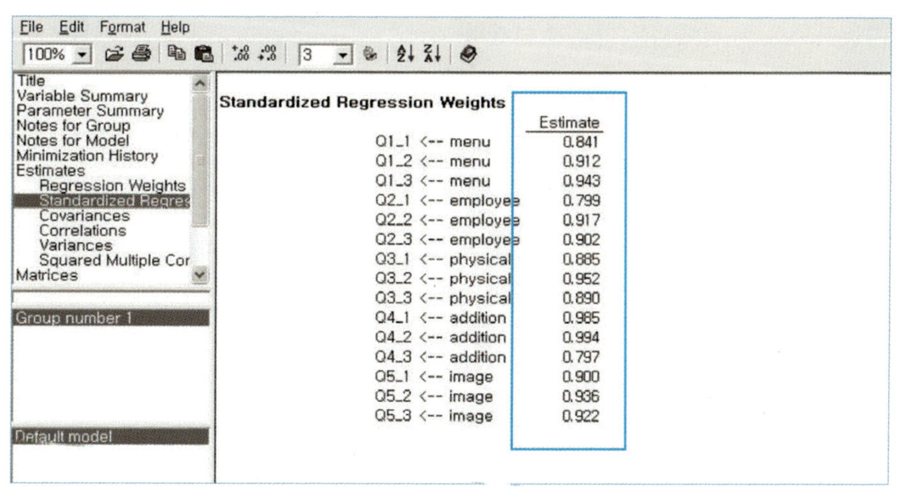

측정모델의 판별타당성 분석을 위해서는 앞서 살펴본 'Standardized Regression Weights' 메뉴 다음에 위치된 잠재변수 간의 공분산과 상관계수를 나타내는 'Covariances'와 'Correlations'를 살펴보면 된다. 'Covariances'에서는 각 잠재변수 간 공분산 값을 나타내는 Estimate, SE, CR, p값 등이 표로 제시되고 각 잠재변수 간 상관계수는 'Correlations'에서 확인할 수 있는데, 여기서 판별타당성의 판단기준은 상관계수 값이 신뢰구간($\Phi\pm2SE$)에서 '1'의 값을 보이지 않아야 한다는 것이다. 아래에서 'Menu'와 'Employee' 간의 관계를 예로 들어 보면, 두 변수 간 상관계수($\Phi$)는 0.594, 2SE는 0.182($2\times0.092$), 신뢰구간은 0.412 ~ 0.776으로 이 구간에서 '1'을 포함하고 있지 않으므로 두 잠재변수가 서로 독립적인 구성요소임이 확인되었다(판별타당성이 확보)고 할 수 있다. 동일한 방법으로 본 모델에 포함된 모든 잠재변수 간 상관관계를 확인한 결과 각 잠재변수가 서로 독립적이라는 것이 증명되었다. AMOS를 이용한 측정모델 간 판별타당성 분석은 이 방법 이외에도 카이자승 통계량을 통해 검증하는 방법도 있으나, 이 방법은 데이터에 대한 기본적 가정이 충족되는 경우에만 가능하므로 본 서에서는 다루지 않겠다.

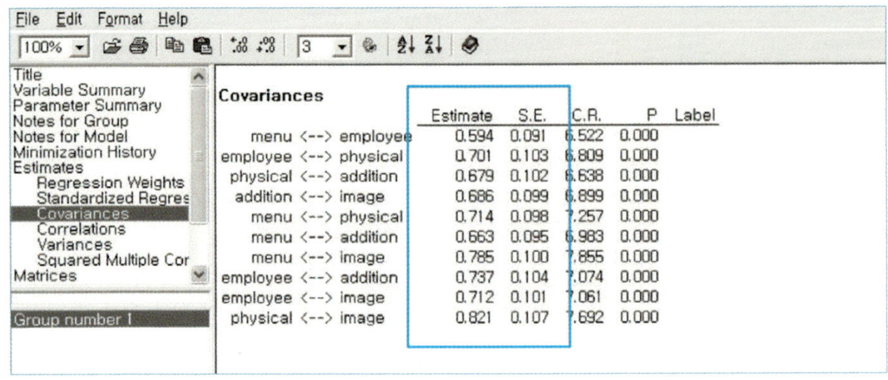

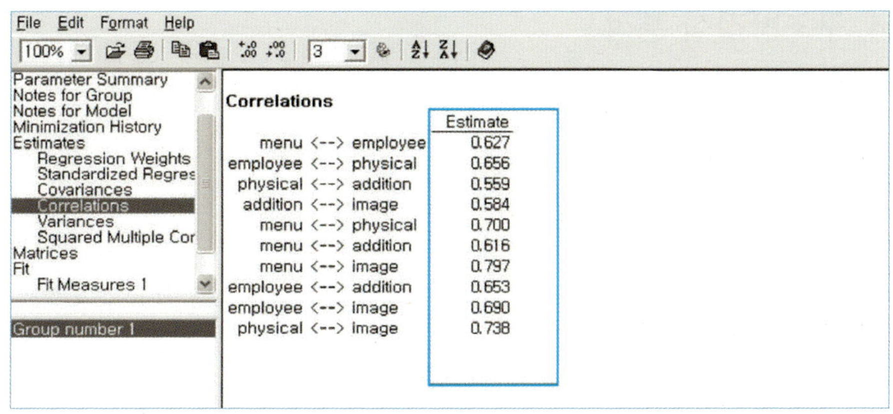


참고로 회귀분석에서의 독립변수 간 다중공선성의 판단기준으로 제시되는 허용값(Tolerance, 1 - R Square)의 수용기준도 0.1 이하이므로 변수 간 독립성에 대한 통계적 검증이 상당히 관대한 수준으로 적용되고 있음을 알 수 있다.

탐색적 요인분석과 확인적 요인분석을 비교해 보면 확인적 요인분석이 훨씬 더 절차도 복잡하고 검증의 기준도 상대적으로 엄격함을 알 수 있다. 그러나 앞서 언급한 바와 같이 측정모델의 신뢰성과 타당성 검증을 위해 두 분석방법을 동시에 모두 적용해야 하는 것은 아니며, 분석의 목적에 따라 활용하면 된다. 마케팅조사 실무에서는 주로 탐색적 요인분석을 통해 측정모델의 신뢰성과 타당성을 검증한다.

# 4. 구조방정식 분석

## (1) AMOS를 이용한 분석

### 가. 1단계 접근법

측정모델에 대한 신뢰성과 타당성 검증이 끝난 다음 모든 변수가 포함된 전체 모델에 대한 분석을 시행한다. 먼저 전체 모델을 분석하는 두 가지 접근방법 중 구조방정식 모델을 한번에 분석하는 접근방법인 1단계 접근법에 대해 알아보기로 한다.

AMOS상에서 확인적 요인분석을 위해 만든 모델에서 다른 이름으로 저장하기 메뉴를 이용해 저장한 다음, 이 모델에 결과변수인 'Loyalty'를 추가하면 된다. 여기서 'Loyalty'는 전반적 만족도, 계속이용의향, 타인추천의향으로 마케팅조사 실무에서는 각각 독립적으로 구성이 되지만, AMOS분석을 위해 'Loyalty'라는 잠재변수로 간주하여 분석하기로 한다.

앞선 방법과 동일하게 그림을 그려주되 'Loyalty'에 오차를 추가해 주어야 하며, 여기서 오차는 측정오차가 아니라 선행변수가 설명하지 못하는 부분을 나타내는 잔차가 된다. 아래 모델에서 e19는 측정오차가 아니라 Menu부터 Image까지의 독립변수가 종속변수인 'Loyalty'를 100% 설명할 수 없기 때문에 발생하는 잔차를 의미한다.

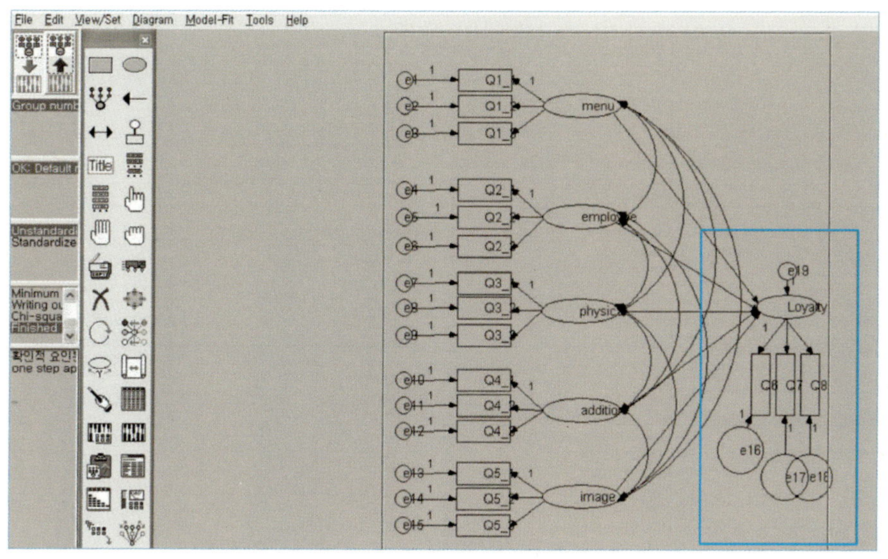

모델 그리기가 끝나면 확인적 요인분석에서처럼 분석을 실행하여 'View/Set'
→ 'Table Output'을 통해 분석결과를 확인한다. 우선 모델의 전반적 적합도를
확인해 보면, 카이자승 통계량은 유의하게 나타났으며, GFI = 0.905, AGFI =
0.865, NFI = 0.953, CFI = 0.980, RMR = 0.069, RMSEA = 0.058로서 확인
적 요인분석에서와 같이 AGFI 및 RMR을 제외한 나머지 적합도 지수들은 양호
한 수준인 것으로 나타나 해당 모델이 적합한 것으로 판단할 수 있다.

구조방정식모델의 평가에서는 전반적 적합도와 더불어 구조모델 및 측정모델
에 대한 지표도 확인할 수 있다. 우선 구조모델의 경우 AMOS의 'Estimates'
메뉴에서 경로별 계수(비표준화/표준화) 및 통계적 유의성 검증과 결과변수에
대한 원인변수들의 설명력을 나타내는 R Square를 'Squared Multiple
Correlations'에서 확인할 수 있으며, 측정모델은 앞서 확인적 요인분석에서 살

퍼 본 지표들을 다시 한 번 확인해 보면 된다.

File  Edit  Format  Help

**Fit Measures**

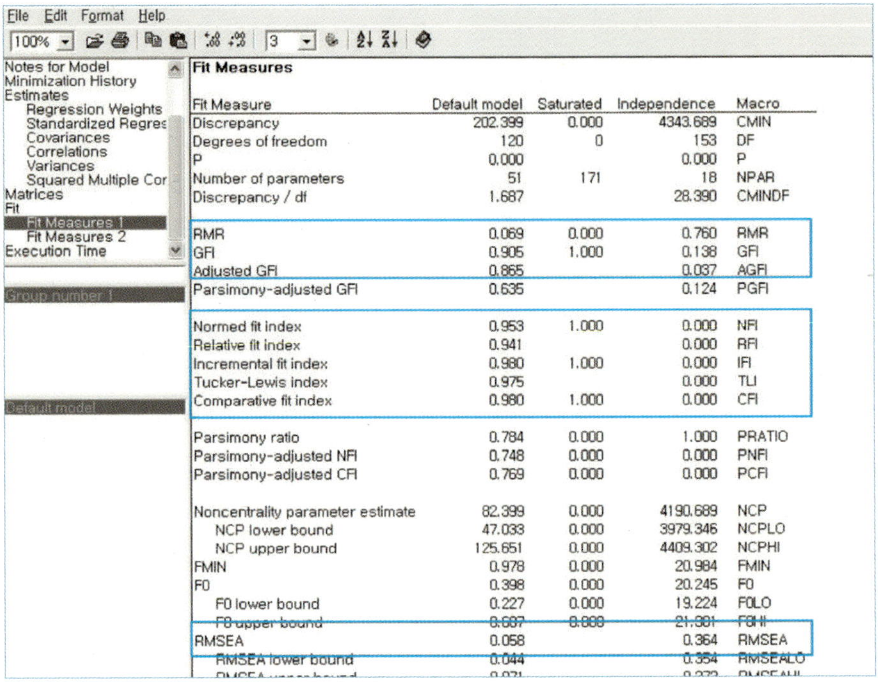

| Fit Measure | Default model | Saturated | Independence | Macro |
|---|---|---|---|---|
| Discrepancy | 202.399 | 0.000 | 4343.689 | CMIN |
| Degrees of freedom | 120 | 0 | 153 | DF |
| P | 0.000 | | 0.000 | P |
| Number of parameters | 51 | 171 | 18 | NPAR |
| Discrepancy / df | 1.687 | | 28.390 | CMINDF |
| RMR | 0.069 | 0.000 | 0.760 | RMR |
| GFI | 0.905 | 1.000 | 0.138 | GFI |
| Adjusted GFI | 0.865 | | 0.037 | AGFI |
| Parsimony-adjusted GFI | 0.635 | | 0.124 | PGFI |
| Normed fit index | 0.953 | 1.000 | 0.000 | NFI |
| Relative fit index | 0.941 | | 0.000 | RFI |
| Incremental fit index | 0.980 | 1.000 | 0.000 | IFI |
| Tucker-Lewis index | 0.975 | | 0.000 | TLI |
| Comparative fit index | 0.980 | 1.000 | 0.000 | CFI |
| Parsimony ratio | 0.784 | 0.000 | 1.000 | PRATIO |
| Parsimony-adjusted NFI | 0.748 | 0.000 | 0.000 | PNFI |
| Parsimony-adjusted CFI | 0.769 | 0.000 | 0.000 | PCFI |
| Noncentrality parameter estimate | 82.399 | 0.000 | 4190.689 | NCP |
| NCP lower bound | 47.033 | 0.000 | 3979.346 | NCPLO |
| NCP upper bound | 125.651 | 0.000 | 4409.302 | NCPHI |
| FMIN | 0.978 | 0.000 | 20.984 | FMIN |
| F0 | 0.398 | 0.000 | 20.245 | F0 |
| F0 lower bound | 0.227 | 0.000 | 19.224 | F0LO |
| F0 upper bound | 0.687 | 0.000 | 21.301 | F0HI |
| RMSEA | 0.058 | | 0.364 | RMSEA |
| RMSEA lower bound | 0.044 | | 0.354 | RMSEALO |
| RMSEA upper bound | 0.071 | | 0.373 | RMSEAHI |



참고로 AMOS에서는 구조/측정모델에 대한 또 다른 사후 지표인 AVE와 CR 값을 제시하지 않으므로 이 값들을 확인하기 위해서는 연구자가 직접 계산해야 한다. 하지만 일반적으로 구조방정식모델의 전반적 모델적합도 지수를 이용해 모델을 평가하므로 구조/측정모델에 대한 사후검증방법은 참고로 알아 두는 것이 좋겠다.

패밀리 레스토랑 고객만족도 모델의 분석결과를 살펴보면, Loyalty에

Employee, Addition, Image 순으로 영향력도 크고 통계적으로도 유의하였다.
반면, Menu와 Physical은 'Loyalty'에 미치는 영향력도 상대적으로 작고 통계
적 유의수준도 낮은 것으로 나타났다.

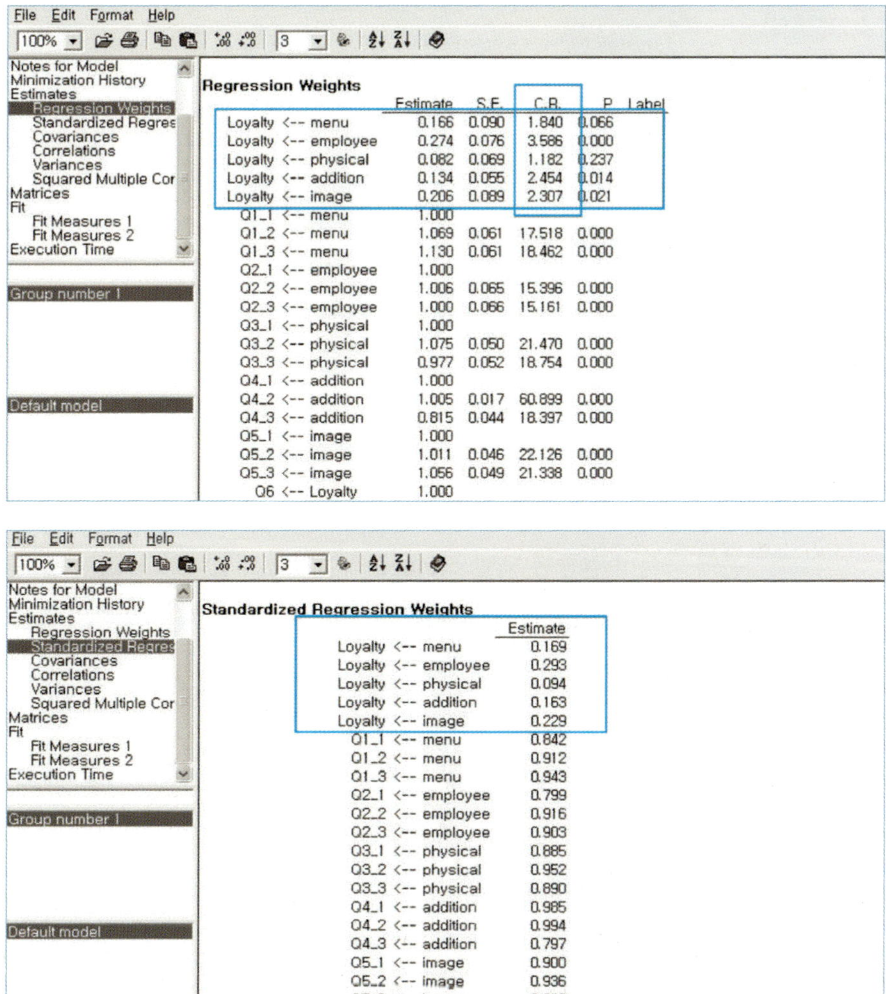

Menu부터 Image까지의 독립변수들이 'Loyalty'를 설명하는 설명력인 R Square는 0.667로 설명력이 있는 것으로 나타났다.

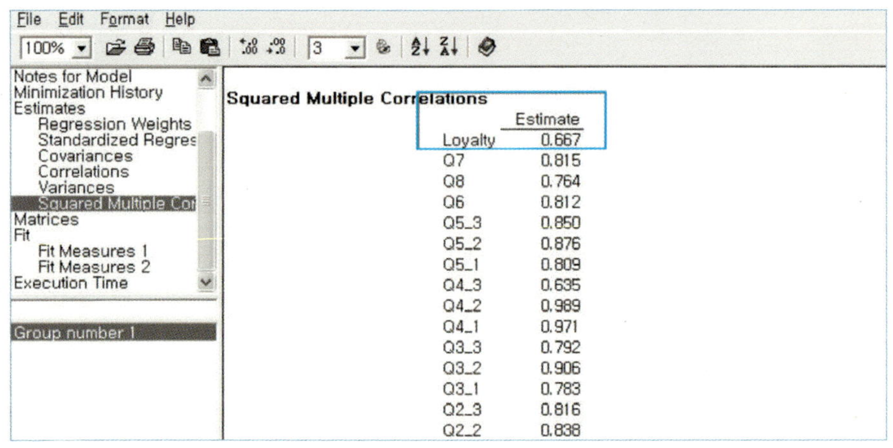

지금까지 살펴본 바와 같이 1단계 접근법은 모델을 구성하는 구조모델과 측정 모델을 동시에 분석하여 모델을 평가하는 방법으로 모델에 포함된 변수의 수가 많지 않고 기존에 충분히 검증된 모델구조를 분석하기에 적합하다고 할 수 있으나, 잠재변수가 상대적으로 많거나 이론보다는 경험에 의해 구성된 모델을 분석하기 위해서는 다음에 소개될 2단계 접근법이 더 적절한 분석방법이 될 수 있다.

마케팅조사 실무에서 활용하는 대부분의 모델은 모델에 포함된 변수의 수가 상대적으로 많고, 이론적 근거보다는 경험에 의해 측정항목들이 구성되며, 모델에서 외생변수들은 잠재변수로 구성되어 있는 반면, 내생변수(태도와 행동의도)는 단일변수로 측정하기 때문에 1단계 접근법보다는 다음에 소개할 2단계 접근법이 더 적합하다.

## 나. 2단계 접근법

구조모델과 측정모델을 동시에 분석하는 1단계 접근법과는 달리 2단계 접근법에서는 측정모델과 구조모델의 분석을 분리해서 실시한다. 그래서 1단계에서는 탐색적 요인분석이나 확인적 요인분석을 통해 측정모델의 타당성을 검증하고, 2단계에서는 측정모델(잠재변수)을 단일변수로 만들어 경로분석으로 구조방정식모델을 분석한다.

패밀리 레스토랑 고객만족도 모델을 이용해 2단계 접근법을 적용해 보면, 앞서 탐색적 요인분석과 확인적 요인분석에서 측정모델에 대한 신뢰성과 타당성은 이미 검증하였으므로 Menu부터 Image까지의 잠재변수를 해당 측정변수들의 산술평균을 구해서 단일지표로 만드는 작업을 먼저 해야 한다.

여기서는 SPSS를 이용해 각 잠재변수를 단일지표로 만드는 과정을 간략하게 살펴보자. SPSS 창의 메뉴에서 'Transform' → 'Compute' 를 선택하면 'Compute Variable' 창이 나타난다.



| | id | | | | Q2_1 | Q2_2 | Q2_3 | Q3_1 | |
|---|---|---|---|---|---|---|---|---|---|
| 1 | 1 | | | | 1.00 | 3.00 | 3.00 | 1.00 | |
| 2 | 6 | | | | 3.00 | 3.00 | 4.00 | 2.00 | |
| 3 | 7 | | | | 2.00 | 2.00 | 2.00 | 1.00 | |
| 4 | 13 | | | | 1.00 | 1.00 | 1.00 | 1.00 | |
| 5 | 17 | | | | 2.00 | 1.00 | 1.00 | 1.00 | |
| 6 | 20 | | | | 3.00 | 3.00 | 3.00 | 3.00 | |
| 7 | 24 | | | | 4.00 | 4.00 | 4.00 | 4.00 | |
| 8 | 26 | | | | 3.00 | 4.00 | 4.00 | 3.00 | |
| 9 | 29 | | | | 5.00 | 5.00 | 5.00 | 3.00 | |
| 10 | 32 | | | | 4.00 | 4.00 | 4.00 | 3.00 | |
| 11 | 48 | | | | 3.00 | 2.00 | 3.00 | 3.00 | |
| 12 | 69 | 1.00 | 1.00 | 1.00 | 1.00 | 1.00 | 1.00 | 1.00 | |

이 창에서 맨 왼쪽 상단에 새로운 변수명을 입력한다. 다음으로 잠재변수를
구성하는 측정변수들의 산술평균식을 오른쪽 상단의 공란에 입력한 후 'OK'를

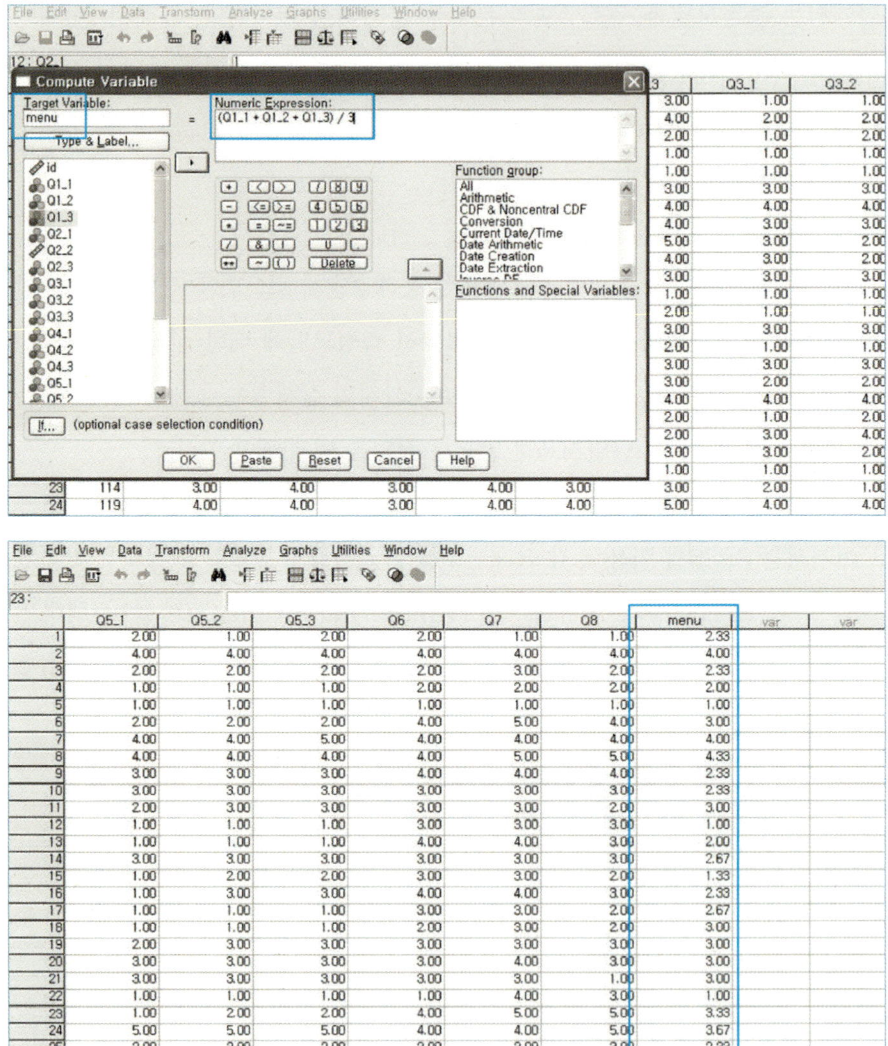

클릭한다. 그러면 SPSS 창의 데이터에서 맨 오른쪽 열에 방금 만든 변수가 데이터로 저장되게 된다. 동일한 방법으로 다른 잠재변수도 측정변수들을 산술평균하여 단일변수로 만든다.

신뢰성분석에서 활용했던 것과 같이 SPSS 신택스창에서 명령문을 카피해서 잠재변수의 수만큼 붙여넣은 다음 잠재변수 및 측정변수명만 바꿔주면 더 빠르게 작업할 수 있다.

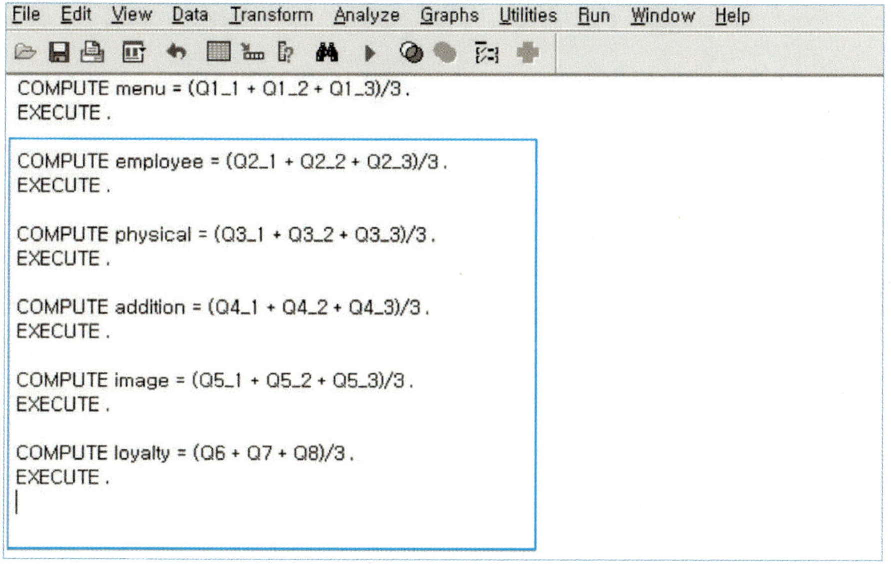



이제 새로 만든 변수들을 이용해 AMOS에서 경로분석을 시행하기 위해 AMOS창에서 경로도형을 그린다. 확인적 요인분석에서와는 달리 모델에 포함된 모든 변수들은 단일 변수이므로 사각형 도형을 이용해 모든 변수들을 표시

하고, 변수별 경로계수를 설정해 준다. 경로분석에서는 모든 변수들이 측정오차가 없음을 기본적으로 가정하고 있기 때문에 앞서 1단계 접근법에서처럼 측정오차를 설정할 필요는 없으나, Loyalty에는 측정오차가 아닌 잔차를 넣어 주어야 한다. 그리고 Menu부터 Image까지는 서로 상관관계가 존재하므로 화살표로 연결해 준다.

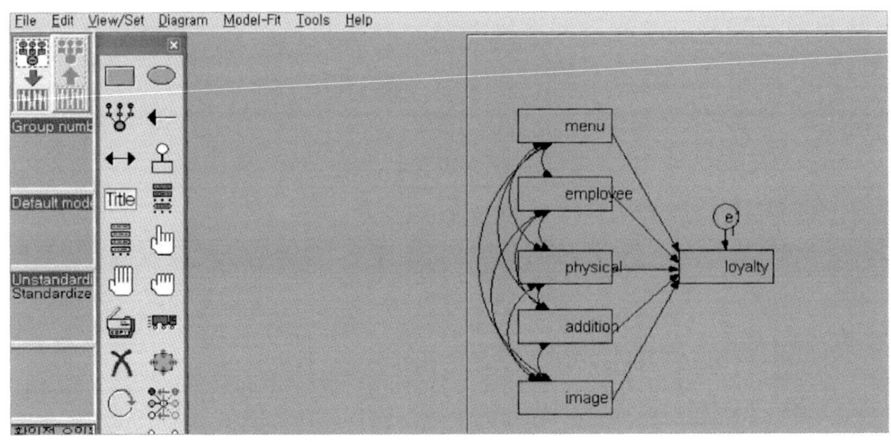


분석결과를 Table Output에서 살펴보면 GFI, AGFI, NFI, RFI, CFI 등은 모두 1이며, RMR과 RMSEA는 0으로 모델적합도가 완벽함을 나타내고 있다. 이는 포화모델로서 방정식에서 추정되어야 할 모수와 방정식을 구성하는 변수의 수가 동일한 경우에 나타나는 현상이다. 모델적합도 수치만 놓고 보면 완벽하므로 분석결과가 매우 의미있는 것으로 생각될 수 있으나, 현실적으로 완벽한 모델은 존재할 수 없기에 대부분의 이론연구에서는 포화모델인 구조방정식 분석결과를 인정하지 않는다. 모델 분석과정에서 이런 현상이 발생하면 모델을 구성하는 변수 간의 관계를 일부 조정하여 모델을 수정하는 것이 일반적이다.

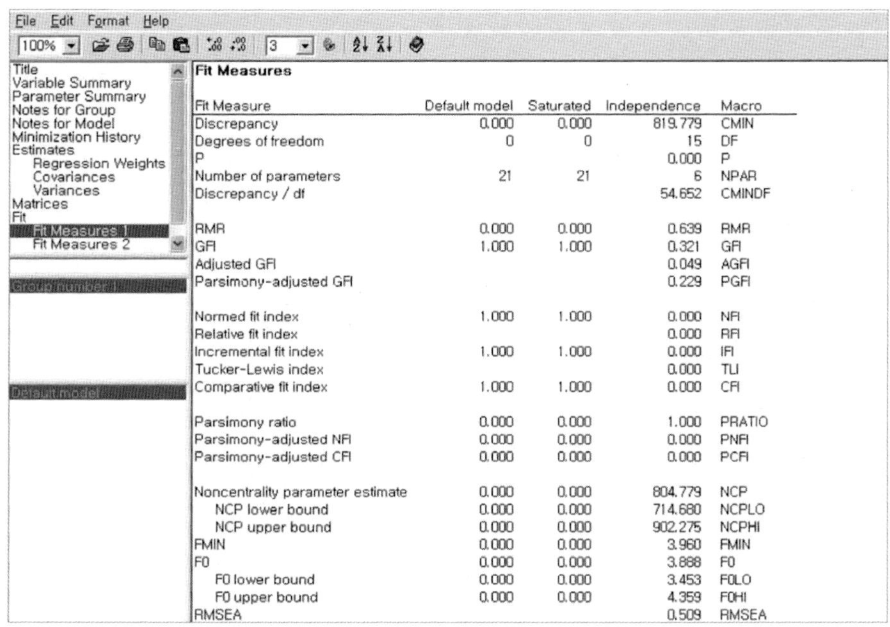

　포화모델을 수정하는 방법을 잠시 살펴보도록 하자. 포화모델은 방정식에서 추정되어야 할 모수와 방정식을 구성하는 변수의 수가 동일한 경우에 발생하므로 모델이 의미를 가지기 위해서는 간명모델(변수의 수 〉 추정모수의 수)로 만들어야 한다. 따라서 모델에서 변수 간의 관계들 중 일부를 없애거나 고정해 주어 추정모수의 수를 줄여주면 된다.

　간명모델로 만들기 위해 먼저 앞서 분석한 패밀리 레스토랑 고객만족도 모델 분석결과에서 고정해도 무방한 경로계수를 먼저 확인해 보도록 하자. Output 에서 경로계수별 통계적 유의성을 살펴보면 'Physical'이 통계적으로 유의하지 않음을 알 수 있다.

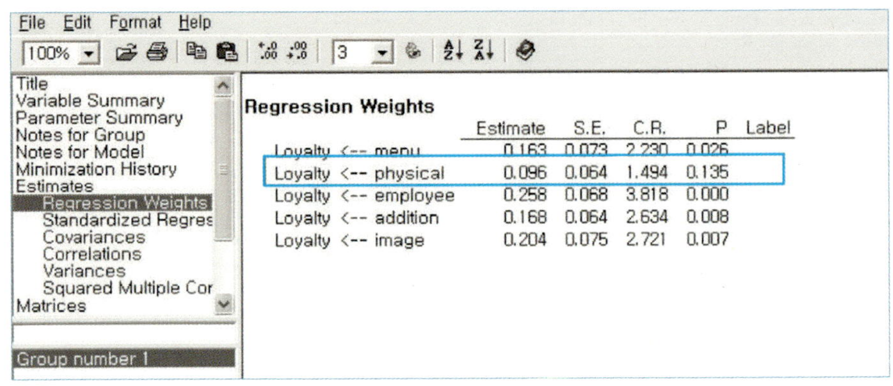



　AMOS의 모델 분석창으로 돌아와서 'Physical'과 'Loyalty' 사이의 경로계수를 '0'으로 고정시킨 후 다시 분석을 시행한다.

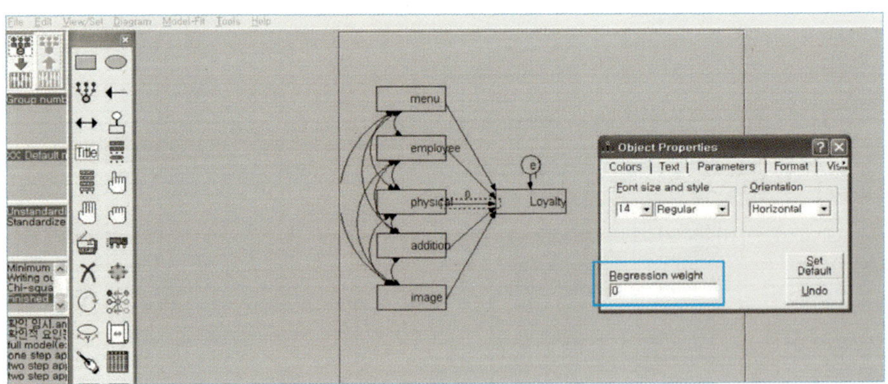



　'Physical'이 'Loyalty'에 미치는 영향력을 고정해 주어 간명모델로 만들어 줌으로써 모델적합도가 변화한 것으로 나타난다. Output에서 대부분의 모델적합도가 매우 높은 수치를 보이고 있어 수치상으로는 모델이 받아들일 만한 수준인 것으로 해석할 수 있다. 단, 패밀리 레스토랑 고객만족도 모델에서는 예시

를 위해 경로계수가 통계적으로 유의하지 않은 'Physical'을 임의로 고정시켜 분석하였지만, 실제 이론 연구에서는 특정 경로계수의 고정 혹은 관계의 재설정에 대한 명백한 논리나 근거가 반드시 뒷받침되어야 받아들여진다.



**Fit Measures**

| Fit Measure | Default model | Saturated | Independence | Macro |
|---|---|---|---|---|
| Discrepancy | 2.221 | 0.000 | 819.779 | CMIN |
| Degrees of freedom | 1 | 0 | 15 | DF |
| P | 0.136 | | 0.000 | P |
| Number of parameters | 20 | 21 | 6 | NPAR |
| Discrepancy / df | 2.221 | | 54.652 | CMINDF |
| RMR | 0.011 | 0.000 | 0.639 | RMR |
| GFI | 0.996 | 1.000 | 0.321 | GFI |
| Adjusted GFI | 0.926 | | 0.049 | AGFI |
| Parsimony-adjusted GFI | 0.047 | | 0.229 | PGFI |
| Normed fit index | 0.997 | 1.000 | 0.000 | NFI |
| Relative fit index | 0.959 | | 0.000 | RFI |
| Incremental fit index | 0.999 | 1.000 | 0.000 | IFI |
| Tucker-Lewis index | 0.977 | | 0.000 | TLI |
| Comparative fit index | 0.998 | 1.000 | 0.000 | CFI |
| Parsimony ratio | 0.067 | 0.000 | 1.000 | PRATIO |
| Parsimony-adjusted NFI | 0.066 | 0.000 | 0.000 | PNFI |
| Parsimony-adjusted CFI | 0.067 | 0.000 | 0.000 | PCFI |
| Noncentrality parameter estimate | 1.221 | 0.000 | 804.779 | NCP |
| NCP lower bound | 0.000 | 0.000 | 714.680 | NCPLO |
| NCP upper bound | 9.829 | 0.000 | 902.275 | NCPHI |
| FMIN | 0.011 | 0.000 | 3.960 | FMIN |
| F0 | 0.006 | 0.000 | 3.888 | F0 |
| F0 lower bound | 0.000 | 0.000 | 3.453 | F0LO |
| F0 upper bound | 0.047 | 0.000 | 4.359 | F0HI |
| RMSEA | 0.077 | | 0.509 | RMSEA |

  마케팅조사 실무에서 2단계 접근법으로 분석한 결과 포화모델로 나타나게 되면 이론연구에서처럼 특정 경로를 고정해 주기보다는 R Square와 같은 구조모델의 모델설명력 지표를 모델 적합도 지표로 활용하는 것이 더 현실적이다. 이론 연구와는 달리 마케팅조사 실무에서는 분석결과 산출된 경로계수별 절대 값의 수준을 이용해 중요도 분석에 활용하게 된다. 따라서 이론 연구에서처럼 포

화모델이라고 해서 특정경로를 고정해 주는 것은 실무적으로 아무런 의미가 없기 때문에 R Square를 모델적합도 지표로 활용하는 것이 현실적인 대안이다.

앞서 살펴본 것처럼 똑같은 구조를 가진 모델이라 하더라도 분석의 접근방법에 따라 모델적합도는 얼마든지 달라질 수 있으므로 구조방정식 모델에서는 통계적 수치나 분석결과보다 모델의 구조에 대한 논리와 근거가 중요하다.

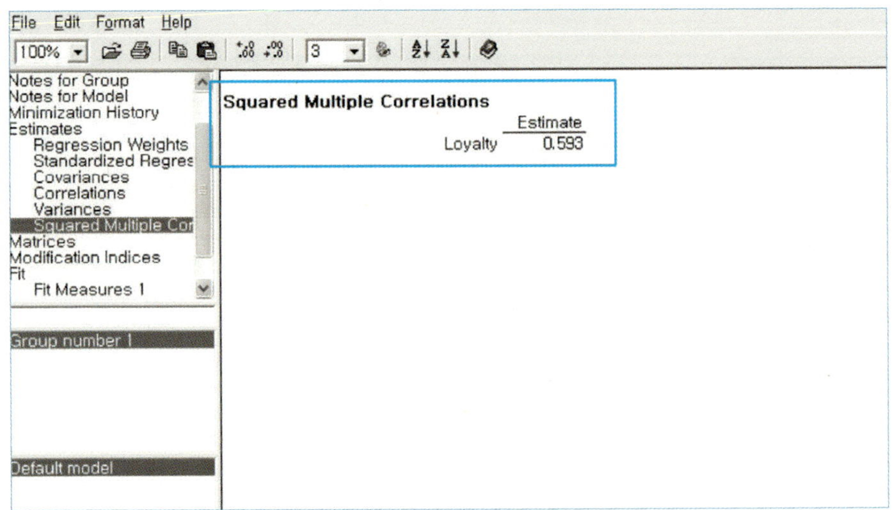

패밀리 레스토랑 고객만족도 모델에서 결과변수를 Loyalty가 아닌 고객만족, 재이용의향, 타인추천의향으로 각각 구성하여 모델을 분석해 보자. 실제 마케팅조사 실무에서는 고객만족 및 의향과 같은 결과변수들을 단일변수로 묶기보다는 지금과 같이 개별 문항으로 구성하여 분석하는 경우가 대부분이다. 앞서 설명한 바와 같이 실무에서는 모델 구조 자체도 중요하지만 분석결과를 실무적

으로 활용하는 것도 매우 중요하므로 고객만족, 브랜드와 같은 소비자 태도를
단일 항목으로 측정하여 지수로 만들어서 관리하기 때문이다.

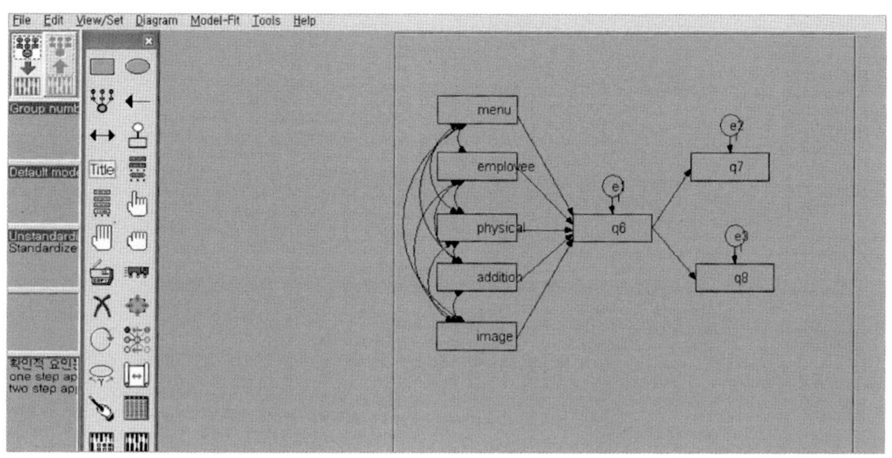


Loyalty를 구성하는 항목들을 분리해서 구성한 모델의 분석결과를 살펴보면,
우선 모델의 전반적 적합도는 GFI = 0.905, AGFI = 0.689, NFI = 0.930, CFI
= 0.937, RMR = 0.068, RMSEA = 0.189로 1단계 접근법과 비교해 AGFI와
RMSEA가 상대적으로 좋지 않게 나타났다. 이처럼 모델적합도가 다소 어중간
할 경우 어떻게 하는 것이 좋을까? 이론 연구에서는 수정지수(Modification
Indices)를 이용해서 모델적합도를 높이는 것이 일반적이다. AMOS의 메뉴에서
View/Set - Analysis Properties - Output의 맨 아래에 있는 Modification
Indices를 선택한 후 분석을 실행하면 결과분석의 맨 하단에 모델적합도를 높
이기 위한 변수 간 관계설정 정보를 제공해 준다. 실제로 상기 모델구조에서 구
조오차인 e2와 e3을 연결해서 분석하면 모델적합도는 GFI = 0.978, AGFI=

0.920, NFI = 0.985, CFI = 0.993, RMR = 0.047, RMSEA = 0.068로 모델적
합도가 매우 좋은 수준으로 나타난다. 그러나 이는 단지 모델적합도를 높이기
위한 도구일 뿐 모델구조나 계수 등의 분석결과는 전혀 변하지 않는다. 따라서
이런 경우에는 모델적합도와 더불어 구조모델의 설명력인 R Square를 기준으
로 모델의 통계적 적합성 여부를 판단하는 것이 더욱더 현실적일 것이다.

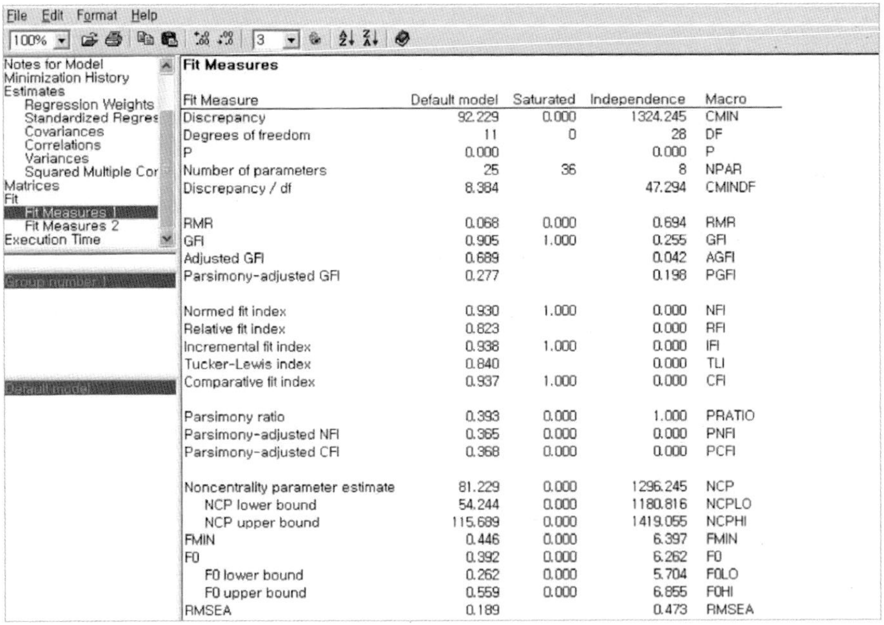

**Fit Measures**

| Fit Measure | Default model | Saturated | Independence | Macro |
|---|---|---|---|---|
| Discrepancy | 92.229 | 0.000 | 1324.245 | CMIN |
| Degrees of freedom | 11 | 0 | 28 | DF |
| P | 0.000 | | 0.000 | P |
| Number of parameters | 25 | 36 | 8 | NPAR |
| Discrepancy / df | 8.384 | | 47.294 | CMINDF |
| | | | | |
| RMR | 0.068 | 0.000 | 0.694 | RMR |
| GFI | 0.905 | 1.000 | 0.255 | GFI |
| Adjusted GFI | 0.689 | | 0.042 | AGFI |
| Parsimony-adjusted GFI | 0.277 | | 0.198 | PGFI |
| | | | | |
| Normed fit index | 0.930 | 1.000 | 0.000 | NFI |
| Relative fit index | 0.823 | | 0.000 | RFI |
| Incremental fit index | 0.938 | 1.000 | 0.000 | IFI |
| Tucker-Lewis index | 0.840 | | 0.000 | TLI |
| Comparative fit index | 0.937 | 1.000 | 0.000 | CFI |
| | | | | |
| Parsimony ratio | 0.393 | 0.000 | 1.000 | PRATIO |
| Parsimony-adjusted NFI | 0.365 | 0.000 | 0.000 | PNFI |
| Parsimony-adjusted CFI | 0.368 | 0.000 | 0.000 | PCFI |
| | | | | |
| Noncentrality parameter estimate | 81.229 | 0.000 | 1296.245 | NCP |
| NCP lower bound | 54.244 | 0.000 | 1180.816 | NCPLO |
| NCP upper bound | 115.689 | 0.000 | 1419.055 | NCPHI |
| FMIN | 0.446 | 0.000 | 6.397 | FMIN |
| F0 | 0.392 | 0.000 | 6.262 | F0 |
| F0 lower bound | 0.262 | 0.000 | 5.704 | F0LO |
| F0 upper bound | 0.559 | 0.000 | 6.855 | F0HI |
| RMSEA | 0.189 | | 0.473 | RMSEA |

6개의 원인변수들이 고객만족(Q6)을 설명하는 설명력인 R Square는 0.621로
서 고객만족의 분산 중 약 62%가 6개의 원인변수들에 의해 설명된다는 의미이
다. 참고로 R Square는 이론연구에서는 0.6, 마케팅조사 실무에서는 0.4 이상이
면 의미 있는 것으로 해석하는 것이 일반적이다. 재이용(Q7)과 타인추천(Q8)에 대

한 고객만족(Q6)의 설명력 또한 각각 0.584, 0.647로 양호하다. 따라서 전반적 모델적합도와 R Square로 볼 때 모델이 적합한 것으로 판단할 수 있다.

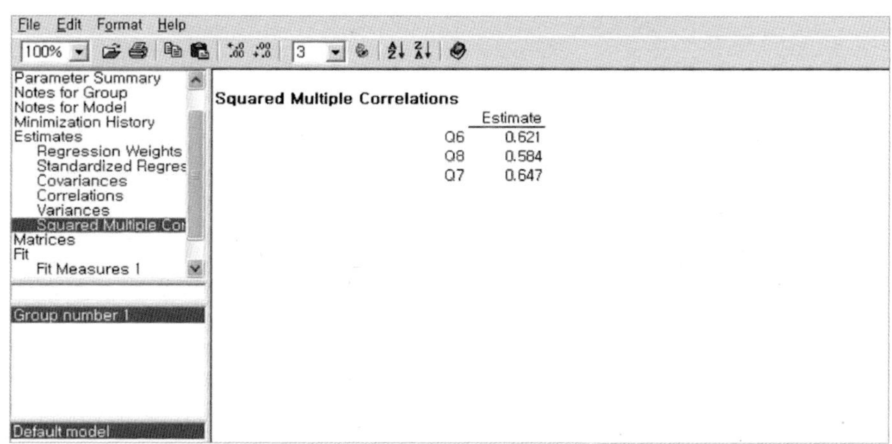

Menu부터 Image까지의 원인변수가 고객만족(Q6)에 미치는 영향력을 살펴보면, Physical을 제외한 나머지 모든 변수가 고객만족에 미치는 영향력이 통계적으로 유의한 것으로 분석되었다.

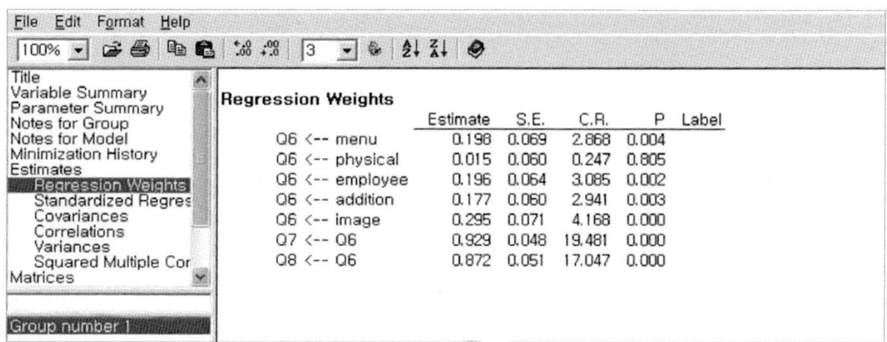

6개의 원인변수들이 고객만족(Q6)에 미치는 영향력의 상대적인 크기는 Image, Menu, Employee 순으로 큰 것으로 나타나 브랜드 이미지와 메뉴, 직원서비스가 고객만족도에 미치는 영향력이 크다는 사실을 알 수 있다. 고객만족이 재이용(Q7)과 타인추천(Q8)에 미치는 영향력은 각각 0.804, 0.764로 고객만족이라는 단일변수가 재이용과 타인추천에 대해 큰 영향을 미치고 있음을 알 수 있다.

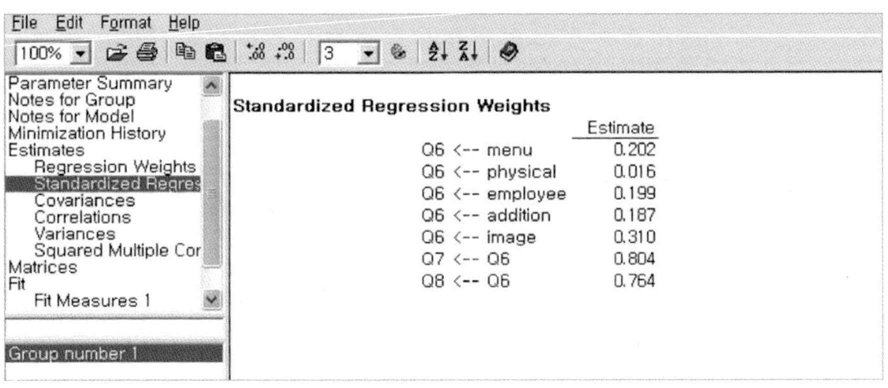


지금까지 1단계 접근법과 2단계 접근법을 적용하는 방법에 대해 살펴보았다. 두 접근방법 중 2단계 접근법을 적용하는 데 있어서는 현재 두 가지 이슈가 있다.

첫 번째는 잠재변수를 단일변수로 만들기 위해 해당 측정변수들의 산술평균값을 사용한다는 것이다. 앞서 확인적 요인분석에서 살펴본 것처럼 잠재변수와 측정변수 간에 존재하는 상관관계나 영향력은 서로 다르기 때문에 단순히 측정변수들을 산술평균하여 단일변수로 만들게 되면 오히려 오차가 커지고, 분석결과도 왜곡될 가능성이 존재하게 된다.

두 번째는 경로분석과 관련된 것인데, 일반적으로 잠재변수가 없는 경로분석 모형에서는 측정오차를 '0'으로 가정한다. 하지만 사회과학에서 모든 변수를 오차가 없이 완벽하게 측정하는 것은 불가능하기 때문에 측정오차를 0으로 간주하는 가정은 비현실적인 것이 된다. 이처럼 2단계 접근법의 적용과 관련하여 다소 논란은 있으나, 이론검증이나 학계의 연구가 아닌 실무에서는 산술평균값을 이용한 일반적인 경로분석을 통해 적용하는 예가 많으므로 상기의 두 가지 이슈는 참고적으로만 알아두는 것이 좋겠다.

지금까지 AMOS를 이용한 구조방정식모델 분석에 대해 살펴보았는데, 우리가 실무에서 사용하기에는 너무 제약이 많고 까다로운 측면이 있다. 우선 데이터의 수집 및 분포에 대한 요구조건이 엄격하고, 실제 분석에 있어서도 단계별로 충족되어야 할 통계적 조건도 많은 것이 사실이다. 또한 이러한 선행조건들이 모두 충족되어도 분석결과가 기존 다변량 분석기법에 비해 실무에서 활용하기에 그렇게 매력적으로 느껴지지 않을 수도 있다.

## ⑵ PLS를 이용한 분석

이제부터는 패밀리 레스토랑 고객만족도 모델을 PLS를 이용해 분석해 보자. 본 서에서는 미국 휴스턴 대학교 Chin 교수가 개발한 PLS Graph 3.0과 독일 함부르크 대학교의 Ringle 교수가 개발한 Smartpls 프로그램을 활용하여 예시를 들도록 하겠다. PLS를 분석하기 이전에도 신뢰성과 타당성을 먼저 검증해야 하며, 패밀리 레스토랑 고객만족도 모델은 앞서 이미 신뢰성과 타당성분석을 실시하였으므로 생략하기로 한다.

## 가. PLS Graph를 이용한 1단계 접근법

PLS Graph 3.0에서는 데이터 형태가 텍스트 형태와 비슷한 '*.raw'로 된 데이터 파일만 인식한다. 따라서 PLS 분석을 위해서는 먼저 SPSS의 데이터 파일을 엑셀 파일로 변환하여 저장하여야 하는데, 변수명은 3~4글자 이내의 영어나 숫자로 하고 분석모델에 투입되지 않는 변수는 미리 제거해야 한다. 또한 PLS GRAPH 3.0에서는 무응답치를 '-1'로 인식하므로 Recode 메뉴를 이용해 모든 무응답치는 '-1'로 바꾸어 주어야 한다.

먼저 패밀리 레스토랑 고객만족도 모델 분석을 위해 SPSS 데이터를 엑셀로 변환한다. 'File' 메뉴에서 'Save As..'를 선택한 다음 확장자명을 'xls'로 지정하여 파일명을 입력하여 저장한다.

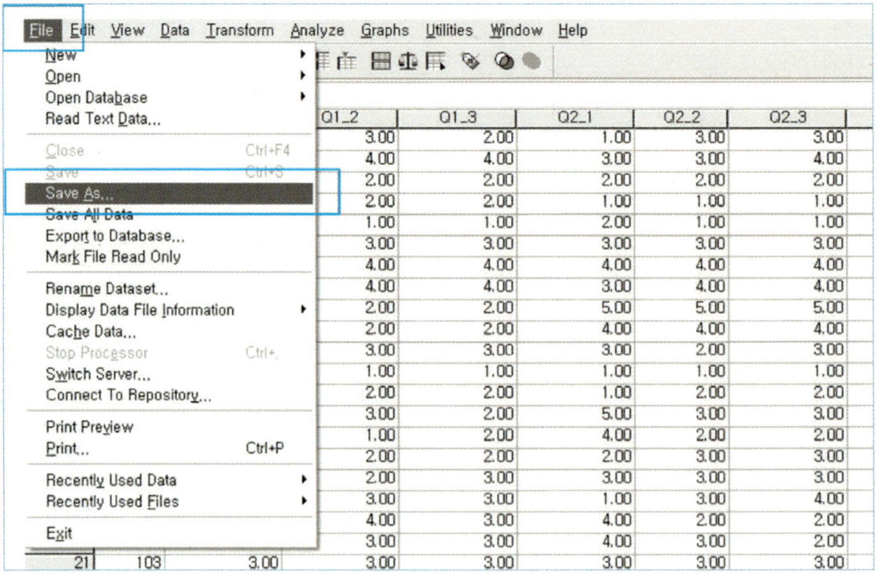

File 메뉴: New, Open, Open Database, Read Text Data..., Close (Ctrl+F4), Save (Ctrl+S), **Save As...**, Save All Data, Export to Database..., Mark File Read Only, Rename Dataset..., Display Data File Information, Cache Data..., Stop Processor (Ctrl+.), Switch Server..., Connect To Repository..., Print Preview, Print... (Ctrl+P), Recently Used Data, Recently Used Files, Exit

| | | | Q1_2 | Q1_3 | Q2_1 | Q2_2 | Q2_3 |
|---|---|---|---|---|---|---|---|
| | | | 3.00 | 2.00 | 1.00 | 3.00 | 3.00 |
| | | | 4.00 | 4.00 | 3.00 | 3.00 | 4.00 |
| | | | 2.00 | 2.00 | 2.00 | 2.00 | 2.00 |
| | | | 2.00 | 2.00 | 1.00 | 1.00 | 1.00 |
| | | | 1.00 | 1.00 | 2.00 | 1.00 | 1.00 |
| | | | 3.00 | 3.00 | 3.00 | 3.00 | 3.00 |
| | | | 4.00 | 4.00 | 4.00 | 4.00 | 4.00 |
| | | | 4.00 | 4.00 | 3.00 | 4.00 | 4.00 |
| | | | 2.00 | 2.00 | 5.00 | 5.00 | 5.00 |
| | | | 2.00 | 2.00 | 4.00 | 4.00 | 4.00 |
| | | | 3.00 | 3.00 | 3.00 | 2.00 | 3.00 |
| | | | 1.00 | 1.00 | 1.00 | 1.00 | 1.00 |
| | | | 2.00 | 2.00 | 1.00 | 2.00 | 2.00 |
| | | | 3.00 | 2.00 | 5.00 | 3.00 | 3.00 |
| | | | 1.00 | 2.00 | 4.00 | 2.00 | 2.00 |
| | | | 2.00 | 2.00 | 2.00 | 3.00 | 3.00 |
| | | | 2.00 | 3.00 | 3.00 | 3.00 | 3.00 |
| | | | 3.00 | 3.00 | 1.00 | 3.00 | 4.00 |
| | | | 4.00 | 3.00 | 4.00 | 2.00 | 2.00 |
| | | | 3.00 | 3.00 | 4.00 | 3.00 | 2.00 |
| 21 | 103 | 3.00 | 3.00 | 3.00 | 3.00 | 3.00 | 3.00 |

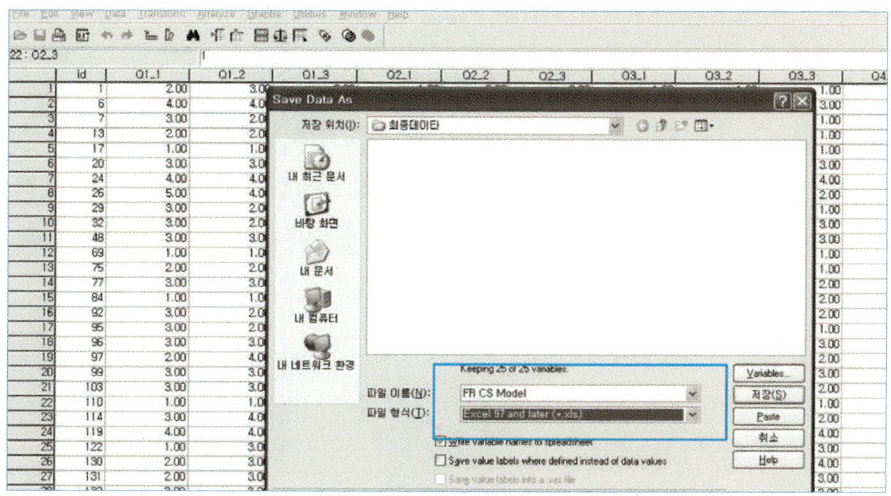

그러면 SPSS가 실행되면서 데이터가 엑셀로 변환된 결과를 Output창을 통해 제시해 준다.

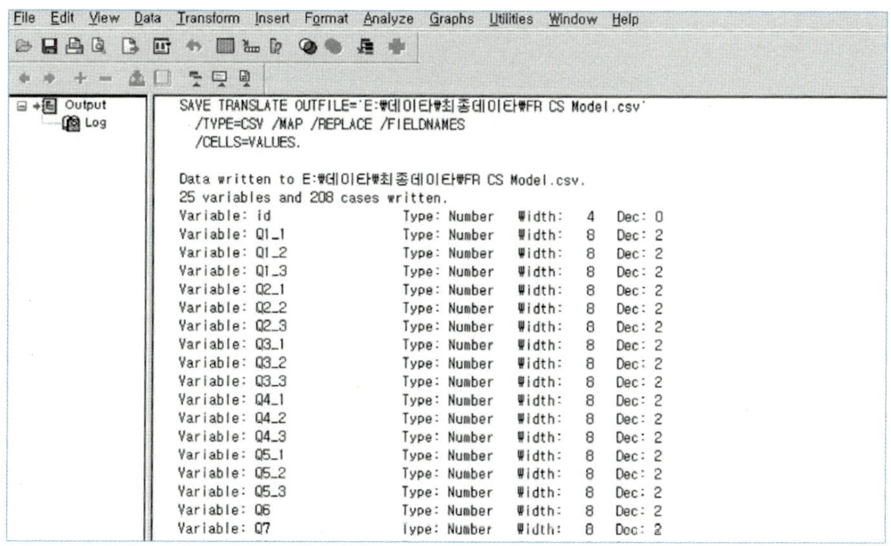

SPSS에서 변환한 엑셀 파일을 열어보면 맨 첫 번째 행에 각 변수명이 입력되어 있으며, 두 번째 행부터 데이터가 입력되어 있음을 알 수 있다. 여기서 모든 열의 너비를 변수명의 글자 수에 맞추어 최대한 좁혀서 추후 텍스트형태로 변환했을 때 변수 간 공란의 폭이 너무 넓어지지 않도록 한다. 투입변수의 수가 적으면 상관이 없으나, 변수의 수가 많게 되면 추후 텍스트파일에서 변수가 아래로 밀리게 되어 프로그램이 제대로 실행되지 않게 된다.

| id | Q1_1 | Q1_2 | Q1_3 | Q2_1 | Q2_2 | Q2_3 | Q3_1 | Q3_2 | Q3_3 | Q4_1 | Q4_2 |
|---|---|---|---|---|---|---|---|---|---|---|---|
| 1 | 2 | 3 | 2 | 1 | 3 | 3 | 3 | 1 | 1 | 4 | |
| 6 | 4 | 4 | 4 | 3 | 3 | 4 | 4 | 2 | 3 | 2 | |
| 7 | 3 | 2 | 2 | 2 | 2 | 2 | 2 | 1 | 1 | 3 | |
| 13 | 2 | 2 | 2 | 1 | 1 | 1 | 1 | 1 | 1 | 2 | |
| 17 | 1 | 1 | 1 | 2 | 1 | 1 | 1 | 1 | 1 | 1 | |
| 20 | 3 | 3 | 3 | 3 | 3 | 3 | 3 | 3 | 3 | 4 | |
| 24 | 4 | 4 | 4 | 4 | 4 | 4 | 4 | 4 | 4 | 4 | |
| 26 | 5 | 4 | 4 | 3 | 4 | 4 | 4 | 3 | 2 | 3 | |
| 29 | 3 | 2 | 2 | 5 | 5 | 5 | 5 | 3 | 1 | 2 | |
| 32 | 3 | 2 | 2 | 4 | 4 | 4 | 4 | 3 | 3 | 4 | |
| 48 | 3 | 3 | 3 | 3 | 2 | 3 | 3 | 3 | 3 | 2 | |
| 69 | 1 | 1 | 1 | 1 | 1 | 1 | 1 | 1 | 1 | 1 | |
| 75 | 2 | 2 | 2 | 1 | 2 | 2 | 2 | 1 | 1 | 5 | |
| 77 | 3 | 3 | 2 | 5 | 3 | 3 | 3 | 3 | 2 | 5 | |
| 84 | 1 | 1 | 2 | 4 | 2 | 2 | 2 | 1 | 2 | 3 | |
| 92 | 3 | 2 | 2 | 2 | 3 | 3 | 3 | 3 | 2 | 3 | |
| 95 | 3 | 2 | 3 | 3 | 3 | 3 | 3 | 2 | 1 | 3 | |
| 96 | 3 | 3 | 3 | 1 | 3 | 4 | 4 | 4 | 3 | 2 | |
| 97 | 2 | 4 | 3 | 4 | 2 | 2 | 2 | 1 | 2 | 4 | |
| 99 | 3 | 3 | 3 | 4 | 3 | 2 | 2 | 3 | 3 | 3 | |
| 103 | 3 | 3 | 3 | 3 | 3 | 3 | 3 | 3 | 2 | 3 | |
| 110 | 1 | 1 | 1 | 1 | 1 | 1 | 1 | 1 | 1 | 2 | |
| 114 | 3 | 4 | 3 | 4 | 3 | 3 | 3 | 2 | 1 | 3 | |

다음으로 엑셀의 파일메뉴에서 다른 이름으로 저장을 선택한 후, 파일형식을 '텍스트(공백으로 분리)(*.prn)'로 지정하여 저장하기를 클릭하면 알림 메시지가 뜨는데 이 메시지에서 '예'를 선택하고 엑셀 창을 닫는다.

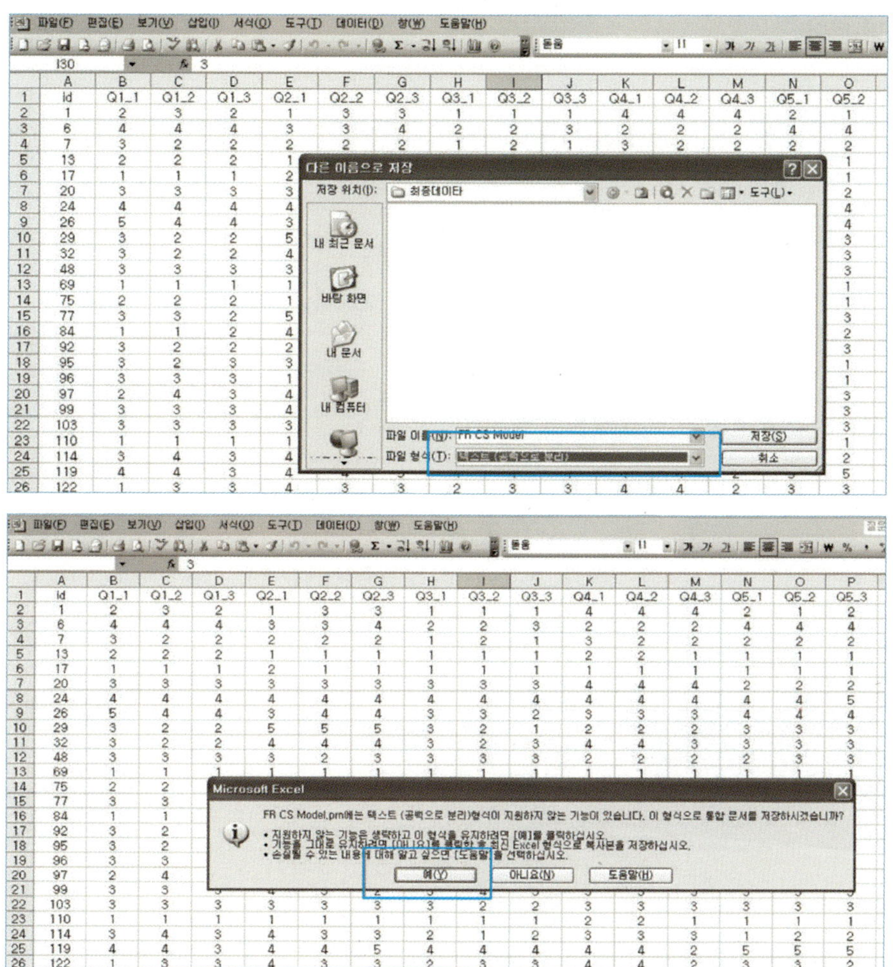

  'prn' 형태로 저장한 파일이 있는 폴더에서 해당 파일의 확장자명을 'prn'
에서 'raw' 로 바꾸어 준다. 확장자명 변경이 안 되는 경우에는 윈도의 '내 컴
퓨터' 에서 '도구' 메뉴의 '폴더 옵션' 을 선택한 후 '보기' 시트에 있는 '알려진
파일 형식의 파일 확장명 숨기기' 항목의 선택을 해제(체크표시를 없도록 하기)하

면 된다.

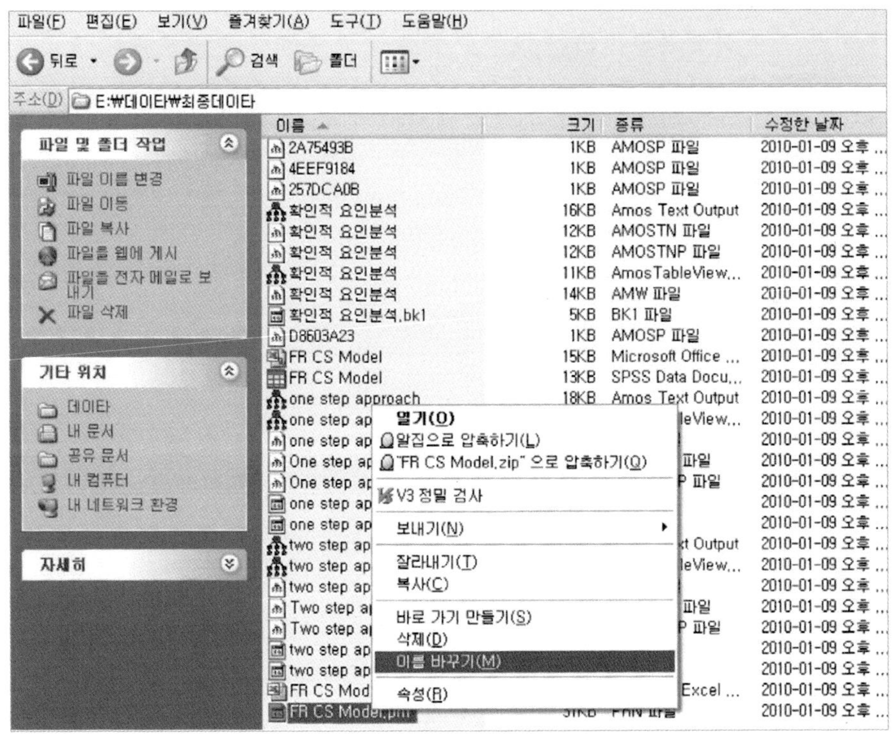

확장자명이 변환된 'raw' 파일을 'Notepad' 프로그램을 이용해 열어서 첫 번째 행에 있는 변수명들이 붙어 있는 것은 없는지, 특정 변수가 아래로 밀리지는 않았는지 확인한다.

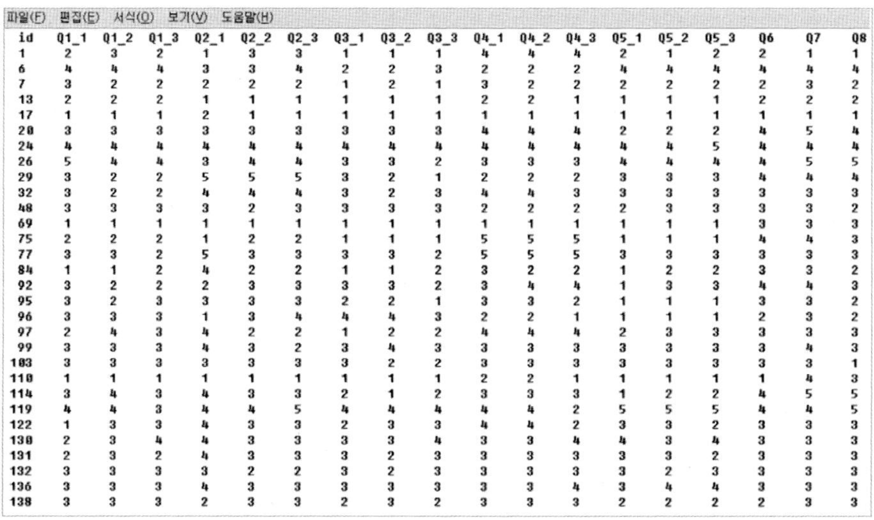



| id | Q1_1 | Q1_2 | Q1_3 | Q2_1 | Q2_2 | Q2_3 | Q3_1 | Q3_2 | Q3_3 | Q4_1 | Q4_2 | Q4_3 | Q5_1 | Q5_2 | Q5_3 | Q6 | Q7 | Q8 |
|---|---|---|---|---|---|---|---|---|---|---|---|---|---|---|---|---|---|---|
| 1 | 2 | 3 | 2 | 1 | 3 | 3 | 1 | 1 | 1 | 4 | 4 | 4 | 2 | 1 | 2 | 2 | 1 | 1 |
| 6 | 4 | 4 | 4 | 3 | 3 | 4 | 2 | 2 | 3 | 2 | 2 | 2 | 4 | 4 | 4 | 4 | 4 | 4 |
| 7 | 3 | 2 | 2 | 2 | 2 | 2 | 1 | 2 | 1 | 3 | 2 | 2 | 2 | 2 | 2 | 2 | 3 | 2 |
| 13 | 2 | 2 | 2 | 1 | 1 | 1 | 1 | 1 | 1 | 2 | 2 | 1 | 1 | 1 | 1 | 2 | 2 | 2 |
| 17 | 1 | 1 | 1 | 2 | 1 | 1 | 1 | 1 | 1 | 1 | 1 | 1 | 1 | 1 | 1 | 1 | 1 | 1 |
| 20 | 3 | 3 | 3 | 3 | 3 | 3 | 3 | 3 | 3 | 4 | 4 | 4 | 2 | 2 | 2 | 4 | 5 | 4 |
| 24 | 4 | 4 | 4 | 4 | 4 | 4 | 4 | 4 | 4 | 4 | 4 | 4 | 4 | 4 | 5 | 4 | 4 | 4 |
| 26 | 5 | 4 | 4 | 3 | 4 | 4 | 3 | 3 | 2 | 3 | 3 | 3 | 4 | 4 | 4 | 4 | 5 | 5 |
| 29 | 3 | 2 | 2 | 5 | 5 | 5 | 3 | 2 | 1 | 2 | 2 | 2 | 3 | 3 | 3 | 4 | 4 | 4 |
| 32 | 3 | 2 | 2 | 4 | 4 | 4 | 3 | 2 | 3 | 4 | 4 | 3 | 3 | 3 | 3 | 3 | 3 | 3 |
| 48 | 3 | 3 | 3 | 3 | 2 | 3 | 3 | 3 | 3 | 2 | 2 | 2 | 2 | 3 | 3 | 3 | 3 | 2 |
| 69 | 1 | 1 | 1 | 1 | 1 | 1 | 1 | 1 | 1 | 1 | 1 | 1 | 1 | 1 | 1 | 3 | 3 | 3 |
| 75 | 2 | 2 | 2 | 1 | 2 | 2 | 1 | 1 | 1 | 5 | 5 | 5 | 1 | 1 | 1 | 4 | 4 | 3 |
| 77 | 3 | 3 | 2 | 5 | 3 | 3 | 3 | 3 | 2 | 5 | 5 | 5 | 3 | 3 | 3 | 3 | 3 | 3 |
| 84 | 1 | 1 | 2 | 4 | 2 | 2 | 1 | 1 | 2 | 3 | 2 | 2 | 1 | 2 | 2 | 3 | 3 | 2 |
| 92 | 3 | 2 | 2 | 2 | 3 | 3 | 3 | 3 | 2 | 3 | 4 | 4 | 1 | 3 | 3 | 4 | 4 | 3 |
| 95 | 3 | 2 | 3 | 3 | 3 | 3 | 2 | 2 | 1 | 3 | 3 | 2 | 1 | 1 | 1 | 3 | 3 | 2 |
| 96 | 3 | 3 | 3 | 1 | 3 | 4 | 4 | 4 | 3 | 2 | 2 | 1 | 1 | 1 | 1 | 2 | 3 | 2 |
| 97 | 2 | 4 | 3 | 4 | 2 | 2 | 1 | 2 | 2 | 4 | 4 | 4 | 2 | 3 | 3 | 3 | 3 | 3 |
| 99 | 3 | 3 | 3 | 4 | 3 | 2 | 3 | 4 | 3 | 3 | 3 | 3 | 3 | 3 | 3 | 3 | 4 | 3 |
| 103 | 3 | 3 | 3 | 3 | 3 | 3 | 3 | 2 | 2 | 3 | 3 | 3 | 3 | 3 | 3 | 3 | 3 | 1 |
| 110 | 1 | 1 | 1 | 1 | 1 | 1 | 1 | 1 | 1 | 2 | 2 | 1 | 1 | 1 | 1 | 1 | 4 | 3 |
| 114 | 3 | 4 | 3 | 4 | 3 | 3 | 2 | 1 | 2 | 3 | 3 | 3 | 1 | 2 | 2 | 4 | 5 | 5 |
| 119 | 4 | 4 | 3 | 4 | 4 | 5 | 4 | 4 | 4 | 4 | 4 | 2 | 5 | 5 | 5 | 4 | 4 | 5 |
| 122 | 1 | 3 | 3 | 4 | 3 | 3 | 2 | 3 | 3 | 4 | 4 | 2 | 3 | 3 | 2 | 3 | 3 | 3 |
| 130 | 2 | 3 | 4 | 4 | 3 | 3 | 3 | 3 | 4 | 3 | 3 | 4 | 4 | 3 | 4 | 3 | 3 | 3 |
| 131 | 2 | 3 | 2 | 4 | 3 | 3 | 3 | 2 | 3 | 3 | 3 | 3 | 3 | 3 | 2 | 3 | 3 | 3 |
| 132 | 3 | 3 | 3 | 3 | 2 | 2 | 3 | 2 | 3 | 3 | 3 | 3 | 3 | 2 | 3 | 3 | 3 | 3 |
| 136 | 3 | 3 | 3 | 4 | 3 | 3 | 3 | 3 | 3 | 3 | 3 | 4 | 3 | 4 | 4 | 3 | 3 | 3 |
| 138 | 3 | 3 | 3 | 2 | 3 | 3 | 2 | 3 | 2 | 3 | 3 | 3 | 2 | 2 | 2 | 2 | 3 | 3 |

모델 분석에 사용될 데이터가 준비되고 나면 PLS GRAPH 3.0을 실행하여 모델구조를 그리기로 한다. PLS GRAPH 3.0은 Softmodeling사(http://www. plsgraph.com)를 통해 구입할 수 있다. 다음은 PLS Graph 3.0의 초기화면을 나타낸 것이다.

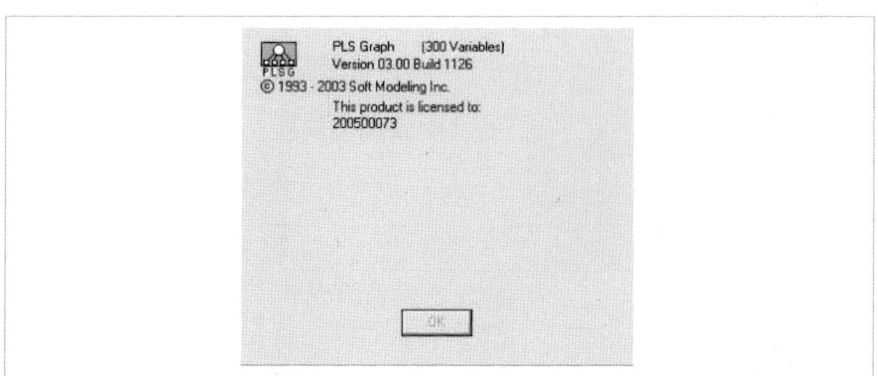

이제 PLS GRAPH 3.0 프로그램의 분석창을 살펴보면, AMOS와는 달리 창이 하나로만 구성되어 있으며, 두 개의 작은 창이 왼쪽 상단에 있다. 이 중 'PLS Graph Tools' 라는 창은 모델 구조를 그리는 데 필요한 도구를 모아 놓은 것이고, 'PLS Fuctions' 창은 모델 분석을 위한 기능창이다.

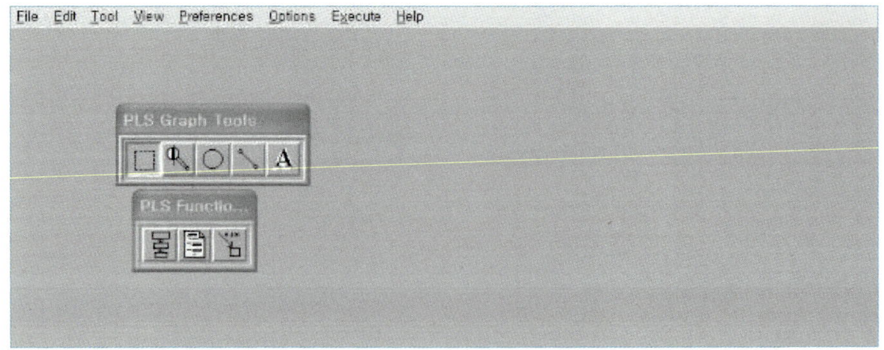

모델 분석을 위해 우선 PLS 분석창의 파일메뉴에서 'Links'를 선택해서 앞서 만들었던 'raw' 데이터 파일을 불러온다.

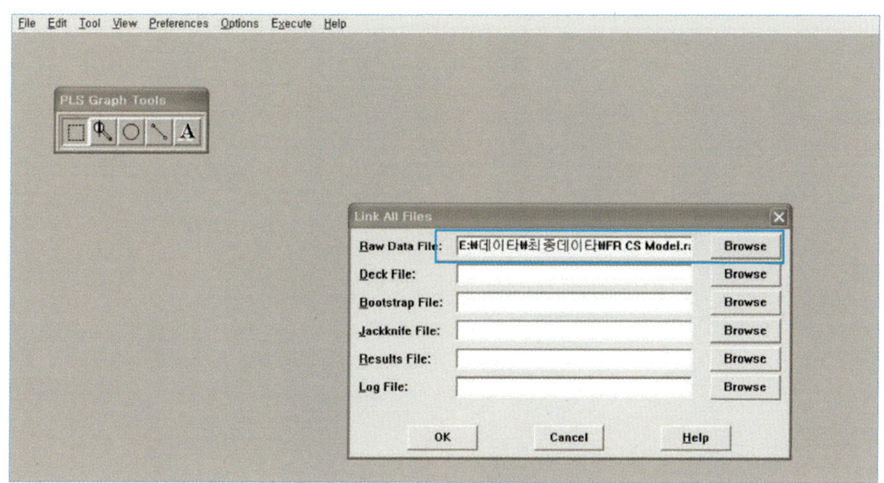

다음으로 두 개의 작은 분석창 중에서 'PLS Graph Tools'의 중간에 있는 '동 그라미' 도형을 클릭한 후 분석창의 중간쯤에서 다시 클릭하면 'Construct_0' 이라는 이름으로 동그라미가 생긴다. PLS GRAPH에서 이 동그라미는 '잠재변 수'를 의미한다. 따라서 패밀리 레스토랑 고객만족도 모델과 동일한 구조로 분 석창에 잠재변수를 모두 그린다.

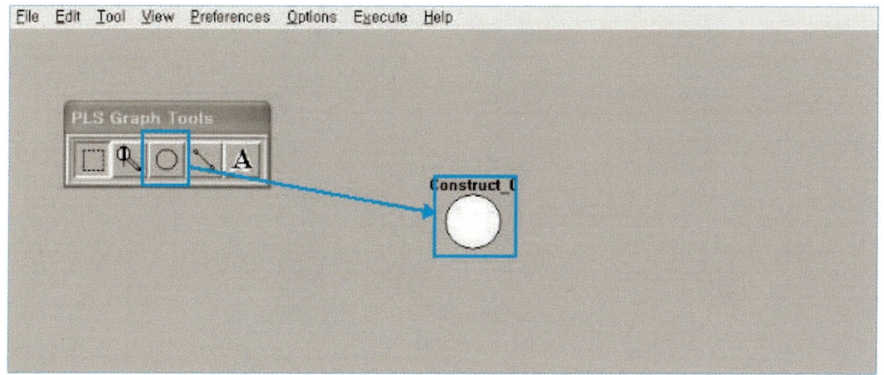

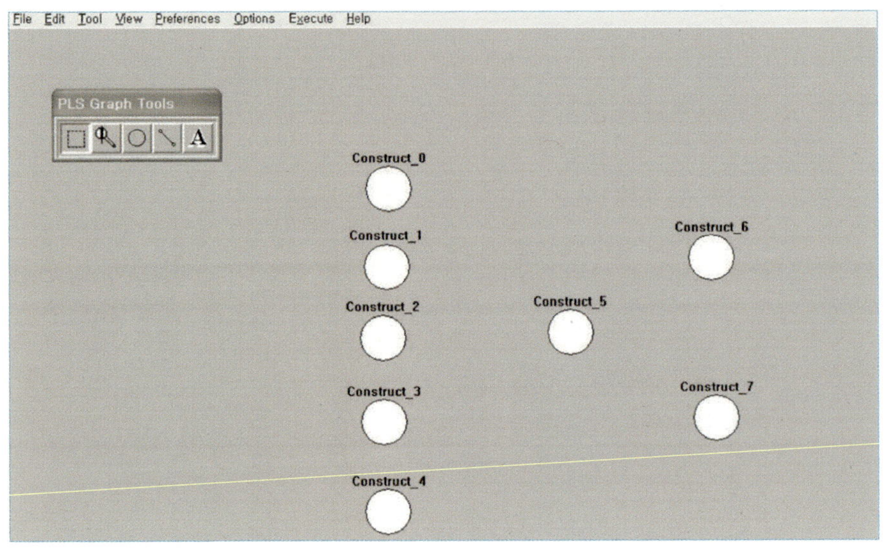

이제는 잠재변수별 관계를 나타내는 화살표를 'PLS Graph Tools' 에서 '동
그라미' 와 'A' 사이에 있는 '선' 을 클릭하여 원인변수로부터 결과변수로 드래
그하여 화살표를 모두 그려 넣는다. AMOS와는 달리 PLS Graph 3.0에서는 동
그라미나 선을 그릴 때마다 'PLS Graph Tools' 에서 선택해야 한다.

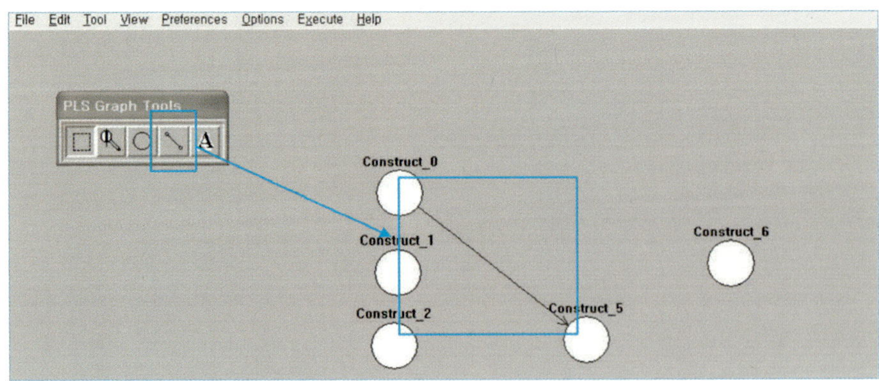

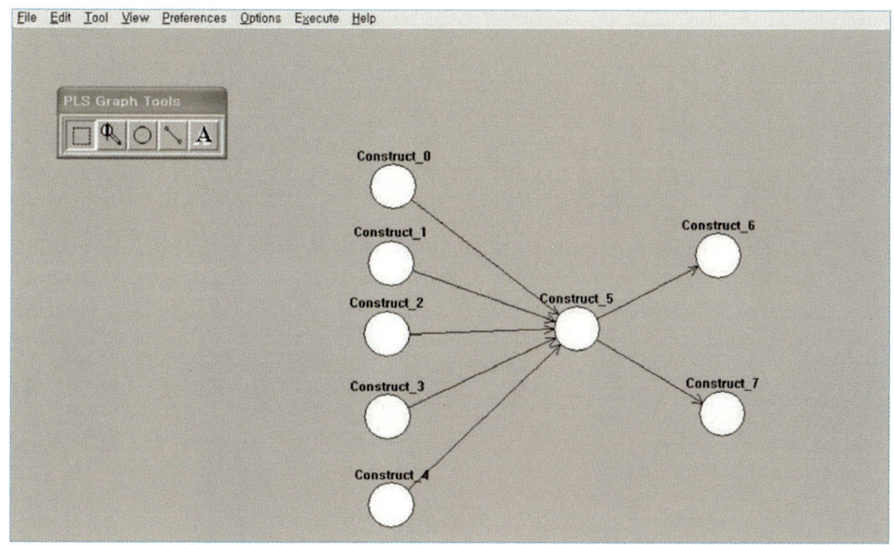


다음으로 각 잠재변수명과 해당 측정변수들을 정의하기 위해 각 잠재변수의
도형 위에 화살표를 대고 마우스 오른쪽을 클릭하면 메뉴가 나온다.

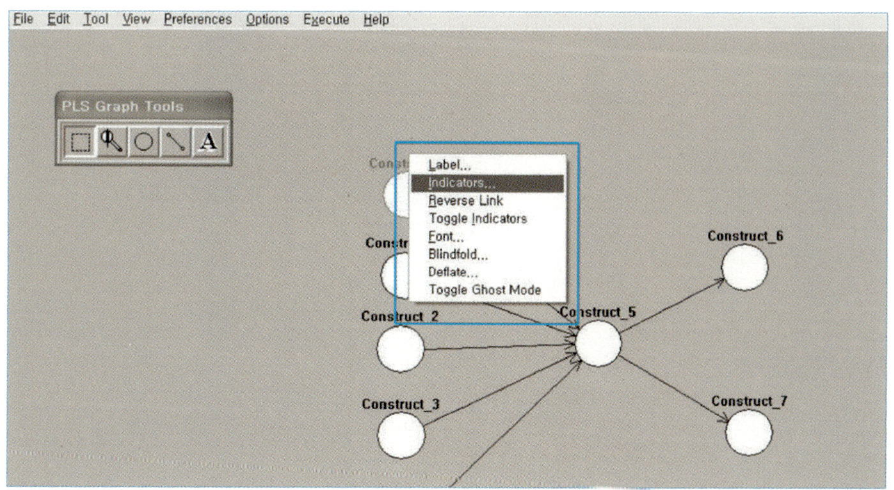

메뉴에서 'Indicators'를 클릭하게 되면 'Assign Indicators to Constructs' 라는 분석 창이 뜬다. 이 창에서 맨 상단에 있는 'Construct:' 난에 데이터에 있는 해당 잠재변수의 이름을 그대로 입력하고, 아래에 있는 'Unused Indicators' 에서 해당되는 측정변수들을 지정한 다음, 변수 창 아래에 있는 'Assign'을 선택하여 지정한 변수들을 'Used Indicators'로 옮기고 'OK'를 클릭한다.

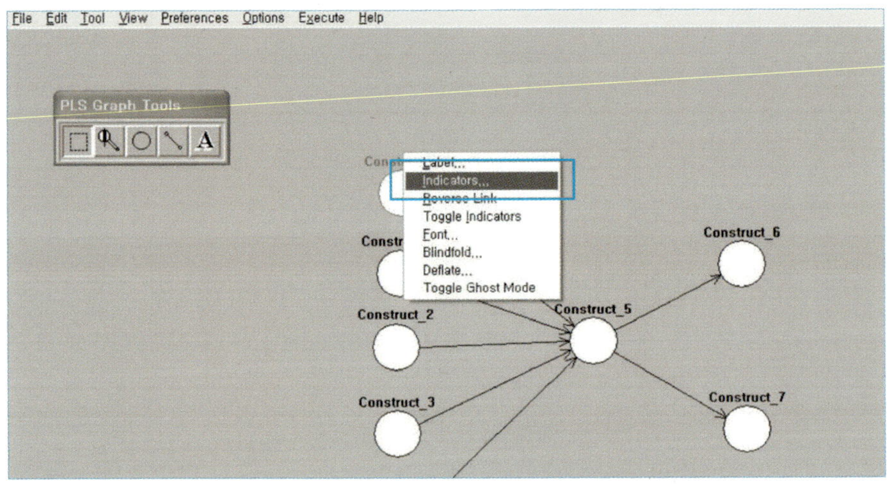


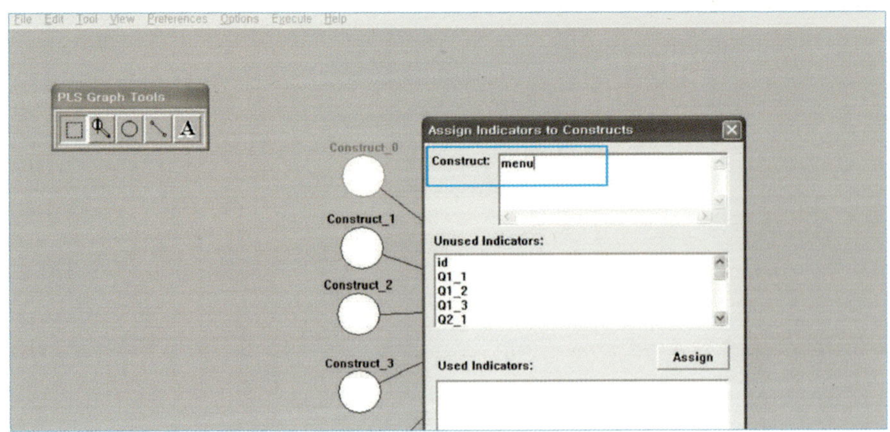

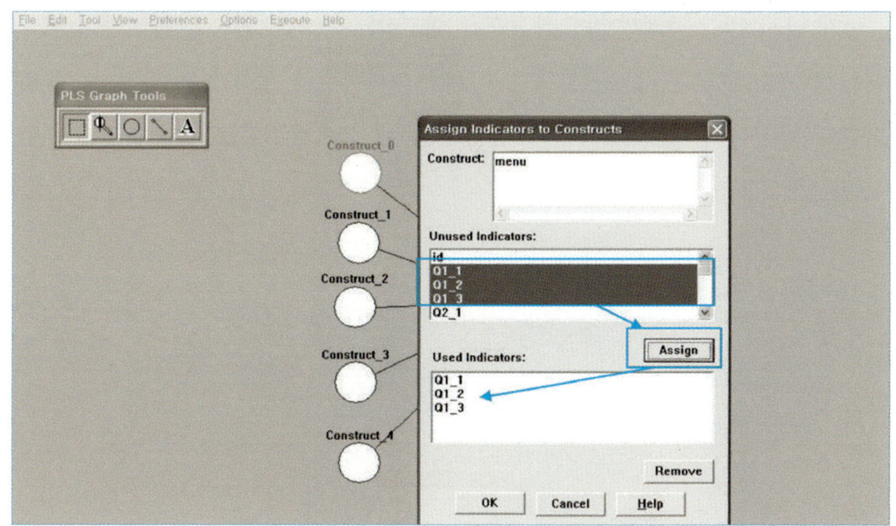


그러면 모형창에서 해당 잠재변수의 변수명이 바뀌어 있고, 작은 사각형으로 된 측정변수들이 반영지표로 연결되어 있음을 볼 수 있다.

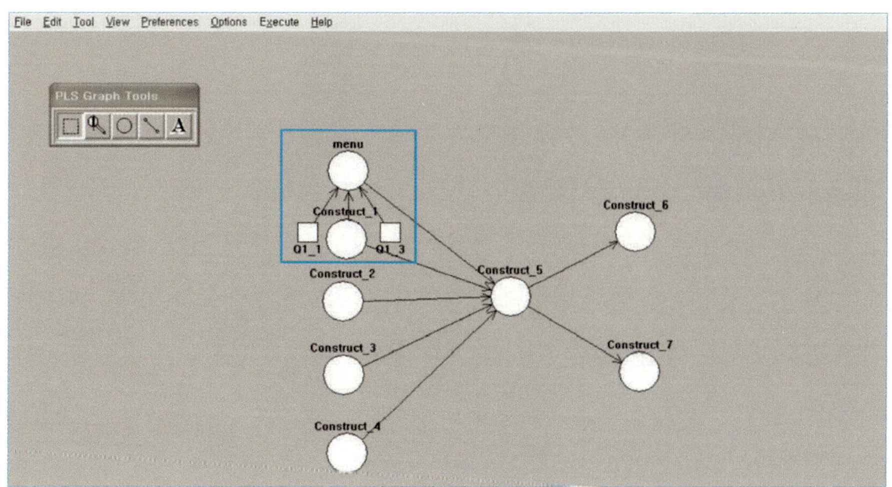

　이제 다시 해당 잠재변수에 화살표를 대고 마우스의 오른쪽을 클릭하여 여러 메뉴 중 ‘Reverse Link’를 선택하면 해당 잠재변수에 달려 있는 측정변수들의 화살표 방향이 반영지표(Reflective Indicator)에서 조형지표(Formative Indicator)로 바뀌게 된다.

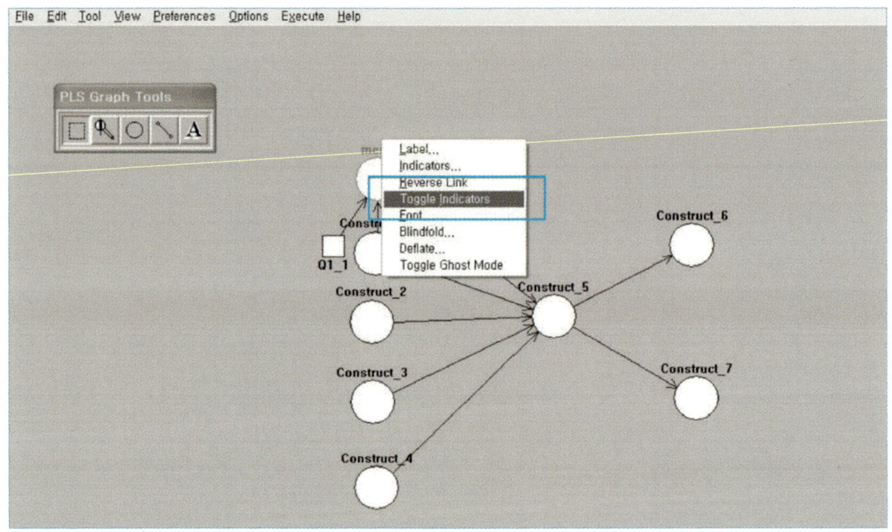


　여기서 다시 해당 잠재변수에 화살표를 대어 오른쪽 마우스를 클릭한 다음, ‘Toggle Indicators’를 클릭하면 측정변수들이 잠재변수 안으로 모두 숨겨지고 해당 잠재변수는 ‘도넛 형태’의 동그라미 형태로 바뀌게 된다. 동일한 방법으로 모든 잠재변수에 대해 변수명을 정의하고, 측정변수들을 지정해 준다. 여기서 반드시 모든 측정변수들은 해당 잠재변수에 대해 조형지표로 지정해 주어야 한다.

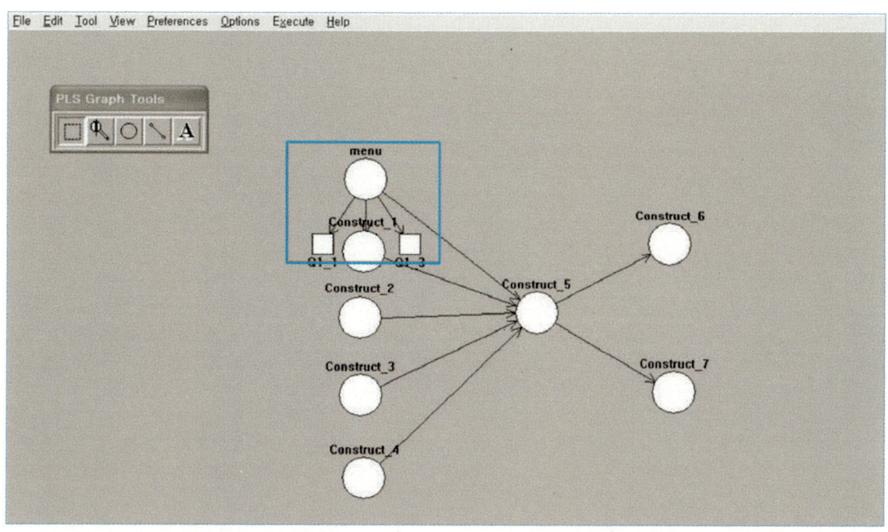

File Edit Tool View Preferences Options Execute Help
PLS Graph Tools
menu
Construct_1
Q1_1    Q1_3
Construct_2
Construct_3
Construct_4
Construct_5
Construct_6
Construct_7


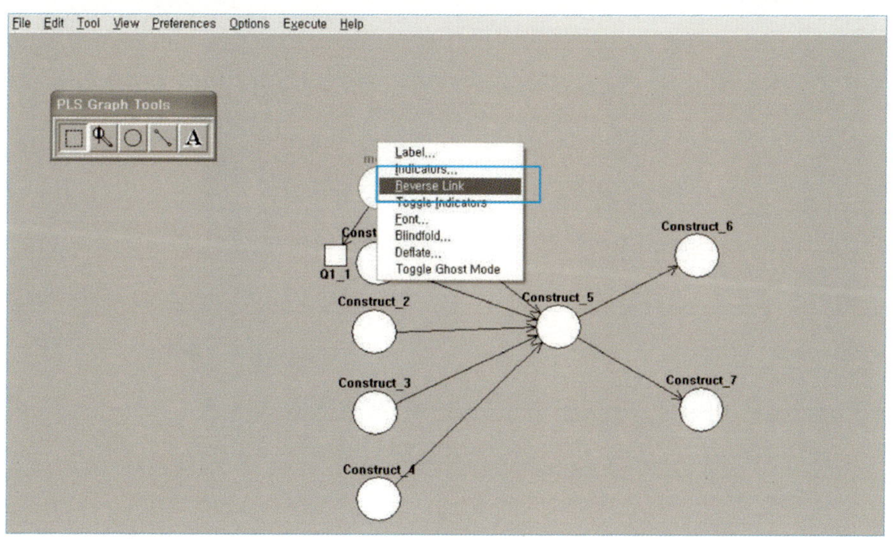

File Edit Tool View Preferences Options Execute Help
PLS Graph Tools
Label...
Indicators...
Reverse Link
Toggle Indicators
Font...
Blindfold...
Deflate...
Toggle Ghost Mode
Const
Q1_1
Construct_2
Construct_3
Construct_4
Construct_5
Construct_6
Construct_7

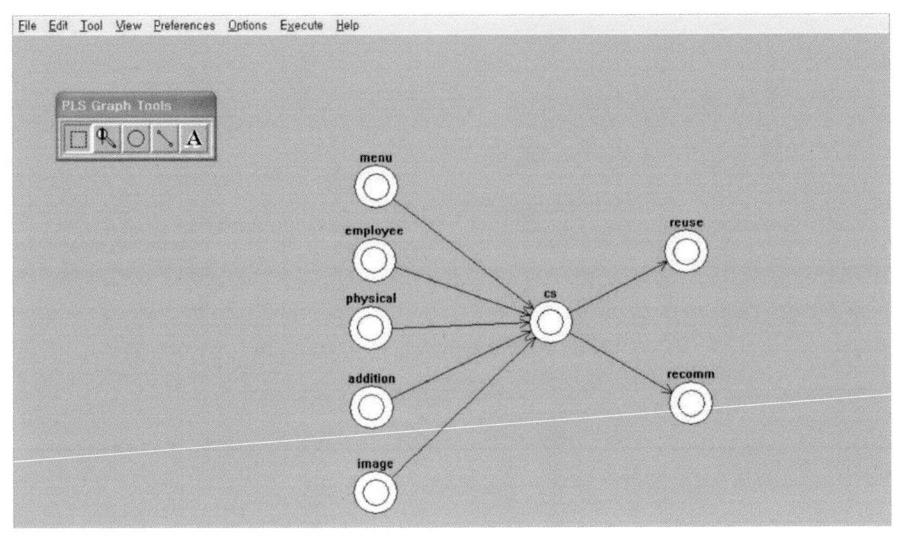


'CS', 'Reuse', 'Recomm' 의 경우 개념은 잠재변수이지만, 실제로 단일 항목으로 측정되어 AMOS의 1단계 접근법에서는 Loyalty를 구성하는 측정변수로 지정하였으나, PLS에서는 측정항목의 수에 상관없이 잠재변수와 측정변수를 구분하여 도형을 지정하도록 되어 있다. 또한, 이렇게 단일 항목으로 정의된 잠재변수는 추후 결과분석에서 이 항목의 영향력(weight)이 '1'로 분석된다. 따라서 'CS', 'Reuse', 'Recomm' 에도 해당되는 단일 항목을 지정하고 Formative로 바꾸어 'Toggle Indicator' 를 선택한다. 모델을 다 그리고 나면 분석창의 상단에 있는 'Options' 메뉴를 클릭하여 'Run' 을 선택한다.

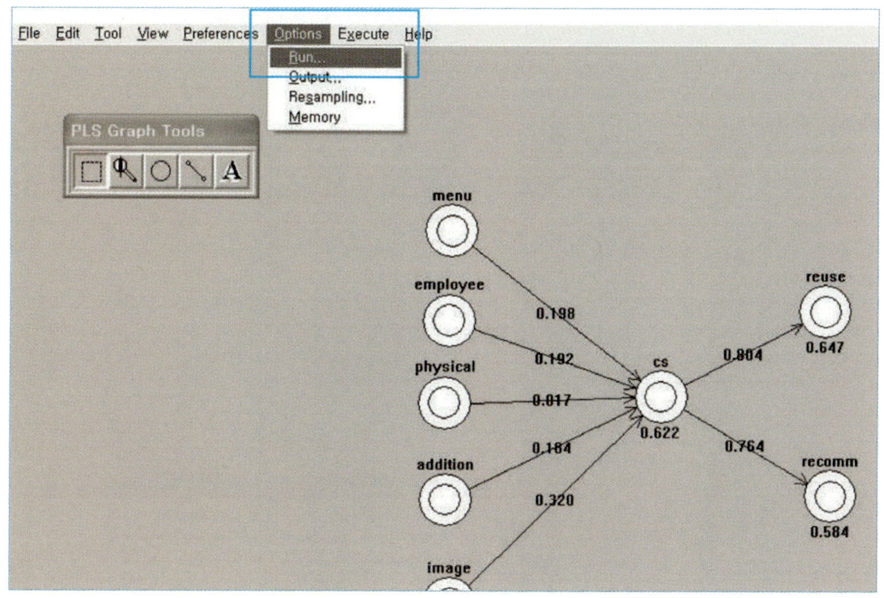

그러면 ‘Run Options’라는 창이 뜨게 되는데, 왼쪽 중간에 있는 ‘Case Selection’을 ‘〈Missing Value〉’로 지정한다.

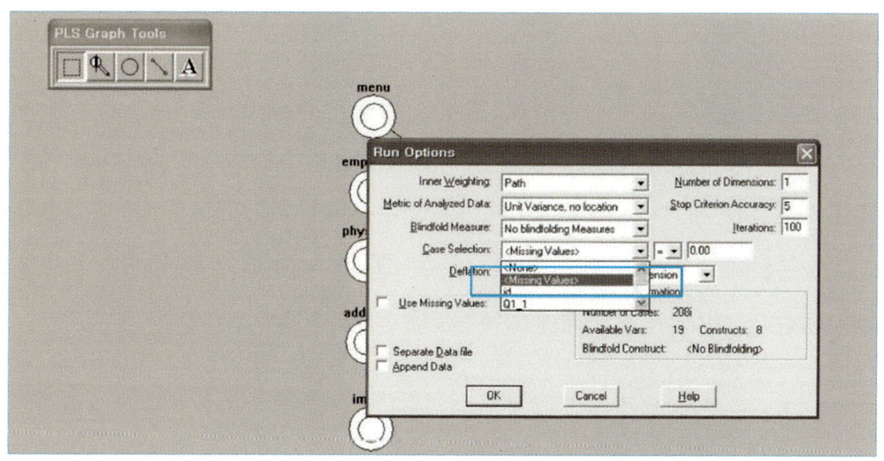

다음으로 하단에 있는 'Use Missing Value'의 좌측 공란에 체크표시가 나오
도록 선택하고, 오른쪽 란에는 '0.00'으로 되어 있는 것을 '-1.00'으로 바꾸어
주어서 결측치를 -1로 지정해 준다. 단, AMOS에서와 마찬가지로 PLS분석에
서도 가급적 결측치를 평균대체하거나 없애고 분석하는 것이 좋다.

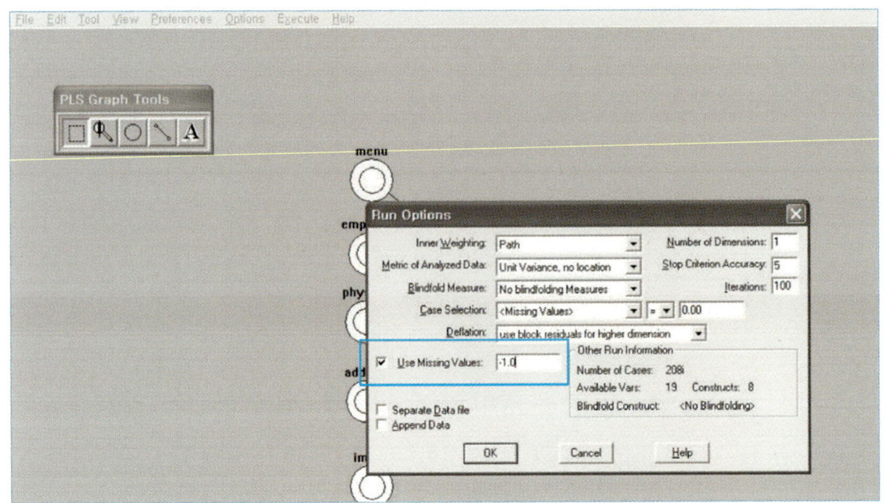


　　이제 모델분석을 위해 PLS 분석 창에서 'PLS Functions'에 있는 맨 왼쪽 도
형을 선택하면 프로그램이 작동하면서 'PLS Deck Generation Results'라는
창이 뜨게 되는데, 이 창에서는 잠재변수의 수, 데이터에 포함된 전체 측정변수
의 수, 분석에 포함된 전체 측정변수의 수, 그리고 데이터의 수에 대한 정보를
제시해 준다. 이 창의 맨 아래에 있는 OK를 선택하면 분석이 이루어진다.

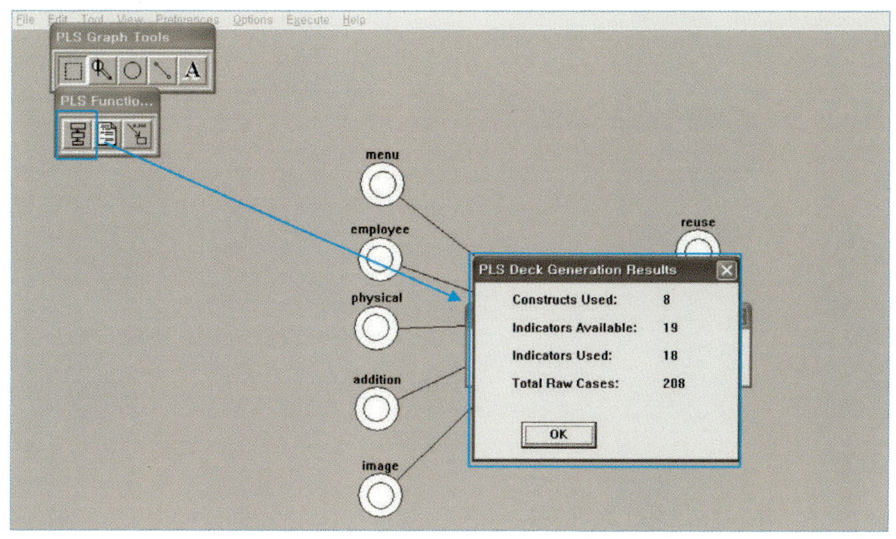



분석이 완료되면 분석창에 있는 모델의 각 화살표와 결과변수의 하단에 분석
결과가 제시된다. 분석결과에서 가장 먼저 체크해야 하는 지표는 바로 결과변
수의 도형 아래에 있는 수치인 R Square이다. 이 지표는 결과변수에 대한 선
행변수들의 설명력으로 이론연구에서는 0.6 이상, 마케팅조사 실무에서는 0.4
이상이면 의미가 있다고 해석할 수 있다. PLS는 AMOS와는 달리 전반적 모델
적합도 지수를 별도로 제공하지 않기 때문에 구조모델에 대한 적합도를 나타내
는 이 R Square값을 이용해 모델의 전반적인 적합도를 평가한다. 아래의 결과
에서는 Menu부터 Image까지의 원인변수들이 고객만족을 설명하는 설명력은
0.622, 고객만족 – 계속이용의향  0.647, 고객만족 – 타인추천의향은 0.584
로 모델을 구성하는 모든 구조모델이 의미가 있다고 해석할 수 있다.

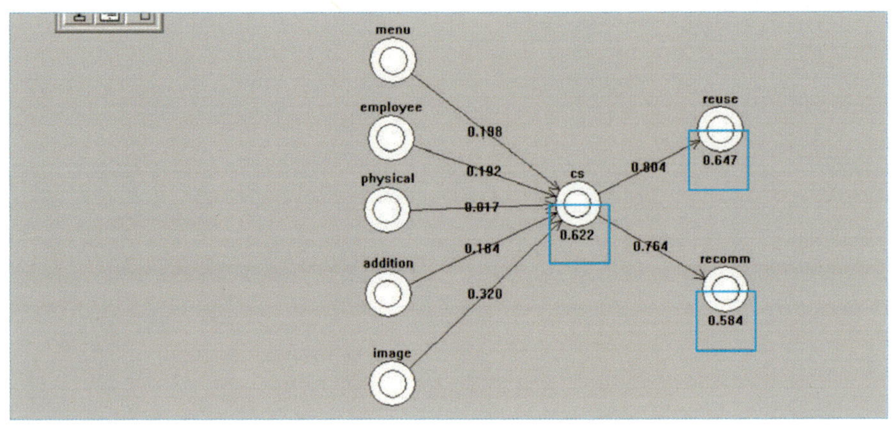

　분석결과에서 각 화살표에 있는 수치는 경로계수로서 해당 원인변수의 한 단위 증가에 따른 결과변수의 변화량을 의미하는 것으로 PLS에서는 이 값을 '영향력(Impact)'이라고 하며, AMOS에서 표준화된 회귀계수(Standardized Regression Weights)와 같은 개념이다. 아래의 분석결과를 살펴보면 Image, Menu, Employee 순으로 고객만족에 미치는 영향력이 큰 것으로 나타나 앞서 AMOS 분석결과와 유사한 경향을 보인다.

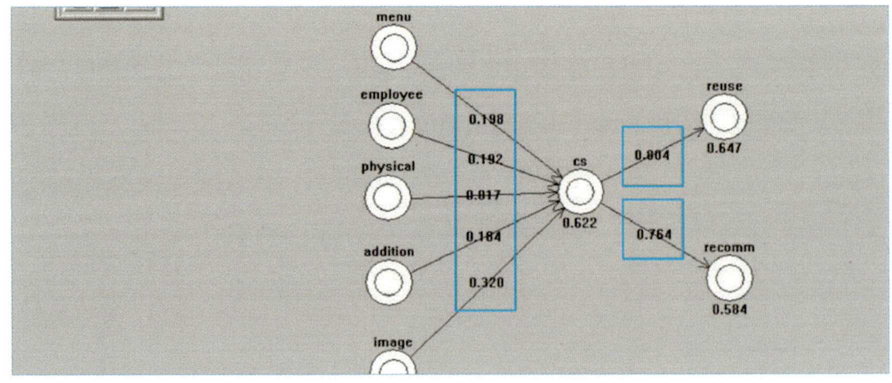

참고로 ACSI를 개발한 Claes Fornell 교수가 운영하는 컨설팅 회사인 CFI Group에서는 이 영향력(Impact)값에 대한 해석을 100점 만점을 기준으로 원인변수가 5점 변화할 때의 결과변수의 변화량에 대한 예측으로 정의하고 있으며, 같은 알고리즘을 가진 PLS에서 영향력에 대한 서로 다른 해석은 수학적 계산식의 차이가 아니라 동일하게 계산된 결과에 대한 해석 차이라고 할 수 있다. 또한 이 영향력값을 어떻게 해석하든지 간에 결과변수의 변화량에 대한 선행변수의 예측치로서 오차가 존재한다는 점을 상기할 필요가 있다.

PLS는 데이터의 분포를 바탕으로 분석하는 것이 아니기 때문에 분석결과로 제시되는 잠재변수 및 관측변수들의 경로계수에 대한 통계적 검증을 위해 부트스트랩핑(Bootstrapping)을 해야 한다. 부트스트랩핑이란 전체 표본 중 일부 표본을 무작위로 선택해서 이 일부 표본을 가지고 동일한 분석을 시행하는 과정을 여러 번 반복해서 통계적 검증을 하는 것을 말한다. 분석창의 'Options' 메뉴에서 'Resampling'을 선택하면 'Resampling Options'라는 분석창이 나타난다.

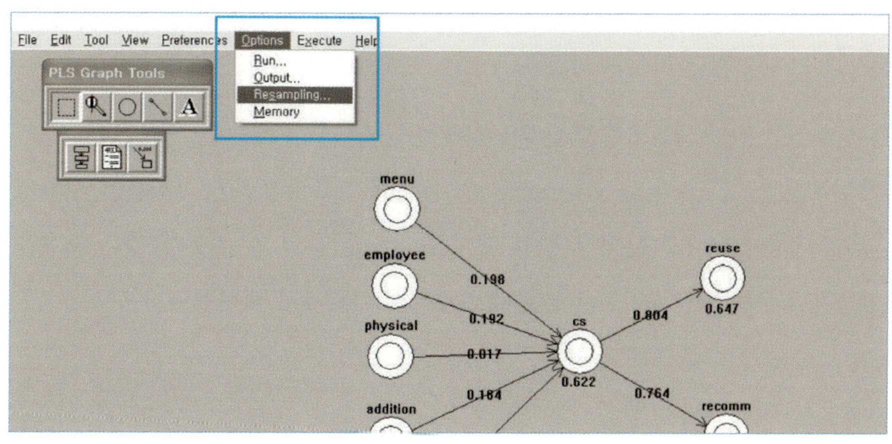

창의 왼쪽 중간쯤에 있는 'Bootstrap Options' 에서 'Number of Samples' 가 기본적으로 100으로 되어 있는데 가급적 500~1,000으로 지정하는 것이 좋다. 여기서 이 숫자들의 의미는 경로계수들의 검증을 위해 분석데이터에서 임의로 표본을 다시 뽑아 분석하는 것을 해당 숫자만큼 반복하라는 의미로서 숫자가 높으면 높을수록 좋으나, 분석시간도 그만큼 더 많이 소요되게 된다.

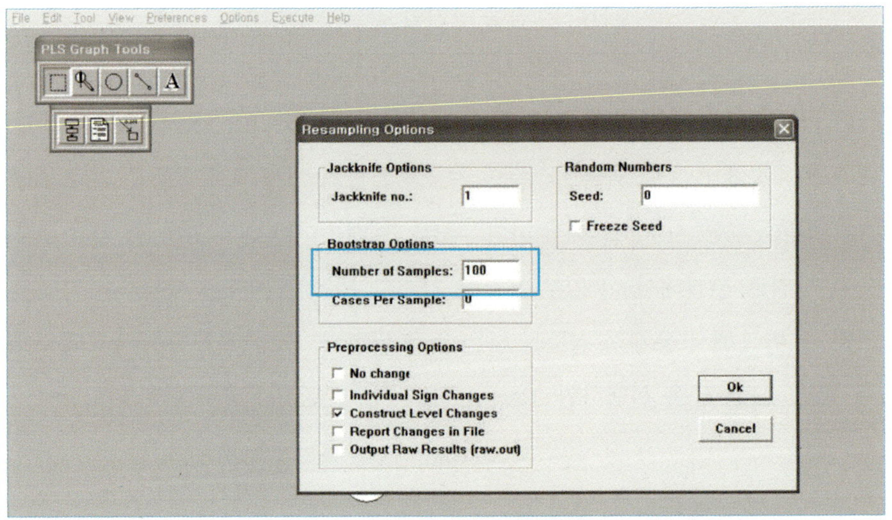

부트스트랩을 반복 시행할 횟수를 정해준 다음, 분석창의 메뉴에서 'Execute' 메뉴에 있는 'Generate Bootstrap' 을 선택하면 프로그램이 분석을 실시하게 되며, 분석이 끝나고 분석창에서 'PLS Fuctions' 창의 맨 왼쪽에 있는 도형을 선택하면 부트스트랩 이전과 동일한 결과의 분석결과가 제시된다.

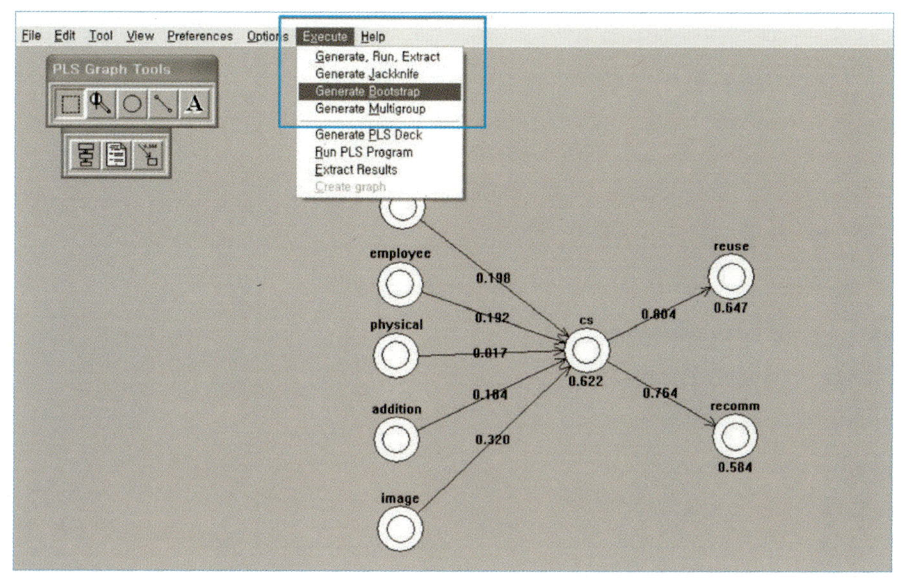

이제 부트스트랩을 시행한 결과를 보기 위해 분석 자료가 있는 폴더에 분석결과로 생성된 'Boot.out' 이라는 파일을 찾아서 연다.

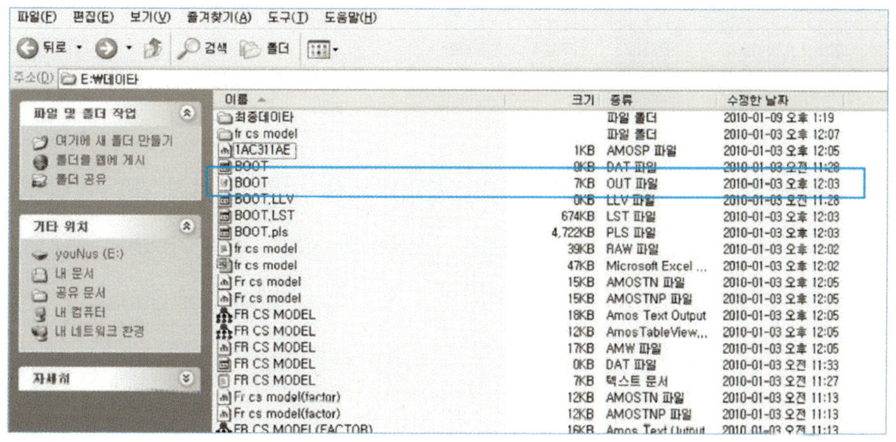

Text로 된 부트스트랩의 주요 분석결과를 살펴보면, 맨 위쪽에 분석데이터의 크기와 부트스트랩 시행횟수가 제시된다.

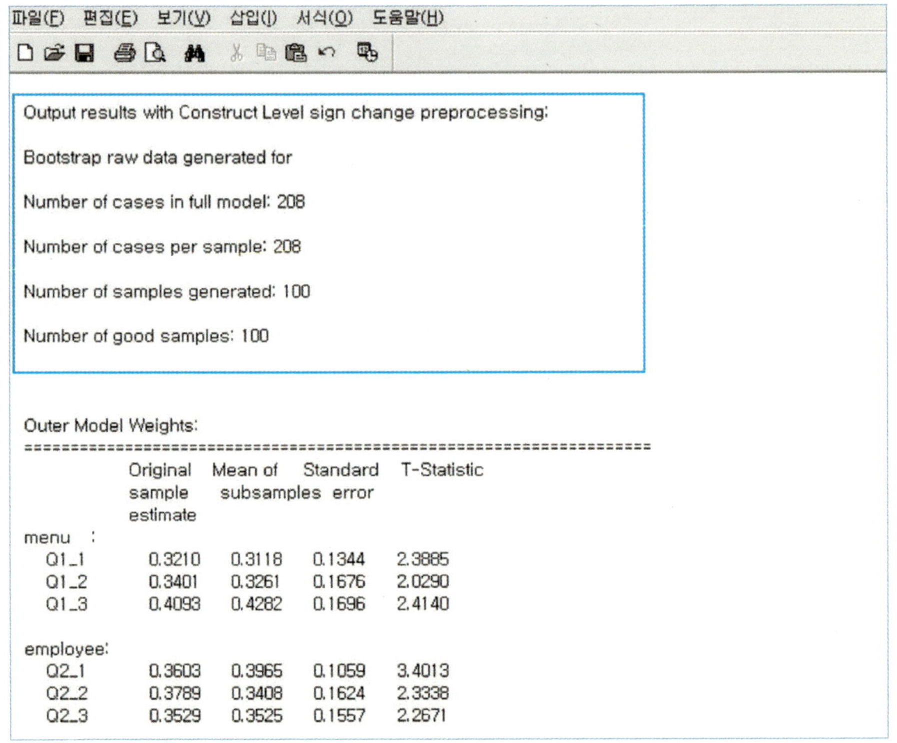


그다음에는 조형지표로서 각 측정변수의 해당 잠재변수에 대한 가중치 및 통계적 검정량인 t값을 나타내는 'Outer Model Weights'가 나와 있다. 여기서 Original Sample Estimate가 분석결과를 의미하며, Mean of Subsample은 Bootstrap을 통해 계산된 결과들의 평균을 말한다. 그 옆에는 'Standard Error'와 T 통계량이 제시되어 있다.

Original Sample Estimate는 회귀분석에서의 베타값과 같은 것으로 각 측정변수가 해당 잠재변수에 미치는 상대적인 영향력을 나타낸다. 이 값들은 원래 모두 더하면 1이 되어야 하나 PLS 알고리즘 특성상 이 값들의 합이 1을 넘어 다소 과대하게 계산되어 있음을 알 수 있다. 실무에서는 이 값들을 모두 더한 후 다시 변수별 값을 분자로 두고 나누는 재백분율(변수별 값/모든 변수별 합산)을 통해 중요도 값으로 활용하고 있다.

마케팅조사 실무에서는 각 측정변수의 통계적 유의성을 나타내는 T 통계량을 별로 신경 쓰지 않는다. 그 이유는 이론연구에서와는 달리 특정변수가 통계적으로 유의하지 않다고 해서 분석결과에서 해당 변수를 제외할 수 없는 현실적인 측면이 있으며, 아래에서 보는 바와 같이 해당 잠재변수에 미치는 영향력인 Original Sample Estimate가 크면 클수록 T 통계량도 비례하여 커져 중요도가 높을수록 통계적으로 유의하게 되므로 중요도를 주요 분석기준으로 삼으면서 자연스럽게 통계적 영향력도 고려되기 때문이다.

'Outer Model Weights'의 아래쪽에는 반영지표로서 각 측정변수에 대한 해당 잠재변수의 요인적재값 및 해당 측정모델에 대한 사후검증 통계량이라고 할 수 있는 CR과 AVE가 제시되어 있는 'Outer Model Loadings'가 순서대로 제시되어 있다.

여기서의 Original Sample Estimate는 해당 잠재변수와 측정변수의 상관계로서 요인분석에서의 요인적재값과 동일한 의미를 지닌다. 아래의 결과를 살펴보면 모든 측정변수들이 0.8 이상의 높은 값을 나타내고 있다. 측정모델에 대한 사후적 검증 지표라고 할 수 있는 CR값과 AVE도 모두 0.8 이상으로 나타나 일반적인 수용기준(CR 0.6 이상, AVE 0.5 이상)을 충족하고 있음을 알 수 있다. 측정 모델의 신뢰성과 타당성은 이미 사전적으로 검증하였으므로 여기서 제시되는 CR값과 AVE는 참고로만 보면 된다.



```
Outer Model Weights:
==================================================================

           Original    Mean of    Standard   T-Statistic
           sample      subsamples error
           estimate
menu   :
    Q1_1   0.3210      0.3118     0.1344     2.3885
    Q1_2   0.3401      0.3261     0.1676     2.0290
    Q1_3   0.4093      0.4282     0.1696     2.4140

employee:
    Q2_1   0.3603      0.3965     0.1059     3.4013
    Q2_2   0.3789      0.3408     0.1624     2.3338
    Q2_3   0.3529      0.3525     0.1557     2.2671

physical:
    Q3_1   0.2264      0.2365     0.1814     1.2483
    Q3_2   0.2794      0.2847     0.2312     1.2084
    Q3_3   0.5550      0.5317     0.1982     2.8003

addition:
    Q4_1   0.2868      0.3182     0.3917     0.7321
    Q4_2   0.3286      0.2986     0.4179     0.7863
    Q4_3   0.4431      0.4348     0.1525     2.9063

image  :
    Q5_1   0.4800      0.4885     0.1524     3.1500
    Q5_2   0.0451      0.0890     0.2110     0.2138
    Q5_3   0.5283      0.4710     0.2000     2.6414

cs     :
    Q6     1.0000      1.0000     0.0000     0.0000
```

실무에서 구조방정식 분석을 위해 신뢰성과 타당성 분석을 시행해 보면 일반
적인 수용기준을 충족하지 못하는 경우가 종종 있게 된다. 이러한 경우에는 CR
값과 AVE값을 활용해 사후적 검증으로 신뢰성과 타당성을 확보할 수 도 있다.
앞서 살펴본 바와 같이 현재까지 학계에서조차 신뢰성과 타당성 분석에 대한
명확한 기준이나 원칙은 없기 때문에 논리적으로 문제가 되지 않는 수준에서
신뢰성과 타당성을 확보하면 되기 때문이다.

```
파일(F)  편집(E)  보기(V)  삽입(I)  서식(O)  도움말(H)

Outer Model Loadings:
================================================================

            Original   Mean of     Standard   T-Statistic
            sample     subsamples  error
            estimate
menu   :
(Composite Reliability =    0.952 , AVE =    0.869 )
    Q1_1      0.9030     0.8919     0.0376     23.9867
    Q1_2      0.9359     0.9242     0.0337     27.7709
    Q1_3      0.9575     0.9520     0.0231     41.5131

employee:
(Composite Reliability =    0.940 , AVE =    0.838 )
    Q2_1      0.8865     0.8893     0.0362     24.5220
    Q2_2      0.9355     0.9195     0.0333     28.0631
    Q2_3      0.9241     0.9118     0.0346     26.6857

physical:
(Composite Reliability =    0.952 , AVE =    0.870 )
    Q3_1      0.8881     0.8798     0.0523     16.9849
    Q3_2      0.9429     0.9318     0.0356     26.4902
    Q3_3      0.9649     0.9518     0.0308     31.3253

addition:
(Composite Reliability =    0.963 , AVE =    0.897 )
    Q4_1      0.9538     0.9491     0.0267     35.7203
    Q4_2      0.9608     0.9549     0.0263     36.5825
    Q4_3      0.9267     0.9166     0.0402     23.0802

image  :
(Composite Reliability =    0.957 , AVE =    0.880 )
    Q5_1      0.9459     0.9415     0.0294     32.1885
    Q5_2      0.9130     0.9088     0.0097     23.0066
    Q5_3      0.9555     0.9408     0.0329     29.0303
```

마지막으로 분석결과의 맨 아래에는 잠재변수 간의 관계를 나타내는 영향력 및 t값이 각각 제시되어 있다. 영향력은 앞서 모델구조에서 이미 확인하였으며, 경로계수별 t값을 여기서 확인하면 된다. 상대적인 영향력이 크면 클수록 t값 또한 비례하여 크다는 것을 알 수 있다.

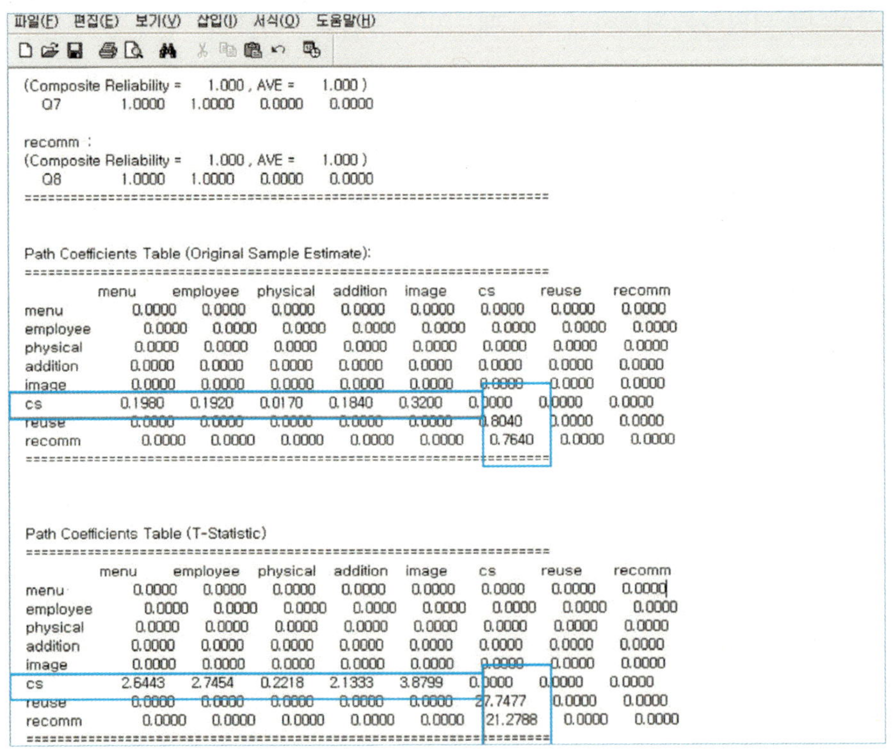



앞서 PLS의 단점으로 언급되었던 계수들의 과대, 과소추정의 사례를 분석결과에서 확인할 수 있는데, Outer Model Weights에 있는 각 측정변수의 Weight합은 평균 1.2에서 1.3을 상회하여 계수들이 과대추정되어 있으며, 각

잠재변수 간 영향력값들의 합은 평균 0.8 정도를 보여 과소추정되어 있음을 알수 있다.

PLS에서는 AMOS와는 달리 잠재변수가 측정변수들의 선형조합에 의해 직접 계산될 수 있으며 상기 예에서 'Outer Model Weights'에 있는 각 측정변수의 Weight값을 재백분한 값과 점수를 가중평균하면 해당 잠재변수의 점수가 되며, 이렇게 계산된 잠재변수들을 이용해 PLS에서 경로분석을 실시하면 현재와 동일한 각 잠재변수 간 영향력값이 얻어진다.

실제로 조형지표가 되는지 검증해 보자. 먼저 잠재변수에 대한 측정변수들의 가중치인 'Outer Model Weights'에서 Original Sample Estimate값이 포함된 영역을 카피해서 엑셀에 붙여넣는다.

```
Outer Model Weights:
=================================================================
            Original    Mean of     Standard    T-Statistic
            sample      subsamples  error
            estimate
menu   :
   Q1_1     0.3210      0.3118      0.1344      2.3885
   Q1_2     0.3401      0.3261
   Q1_3     0.4093      0.4282

employee:
   Q2_1     0.3603      0.3965
   Q2_2     0.3789      0.3408
   Q2_3     0.3529      0.3525

physical:
   Q3_1     0.2264      0.2365
   Q3_2     0.2794      0.2847      0.2312      1.2084
   Q3_3     0.5550      0.5317      0.1982      2.8003

addition:
   Q4_1     0.2868      0.3182      0.3917      0.7321
   Q4_2     0.3286      0.2986      0.4179      0.7863
   Q4_3     0.4431      0.4348      0.1525      2.9063
```

| | A | B | C | D | E | F | G | H | I |
|---|---|---|---|---|---|---|---|---|---|
| 1 | | | | | | | | | |
| 2 | | | | | | | | | |
| 3 | | menu    : | | | | | | | |
| 4 | | Q1_1 | 0.3210 | 0.3118 | 0.1344 | 2.3885 | | | |
| 5 | | Q1_2 | 0.3401 | 0.3261 | 0.1676 | 2.0290 | | | |
| 6 | | Q1_3 | 0.4093 | 0.4282 | 0.1696 | 2.4140 | | | |
| 7 | | | | | | | | | |
| 8 | | employee: | | | | | | | |
| 9 | | Q2_1 | 0.3603 | 0.3965 | 0.1059 | 3.4013 | | | |
| 10 | | Q2_2 | 0.3789 | 0.3408 | 0.1624 | 2.3338 | | | |
| 11 | | Q2_3 | 0.3529 | 0.3525 | 0.1557 | 2.2671 | | | |
| 12 | | | | | | | | | |
| 13 | | physical: | | | | | | | |
| 14 | | Q3_1 | 0.2264 | 0.2365 | 0.1814 | 1.2483 | | | |
| 15 | | Q3_2 | 0.2794 | 0.2847 | 0.2312 | 1.2084 | | | |

엑셀에서 분석결과를 셀별로 분리하기 위해서 붙여넣기를 한 열(B열)을 블록
으로 잡은 뒤 메뉴에서 '데이터' – '텍스트 나누기'를 순서대로 선택한다.

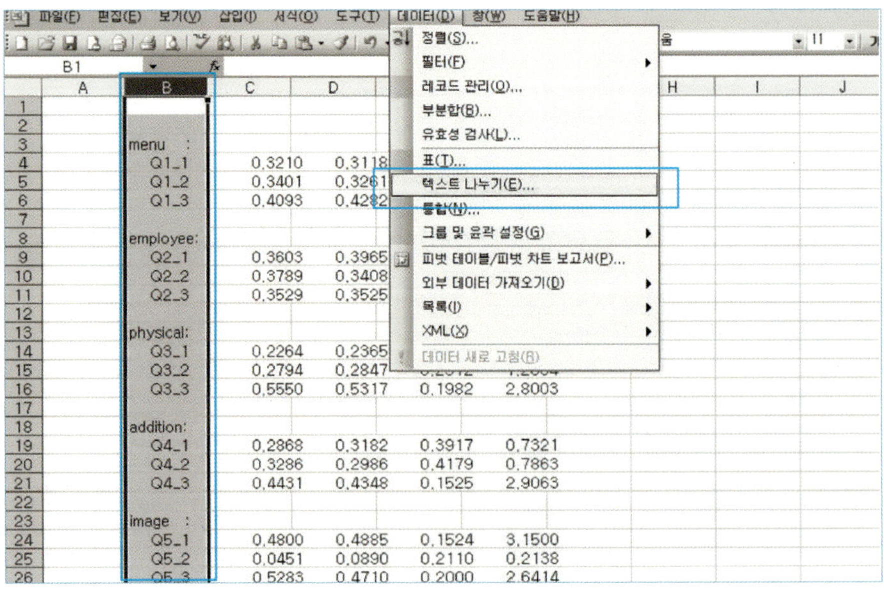

텍스트 마법사 창에서 단계별로 '다음'과 '마침'을 차례대로 선택한다.

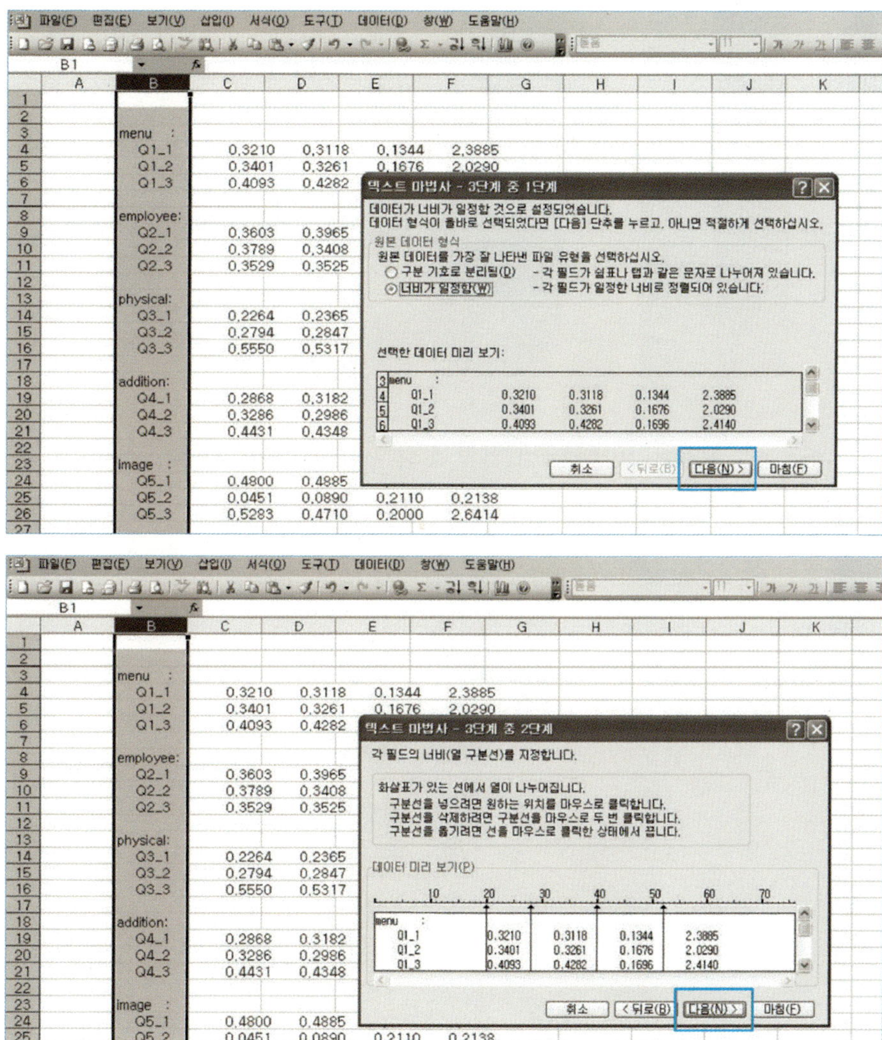

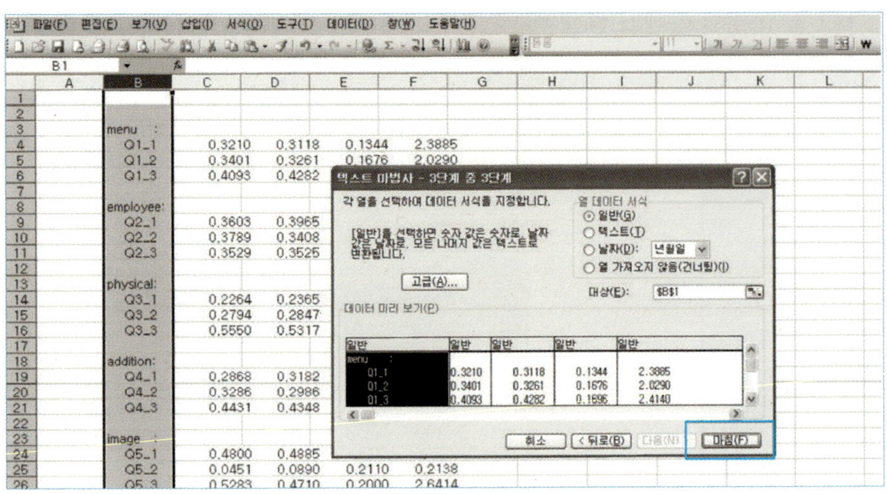

그러면 최종적으로 분석결과의 각 숫자를 셀별로 입력되게 된다. 여기서 맨 왼쪽에 있는 Weight값만 제외하고 다른 모든 열은 삭제한 다음, 각 잠재변수에 속해 있는 측정변수들의 Weight값들의 합계를 낸다.

| | A | B | C | D | E | F | G | H | I | J |
|---|---|---|---|---|---|---|---|---|---|---|
| 1 | | menu : | | | | | | | | |
| 2 | | Q1_1 | 0.321 | 0.3118 | 0.1344 | 2.3885 | | | | |
| 3 | | Q1_2 | 0.3401 | 0.3261 | 0.1676 | 2.029 | | | | |
| 4 | | Q1_3 | 0.4093 | 0.4282 | 0.1696 | 2.414 | | | | |
| 5 | | | | | | | | | | |
| 6 | | employee: | | | | | | | | |
| 7 | | Q2_1 | 0.3603 | 0.3965 | 0.1059 | 3.4013 | | | | |
| 8 | | Q2_2 | 0.3789 | 0.3408 | 0.1624 | 2.3338 | | | | |
| 9 | | Q2_3 | 0.3529 | 0.3525 | 0.1557 | 2.2671 | | | | |
| 10 | | | | | | | | | | |
| 11 | | physical: | | | | | | | | |
| 12 | | Q3_1 | 0.2264 | 0.2365 | 0.1814 | 1.2483 | | | | |
| 13 | | Q3_2 | 0.2794 | 0.2847 | 0.2312 | 1.2084 | | | | |
| 14 | | Q3_3 | 0.555 | 0.5317 | 0.1982 | 2.8003 | | | | |
| 15 | | | | | | | | | | |
| 16 | | addition: | | | | | | | | |
| 17 | | Q4_1 | 0.2868 | 0.3182 | 0.3917 | 0.7321 | | | | |
| 18 | | Q4_2 | 0.3286 | 0.2986 | 0.4179 | 0.7863 | | | | |
| 19 | | Q4_3 | 0.4431 | 0.4348 | 0.1525 | 2.9063 | | | | |
| 20 | | | | | | | | | | |
| 21 | | image : | | | | | | | | |
| 22 | | Q5_1 | 0.48 | 0.4885 | 0.1524 | 3.15 | | | | |
| 23 | | Q5_2 | 0.0451 | 0.089 | 0.211 | 0.2138 | | | | |
| 24 | | Q5_3 | 0.5283 | 0.471 | 0.2 | 2.6414 | | | | |

|   | A | B | C | D | E | F | G | H | I |
|---|---|---|---|---|---|---|---|---|---|
| 1 |   |   |   |   |   |   |   |   |   |
| 2 |   | menu    : |   |   |   |   |   |   |   |
| 3 |   | Q1_1 | 0.321 |   |   |   |   |   |   |
| 4 |   | Q1_2 | 0.3401 |   |   |   |   |   |   |
| 5 |   | Q1_3 | 0.4093 |   |   |   |   |   |   |
| 6 |   |   | 1.0704 |   |   |   |   |   |   |
| 7 |   | employee: |   |   |   |   |   |   |   |
| 8 |   | Q2_1 | 0.3603 |   |   |   |   |   |   |
| 9 |   | Q2_2 | 0.3789 |   |   |   |   |   |   |
| 10 |   | Q2_3 | 0.3529 |   |   |   |   |   |   |
| 11 |   |   | 1.0921 |   |   |   |   |   |   |
| 12 |   | physical: |   |   |   |   |   |   |   |
| 13 |   | Q3_1 | 0.2264 |   |   |   |   |   |   |
| 14 |   | Q3_2 | 0.2794 |   |   |   |   |   |   |
| 15 |   | Q3_3 | 0.555 |   |   |   |   |   |   |
| 16 |   |   | 1.0608 |   |   |   |   |   |   |
| 17 |   | addition: |   |   |   |   |   |   |   |
| 18 |   | Q4_1 | 0.2868 |   |   |   |   |   |   |
| 19 |   | Q4_2 | 0.3286 |   |   |   |   |   |   |
| 20 |   | Q4_3 | 0.4431 |   |   |   |   |   |   |
| 21 |   |   | 1.0585 |   |   |   |   |   |   |
| 22 |   | image    : |   |   |   |   |   |   |   |
| 23 |   | Q5_1 | 0.48 |   |   |   |   |   |   |
| 24 |   | Q5_2 | 0.0451 |   |   |   |   |   |   |
| 25 |   | Q5_3 | 0.5283 |   |   |   |   |   |   |
| 26 |   |   | 1.0534 |   |   |   |   |   |   |

그런 다음 잠재변수별 측정변수들의 Weight값을 재백분하기 위해 앞서 각 측정변수들의 오른쪽 옆 열에 '각 측정변수의 값/측정변수들의 합계'를 계산한다. 여기서 계산한 값들을 합산해 보면 '1'이 됨을 알 수 있다. 동일한 방식으로 모든 잠재변수에 대해 재백분값을 계산해 준다.

|   | A | B | C | D | E | F | G | H | I | J |
|---|---|---|---|---|---|---|---|---|---|---|
| 1 |   |   |   |   |   |   |   |   |   |   |
| 2 |   | menu    : |   |   |   |   |   |   |   |   |
| 3 |   | Q1_1 | 0.321 | 0.300 |   |   |   |   |   |   |
| 4 |   | Q1_2 | 0.3401 | 0.318 |   |   |   |   |   |   |
| 5 |   | Q1_3 | 0.4093 | 0.382 |   |   |   |   |   |   |
| 6 |   |   | 1.0704 | 1.000 |   |   |   |   |   |   |
| 7 |   | employee: |   |   |   |   |   |   |   |   |
| 8 |   | Q2_1 | 0.3603 |   |   |   |   |   |   |   |
| 9 |   | Q2_2 | 0.3789 |   |   |   |   |   |   |   |
| 10 |   | Q2_3 | 0.3529 |   |   |   |   |   |   |   |
| 11 |   |   | 1.0921 |   |   |   |   |   |   |   |
| 12 |   | physical: |   |   |   |   |   |   |   |   |
| 13 |   | Q3_1 | 0.2264 |   |   |   |   |   |   |   |
| 14 |   | Q3_2 | 0.2794 |   |   |   |   |   |   |   |
| 15 |   | Q3_3 | 0.555 |   |   |   |   |   |   |   |
| 16 |   |   | 1.0608 |   |   |   |   |   |   |   |

|  | A | B | C | D | E | F | G |
|---|---|---|---|---|---|---|---|
| 1 |  |  |  |  |  |  |  |
| 2 |  | menu　　: |  |  |  |  |  |
| 3 |  | Q1_1 | 0.321 | 0.300 |  |  |  |
| 4 |  | Q1_2 | 0.3401 | 0.318 |  |  |  |
| 5 |  | Q1_3 | 0.4093 | 0.382 |  |  |  |
| 6 |  |  | 1.0704 | 1.000 |  |  |  |
| 7 |  | employee: |  |  |  |  |  |
| 8 |  | Q2_1 | 0.3603 | 0.330 |  |  |  |
| 9 |  | Q2_2 | 0.3789 | 0.347 |  |  |  |
| 10 |  | Q2_3 | 0.3529 | 0.323 |  |  |  |
| 11 |  |  | 1.0921 | 1.000 |  |  |  |
| 12 |  | physical: |  |  |  |  |  |
| 13 |  | Q3_1 | 0.2264 | 0.213 |  |  |  |
| 14 |  | Q3_2 | 0.2794 | 0.263 |  |  |  |
| 15 |  | Q3_3 | 0.555 | 0.523 |  |  |  |
| 16 |  |  | 1.0608 | 1.000 |  |  |  |
| 17 |  | addition: |  |  |  |  |  |
| 18 |  | Q4_1 | 0.2868 | 0.271 |  |  |  |
| 19 |  | Q4_2 | 0.3286 | 0.310 |  |  |  |
| 20 |  | Q4_3 | 0.4431 | 0.419 |  |  |  |
| 21 |  |  | 1.0585 | 1.000 |  |  |  |
| 22 |  | image　　: |  |  |  |  |  |
| 23 |  | Q5_1 | 0.48 | 0.456 |  |  |  |
| 24 |  | Q5_2 | 0.0451 | 0.043 |  |  |  |
| 25 |  | Q5_3 | 0.5283 | 0.502 |  |  |  |
| 26 |  |  | 1.0534 | 1.000 |  |  |  |
| 27 |  |  |  |  |  |  |  |

　　이제는 계산된 재백분값들을 이용해 잠재변수별 측정변수의 응답값과 곱해주어 가중평균을 만들어야 한다. 먼저 패밀리 레스토랑 고객만족도 모델의 엑셀로 된 데이터 파일을 연 후 열에 있는 잠재변수별 측정변수의 맨 오른쪽에 새로운 열을 삽입한다. 그리고 두 번째 행에 빈 행을 하나 삽입한다.

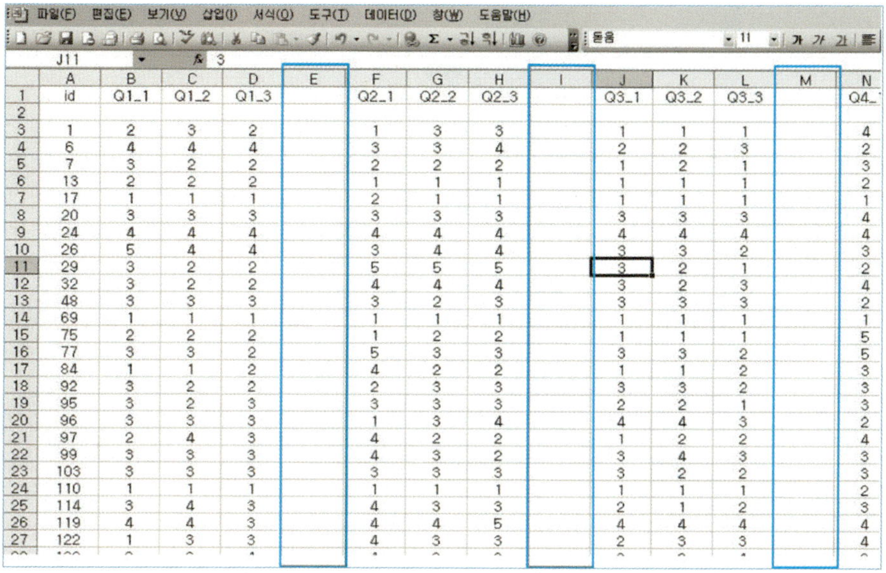

| | A | B | C | D | E | F | G | H | I | J | K | L | M | N |
|---|---|---|---|---|---|---|---|---|---|---|---|---|---|---|
| 1 | id | Q1_1 | Q1_2 | Q1_3 | | Q2_1 | Q2_2 | Q2_3 | | Q3_1 | Q3_2 | Q3_3 | | Q4_ |
| 2 | | | | | | | | | | | | | | |
| 3 | 1 | 2 | 3 | 2 | | 1 | 3 | 3 | | 1 | 1 | 1 | | 4 |
| 4 | 6 | 4 | 4 | 4 | | 3 | 3 | 4 | | 2 | 2 | 3 | | 2 |
| 5 | 7 | 3 | 2 | 2 | | 2 | 2 | 2 | | 1 | 2 | 1 | | 3 |
| 6 | 13 | 2 | 2 | 2 | | 1 | 1 | 1 | | 1 | 1 | 1 | | 2 |
| 7 | 17 | 1 | 1 | 1 | | 2 | 1 | 1 | | 1 | 1 | 1 | | 1 |
| 8 | 20 | 3 | 3 | 3 | | 3 | 3 | 3 | | 3 | 3 | 3 | | 4 |
| 9 | 24 | 4 | 4 | 4 | | 4 | 4 | 4 | | 4 | 4 | 4 | | 4 |
| 10 | 26 | 5 | 4 | 4 | | 3 | 4 | 4 | | 3 | 3 | 2 | | 3 |
| 11 | 29 | 3 | 2 | 2 | | 5 | 5 | 5 | | 3 | 2 | 1 | | 2 |
| 12 | 32 | 3 | 2 | 2 | | 4 | 4 | 4 | | 3 | 2 | 3 | | 4 |
| 13 | 48 | 3 | 3 | 3 | | 3 | 2 | 3 | | 3 | 3 | 3 | | 2 |
| 14 | 69 | 1 | 1 | 1 | | 1 | 1 | 1 | | 1 | 1 | 1 | | 1 |
| 15 | 75 | 2 | 2 | 2 | | 1 | 2 | 2 | | 1 | 1 | 1 | | 5 |
| 16 | 77 | 3 | 3 | 2 | | 5 | 3 | 3 | | 3 | 3 | 2 | | 5 |
| 17 | 84 | 1 | 1 | 2 | | 4 | 2 | 2 | | 1 | 1 | 2 | | 3 |
| 18 | 92 | 3 | 2 | 2 | | 2 | 3 | 3 | | 3 | 3 | 2 | | 3 |
| 19 | 95 | 3 | 2 | 3 | | 3 | 3 | 3 | | 2 | 2 | 1 | | 3 |
| 20 | 96 | 3 | 3 | 3 | | 1 | 3 | 4 | | 4 | 4 | 3 | | 2 |
| 21 | 97 | 2 | 4 | 3 | | 4 | 2 | 2 | | 1 | 2 | 2 | | 4 |
| 22 | 99 | 3 | 3 | 3 | | 4 | 3 | 2 | | 3 | 4 | 3 | | 3 |
| 23 | 103 | 3 | 3 | 3 | | 3 | 3 | 3 | | 3 | 2 | 2 | | 3 |
| 24 | 110 | 1 | 1 | 1 | | 1 | 1 | 1 | | 1 | 1 | 1 | | 2 |
| 25 | 114 | 3 | 4 | 3 | | 4 | 3 | 3 | | 2 | 1 | 2 | | 3 |
| 26 | 119 | 4 | 4 | 3 | | 4 | 4 | 5 | | 4 | 4 | 4 | | 4 |
| 27 | 122 | 1 | 3 | 3 | | 4 | 3 | 3 | | 2 | 3 | 3 | | 4 |

다음으로 앞서 엑셀에서 재백분한 Weight값들을 두 번째 행에 '붙여넣기' − '행/열 바꿈'으로 붙여넣는다. 이제는 앞서 삽입한 열에 각 변수의 응답치와 Weight의 합인 가중평균값을 계산해 넣는다.

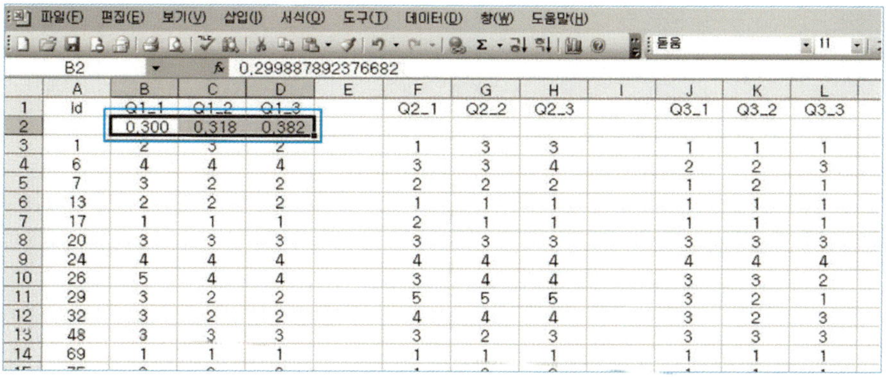

| | A | B | C | D | E | F | G | H | I | J | K | L |
|---|---|---|---|---|---|---|---|---|---|---|---|---|
| 1 | id | Q1_1 | Q1_2 | Q1_3 | | Q2_1 | Q2_2 | Q2_3 | | Q3_1 | Q3_2 | Q3_3 |
| 2 | | 0.300 | 0.318 | 0.382 | | | | | | | | |
| 3 | 1 | 2 | 3 | 2 | | 1 | 3 | 3 | | 1 | 1 | 1 |
| 4 | 6 | 4 | 4 | 4 | | 3 | 3 | 4 | | 2 | 2 | 3 |
| 5 | 7 | 3 | 2 | 2 | | 2 | 2 | 2 | | 1 | 2 | 1 |
| 6 | 13 | 2 | 2 | 2 | | 1 | 1 | 1 | | 1 | 1 | 1 |
| 7 | 17 | 1 | 1 | 1 | | 2 | 1 | 1 | | 1 | 1 | 1 |
| 8 | 20 | 3 | 3 | 3 | | 3 | 3 | 3 | | 3 | 3 | 3 |
| 9 | 24 | 4 | 4 | 4 | | 4 | 4 | 4 | | 4 | 4 | 4 |
| 10 | 26 | 5 | 4 | 4 | | 3 | 4 | 4 | | 3 | 3 | 2 |
| 11 | 29 | 3 | 2 | 2 | | 5 | 5 | 5 | | 3 | 2 | 1 |
| 12 | 32 | 3 | 2 | 2 | | 4 | 4 | 4 | | 3 | 2 | 3 |
| 13 | 48 | 3 | 3 | 3 | | 3 | 2 | 3 | | 3 | 3 | 3 |
| 14 | 69 | 1 | 1 | 1 | | 1 | 1 | 1 | | 1 | 1 | 1 |

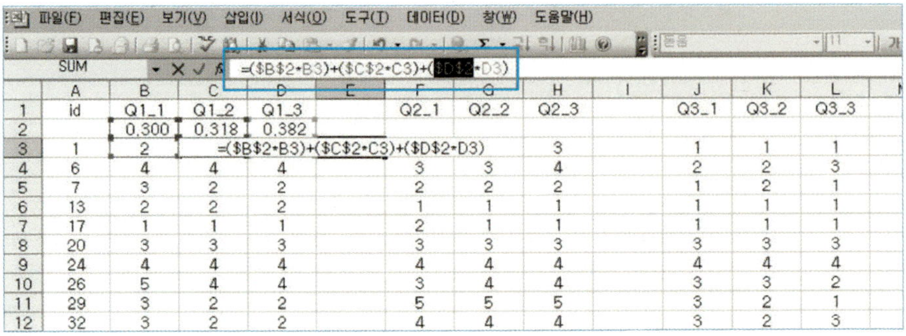

| | A | B | C | D | E | F | G | H | I | J | K | L |
|---|---|---|---|---|---|---|---|---|---|---|---|---|
| 1 | id | Q1_1 | Q1_2 | Q1_3 | | Q2_1 | Q2_2 | Q2_3 | | Q3_1 | Q3_2 | Q3_3 |
| 2 | | 0.300 | 0.318 | 0.382 | | | | | | | | |
| 3 | 1 | 2 | | =($B$2*B3)+($C$2*C3)+($D$2*D3) | | | | 3 | | 1 | 1 | 1 |
| 4 | 6 | 4 | 4 | 4 | | 3 | 3 | 4 | | 2 | 2 | 3 |
| 5 | 7 | 3 | 2 | 2 | | 2 | 2 | 2 | | 1 | 2 | 1 |
| 6 | 13 | 2 | 2 | 2 | | 1 | 1 | 1 | | 1 | 1 | 1 |
| 7 | 17 | 1 | 1 | 1 | | 2 | 1 | 1 | | 1 | 1 | 1 |
| 8 | 20 | 3 | 3 | 3 | | 3 | 3 | 3 | | 3 | 3 | 3 |
| 9 | 24 | 4 | 4 | 4 | | 4 | 4 | 4 | | 4 | 4 | 4 |
| 10 | 26 | 5 | 4 | 4 | | 3 | 4 | 4 | | 3 | 3 | 2 |
| 11 | 29 | 3 | 2 | 2 | | 5 | 5 | 5 | | 3 | 2 | 1 |
| 12 | 32 | 3 | 2 | 2 | | 4 | 4 | 4 | | 3 | 2 | 3 |

동일한 방식으로 모든 잠재변수의 가중평균을 계산한 다음, 전체 복사해서
'값' 만 붙여넣기를 한다. 마지막으로 경로분석을 할 변수들만 남기고 나머지 변
수들은 모두 없앤다.

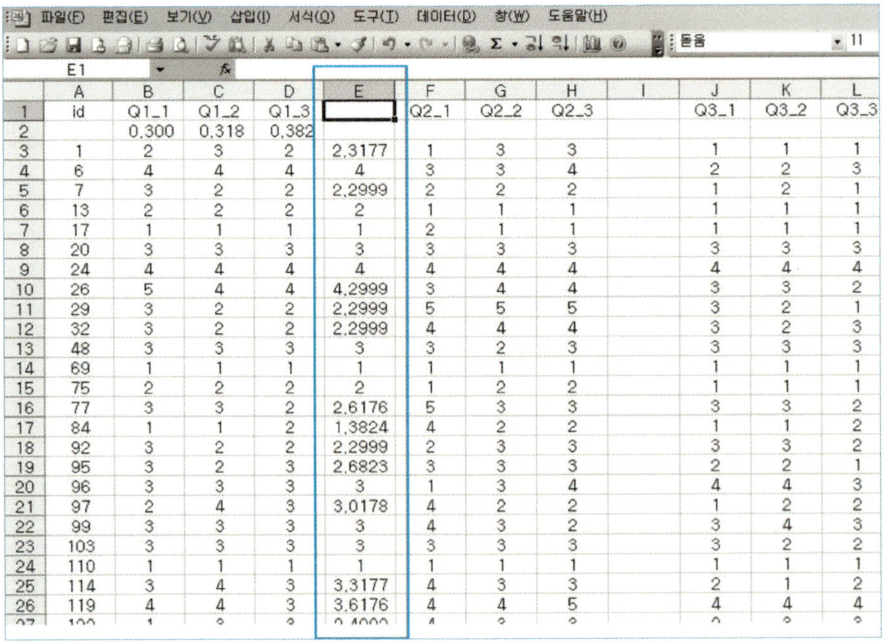

| | A | B | C | D | E | F | G | H | I | J | K | L |
|---|---|---|---|---|---|---|---|---|---|---|---|---|
| 1 | id | Q1_1 | Q1_2 | Q1_3 | | Q2_1 | Q2_2 | Q2_3 | | Q3_1 | Q3_2 | Q3_3 |
| 2 | | 0.300 | 0.318 | 0.382 | | | | | | | | |
| 3 | 1 | 2 | 3 | 2 | 2.3177 | 1 | 3 | 3 | | 1 | 1 | 1 |
| 4 | 6 | 4 | 4 | 4 | 4 | 3 | 3 | 4 | | 2 | 2 | 3 |
| 5 | 7 | 3 | 2 | 2 | 2.2999 | 2 | 2 | 2 | | 1 | 2 | 1 |
| 6 | 13 | 2 | 2 | 2 | 2 | 1 | 1 | 1 | | 1 | 1 | 1 |
| 7 | 17 | 1 | 1 | 1 | 1 | 2 | 1 | 1 | | 1 | 1 | 1 |
| 8 | 20 | 3 | 3 | 3 | 3 | 3 | 3 | 3 | | 3 | 3 | 3 |
| 9 | 24 | 4 | 4 | 4 | 4 | 4 | 4 | 4 | | 4 | 4 | 4 |
| 10 | 26 | 5 | 4 | 4 | 4.2999 | 3 | 4 | 4 | | 3 | 3 | 2 |
| 11 | 29 | 3 | 2 | 2 | 2.2999 | 5 | 5 | 5 | | 3 | 2 | 1 |
| 12 | 32 | 3 | 2 | 2 | 2.2999 | 4 | 4 | 4 | | 3 | 2 | 3 |
| 13 | 48 | 3 | 3 | 3 | 3 | 3 | 2 | 3 | | 3 | 3 | 3 |
| 14 | 69 | 1 | 1 | 1 | 1 | 1 | 1 | 1 | | 1 | 1 | 1 |
| 15 | 75 | 2 | 2 | 2 | 2 | 1 | 2 | 2 | | 1 | 1 | 1 |
| 16 | 77 | 3 | 3 | 2 | 2.6176 | 5 | 3 | 3 | | 3 | 3 | 2 |
| 17 | 84 | 1 | 1 | 2 | 1.3824 | 4 | 2 | 2 | | 1 | 1 | 2 |
| 18 | 92 | 3 | 2 | 2 | 2.2999 | 2 | 3 | 3 | | 3 | 3 | 2 |
| 19 | 95 | 3 | 2 | 3 | 2.6823 | 3 | 3 | 3 | | 2 | 2 | 1 |
| 20 | 96 | 3 | 3 | 3 | 3 | 1 | 3 | 4 | | 4 | 4 | 3 |
| 21 | 97 | 2 | 4 | 3 | 3.0178 | 4 | 2 | 2 | | 1 | 2 | 2 |
| 22 | 99 | 3 | 3 | 3 | 3 | 4 | 3 | 2 | | 3 | 4 | 3 |
| 23 | 103 | 3 | 3 | 3 | 3 | 3 | 3 | 3 | | 3 | 2 | 2 |
| 24 | 110 | 1 | 1 | 1 | 1 | 1 | 1 | 1 | | 1 | 1 | 1 |
| 25 | 114 | 3 | 4 | 3 | 3.3177 | 4 | 3 | 3 | | 2 | 1 | 2 |
| 26 | 119 | 4 | 4 | 3 | 3.6176 | 4 | 4 | 5 | | 4 | 4 | 4 |

**L5**    *fx* 1

| | A | B | C | D | E | F | G | H | I | J | K | L | M | N |
|---|---|---|---|---|---|---|---|---|---|---|---|---|---|---|
| 1 | id | Q1_1 | Q1_2 | Q1_3 | Q1 | Q2_1 | Q2_2 | Q2_3 | Q2 | Q3_1 | Q3_2 | Q3_3 | Q3 | Q4_1 |
| 2 | | 0,300 | 0,318 | 0,382 | | 0,330 | 0,347 | 0,323 | | 0,213 | 0,263 | 0,523 | | 0,271 |
| 3 | 1 | 2 | 3 | 2 | 2,3177 | 1 | 3 | 3 | 2,3402 | 1 | 1 | 1 | 1 | 4 |
| 4 | 6 | 4 | 4 | 4 | 4 | 3 | 3 | 4 | 3,3231 | 2 | 2 | 3 | 2,5232 | 2 |
| 5 | 7 | 3 | 2 | 2 | 2,2999 | 2 | 2 | 2 | 2 | 1 | 2 | 1 | 1,2634 | 3 |
| 6 | 13 | 2 | 2 | 2 | 2 | 1 | 1 | 1 | 1 | 1 | 1 | 1 | 1 | 2 |
| 7 | 17 | 1 | 1 | 1 | 1 | 2 | 1 | 1 | 1,3299 | 1 | 1 | 1 | 1 | 1 |
| 8 | 20 | 3 | 3 | 3 | 3 | 3 | 3 | 3 | 3 | 3 | 3 | 3 | 3 | 4 |
| 9 | 24 | 4 | 4 | 4 | 4 | 4 | 4 | 4 | 4 | 4 | 4 | 4 | 4 | 4 |
| 10 | 26 | 5 | 4 | 4 | 4,2999 | 3 | 4 | 4 | 3,6701 | 3 | 3 | 2 | 2,4768 | 3 |
| 11 | 29 | 3 | 2 | 2 | 2,2999 | 5 | 5 | 5 | 5 | 3 | 2 | 1 | 1,6902 | 2 |
| 12 | 32 | 3 | 2 | 2 | 2,2999 | 4 | 4 | 4 | 4 | 3 | 2 | 3 | 2,7366 | 4 |
| 13 | 48 | 3 | 3 | 3 | 3 | 3 | 2 | 3 | 2,6531 | 3 | 3 | 3 | 3 | 2 |
| 14 | 69 | 1 | 1 | 1 | 1 | 1 | 1 | 1 | 1 | 1 | 1 | 1 | 1 | 1 |
| 15 | 75 | 2 | 2 | 2 | 2 | 1 | 2 | 2 | 1,6701 | 1 | 1 | 1 | 1 | 5 |
| 16 | 77 | 3 | 3 | 2 | 2,6176 | 5 | 3 | 3 | 3,6598 | 3 | 3 | 2 | 2,4768 | 5 |
| 17 | 84 | 1 | 1 | 2 | 1,3824 | 4 | 2 | 2 | 2,6598 | 1 | 1 | 2 | 1,5232 | 3 |
| 18 | 92 | 3 | 2 | 2 | 2,2999 | 2 | 3 | 3 | 2,6701 | 3 | 3 | 2 | 2,4768 | 3 |
| 19 | 95 | 3 | 2 | 3 | 2,6823 | 3 | 3 | 3 | 3 | 2 | 2 | 1 | 1,4768 | 3 |
| 20 | 96 | 3 | 3 | 3 | 3 | 1 | 3 | 4 | 2,6633 | 4 | 4 | 3 | 3,4768 | 2 |
| 21 | 97 | 2 | 4 | 3 | 3,0178 | 4 | 2 | 2 | 2,6598 | 1 | 2 | 2 | 1,7866 | 4 |
| 22 | 99 | 3 | 3 | 3 | 3 | 4 | 3 | 2 | 3,0068 | 3 | 4 | 3 | 3,2634 | 3 |
| 23 | 103 | 3 | 3 | 3 | 3 | 3 | 3 | 3 | 3 | 3 | 2 | 2 | 2,2134 | 3 |
| 24 | 110 | 1 | 1 | 1 | 1 | 1 | 1 | 1 | 1 | 1 | 1 | 1 | 1 | 2 |
| 25 | 114 | 3 | 4 | 3 | 3,3177 | 4 | 3 | 3 | 3,3299 | 2 | 1 | 2 | 1,7366 | 3 |
| 26 | 119 | 4 | 4 | 3 | 3,6176 | 4 | 4 | 5 | 4,3231 | 4 | 4 | 4 | 4 | 4 |
| 27 | 122 | 1 | 3 | 3 | 2,4002 | 4 | 3 | 3 | 3,3299 | 2 | 3 | 3 | 2,7866 | 4 |
| 28 | 130 | 2 | 3 | 4 | 3,0925 | 4 | 3 | 3 | 3,3999 | 3 | 3 | 4 | 3,5232 | 3 |

**Q11**    *fx*

| | A | B | C | D | E | F | G | H | I | J | K |
|---|---|---|---|---|---|---|---|---|---|---|---|
| 1 | id | Q1 | Q2 | Q3 | Q4 | Q5 | Q6 | Q7 | Q8 | | |
| 2 | 1 | 2,3 | 2,3 | 1,0 | 4,0 | 2,0 | 2 | 1 | 1 | | |
| 3 | 6 | 4,0 | 3,3 | 2,5 | 2,0 | 4,0 | 4 | 4 | 4 | | |
| 4 | 7 | 2,3 | 2,0 | 1,3 | 2,3 | 2,0 | 2 | 3 | 2 | | |
| 5 | 13 | 2,0 | 1,0 | 1,0 | 1,6 | 1,0 | 2 | 2 | 2 | | |
| 6 | 17 | 1,0 | 1,3 | 1,0 | 1,0 | 1,0 | 1 | 1 | 1 | | |
| 7 | 20 | 3,0 | 3,0 | 3,0 | 4,0 | 2,0 | 4 | 5 | 4 | | |
| 8 | 24 | 4,0 | 4,0 | 4,0 | 4,0 | 4,5 | 4 | 4 | 4 | | |
| 9 | 26 | 4,3 | 3,7 | 2,5 | 3,0 | 4,0 | 4 | 5 | 5 | | |
| 10 | 29 | 2,3 | 5,0 | 1,7 | 2,0 | 3,0 | 4 | 4 | 4 | | |
| 11 | 32 | 2,3 | 4,0 | 2,7 | 3,6 | 3,0 | 3 | 3 | 3 | | |
| 12 | 48 | 3,0 | 2,7 | 3,0 | 2,0 | 2,5 | 3 | 3 | 2 | | |
| 13 | 69 | 1,0 | 1,0 | 1,0 | 1,0 | 1,0 | 3 | 3 | 3 | | |
| 14 | 75 | 2,0 | 1,7 | 1,0 | 5,0 | 1,0 | 4 | 4 | 3 | | |
| 15 | 77 | 2,6 | 3,7 | 2,5 | 5,0 | 3,0 | 3 | 3 | 3 | | |
| 16 | 84 | 1,4 | 2,7 | 1,5 | 2,3 | 1,5 | 3 | 3 | 2 | | |
| 17 | 92 | 2,3 | 2,7 | 2,5 | 3,7 | 2,1 | 4 | 4 | 3 | | |
| 18 | 95 | 2,7 | 3,0 | 1,5 | 2,6 | 1,0 | 3 | 3 | 2 | | |
| 19 | 96 | 3,0 | 2,7 | 3,5 | 1,6 | 1,0 | 2 | 3 | 2 | | |
| 20 | 97 | 3,0 | 2,7 | 1,8 | 4,0 | 2,5 | 3 | 3 | 3 | | |
| 21 | 99 | 3,0 | 3,0 | 3,3 | 3,0 | 3,0 | 3 | 4 | 3 | | |
| 22 | 103 | 3,0 | 3,0 | 2,2 | 3,0 | 3,0 | 3 | 3 | 1 | | |
| 23 | 110 | 1,0 | 1,0 | 1,0 | 1,6 | 1,0 | 1 | 4 | 3 | | |
| 24 | 114 | 3,3 | 3,3 | 1,7 | 3,0 | 1,5 | 4 | 5 | 5 | | |

PLS Graph 분석을 위해 데이터를 '텍스트(공백으로 분리)'로 저장한 다음 앞서와 같이 '*.raw'로 바꾸어서 분석을 위한 최종 데이터를 만든다. 다음으로 PLS Graph를 열어 데이터를 'Links' 하고 모델경로를 그려준다.

Construct별로 변수명을 지정해 주고, 잠재변수별로 해당되는 변수를 하나씩만 설정해 준다.

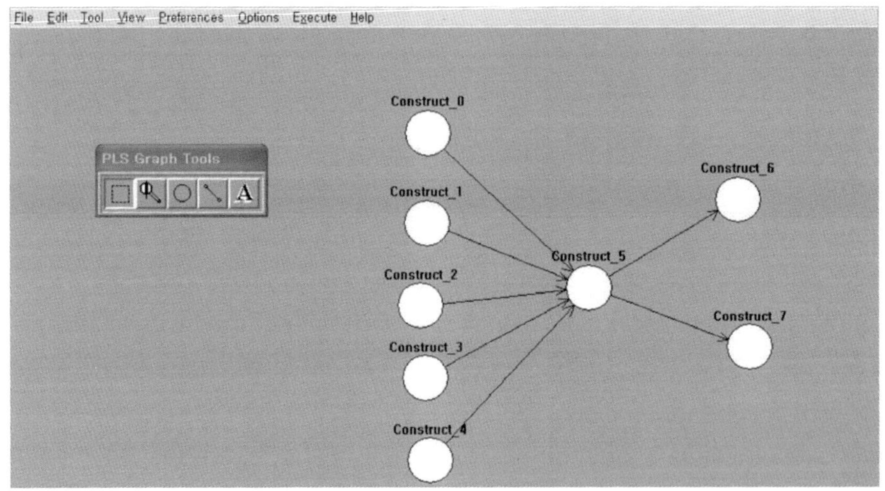


모델 구조를 다 그린 후 분석을 시행한 결과를 살펴보면 R Square는 CS기준 0.623으로 앞서 분석결과인 0.622와 거의 동일함을 알 수 있다. 잠재변수별 Impact값도 거의 차이가 없다. 여기서 소수점 둘째자리에서 일부 차이를 보이는 것은 프로그램에서 계산할 때의 소수점 자릿수와 엑셀을 이용해 수작업으로 계산할 때의 소수점 자릿수가 달라 생기는 차이(Rounding Error)이다.

따라서 PLS에서는 AMOS와는 달리 측정변수들의 가중치와 합산한 가중평
균으로 잠재변수가 조형지표로 계산된다는 것을 알 수 있다.

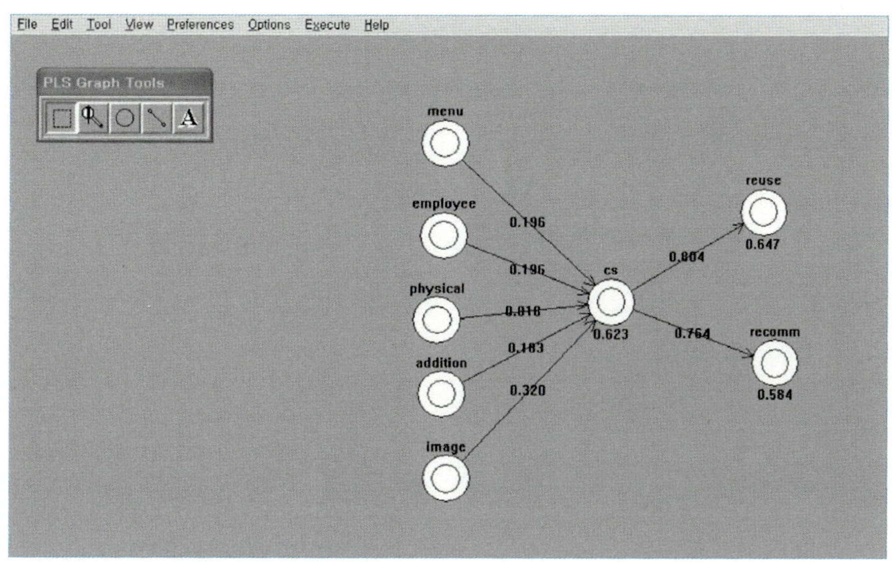


### 두 모델 간 비교

| 구분 | 원래 모델 | 가중평균한 모델 |
| --- | --- | --- |
| Menu | 0.198 | 0.196 |
| Employee | 0.192 | 0.196 |
| Physical | 0.017 | 0.018 |
| Addition | 0.184 | 0.183 |
| Image | 0.320 | 0.320 |

## 나. PLS Graph를 이용한 2단계 접근법

AMOS와는 달리 PLS는 반드시 2단계 접근법을 적용할 필요는 없다. 앞서 살펴본 것처럼 1단계 접근법에서 분석한 결과값을 재백분해서 중요도 분석을 할 수 있고 잠재변수별 점수도 가중평균으로 산출하면 되기 때문이다. 하지만 모델의 구성변수가 매우 많아 1단계 접근법으로 분석이 안 되는 경우를 대비해 PLS Graph를 이용한 2단계 접근법을 간략하게 살펴보도록 하자.

먼저 앞서 AMOS에서 2단계 접근법으로 분석했던 데이터를 PLS Graph로 분석하기 위해 '텍스트(공백으로 분리)'로 만든다. 그런 다음 앞서와 동일한 방식으로 모델을 그린 후 분석을 시행한다.

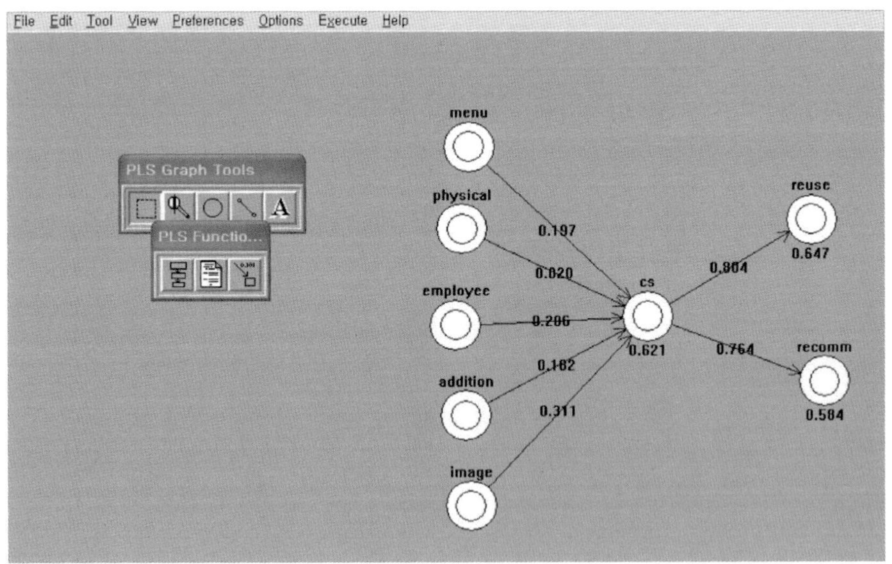

PLS Graph를 활용한 2단계 접근법 분석결과를 살펴보면 CS기준 R Square
가 0.621이며, Image 〉Employee 〉Menu 순으로 Impact값이 큰 것으로 나타
나고 있다. 앞서 AMOS를 통해 분석한 2단계 접근법 결과와 비교해 보면 경로
계수의 값들이 거의 비슷한 것을 알 수 있다.

### AMOS와 PLS 분석결과

| 구분 | AMOS | PLS |
| --- | --- | --- |
| Menu | 0.202 | 0.197 |
| Employee | 0.016 | 0.020 |
| Physical | 0.199 | 0.206 |
| Addition | 0.187 | 0.182 |
| Image | 0.310 | 0.311 |

AMOS는 ML 추정법, PLS는 최소자승법(Least Square)으로 각각 서로 다른
분석방법으로 경로계수를 추정하였으나 측정오차를 고려하지 않는 경로분석의
경우 분석결과가 크게 차이가 나지 않음을 알 수 있다.

### 다. Smart PLS

이제부터는 Smart PLS를 이용한 분석절차에 대해 살펴보도록 하자. Smart
PLS는 www.smartpls.com에서 회원으로 가입한 후 프로그램을 신청하면
1~2주 정도 소요되는 인증절차를 거쳐 몇 개월 동안 무료로 사용할 수 있는 프
로그램을 제공받을 수 있다.

Smart PLS도 PLS Graph와 유사하게 데이터 형태는 '*.csv'로 된 데이터 파일만 인식한다. Smart PLS 분석을 위해서는 먼저 SPSS의 데이터 파일을 엑셀파일로 변환하여 저장하여야 하는데, 변수명의 길이나 변수의 수에 대한 제한은 별도로 없다. 또한, 무응답은 '-1' 뿐만 아니라 '9'와 같은 숫자로 되어 있어도 처리가 가능하다는 점이 PLS Graph와 다른 점이다.

Smart PLS 분석을 위해서 먼저 패밀리 레스토랑 고객만족도 모델 분석을 위한 SPSS 데이터를 엑셀로 변환한다. 'File' 메뉴에서 'Save As..'를 선택한 다음 확장자명을 'xls'로 지정하여 파일명을 입력하여 저장한다.



| Q1_2 | Q1_3 | Q2_1 | Q2_2 |
| --- | --- | --- | --- |
| 3.00 | 2.00 | 1.00 | 3.00 |
| 4.00 | 4.00 | 3.00 | 3.00 |
| 2.00 | 2.00 | 2.00 | 2.00 |
| 2.00 | 2.00 | 1.00 | 1.00 |
| 1.00 | 1.00 | 2.00 | 1.00 |
| 3.00 | 3.00 | 3.00 | 3.00 |
| 4.00 | 4.00 | 4.00 | 4.00 |
| 4.00 | 4.00 | 3.00 | 4.00 |
| 2.00 | 2.00 | 5.00 | 5.00 |
| 2.00 | 2.00 | 4.00 | 4.00 |
| 3.00 | 3.00 | 3.00 | 2.00 |
| 1.00 | 1.00 | 1.00 | 1.00 |
| 2.00 | 2.00 | 1.00 | 2.00 |
| 3.00 | 2.00 | 5.00 | 3.00 |
| 1.00 | 2.00 | 4.00 | 2.00 |
| 2.00 | 2.00 | 2.00 | 3.00 |
| 2.00 | 3.00 | 3.00 | 3.00 |
| 3.00 | 3.00 | 1.00 | 3.00 |
| 4.00 | 3.00 | 4.00 | 2.00 |
| 3.00 | 3.00 | 4.00 | 3.00 |

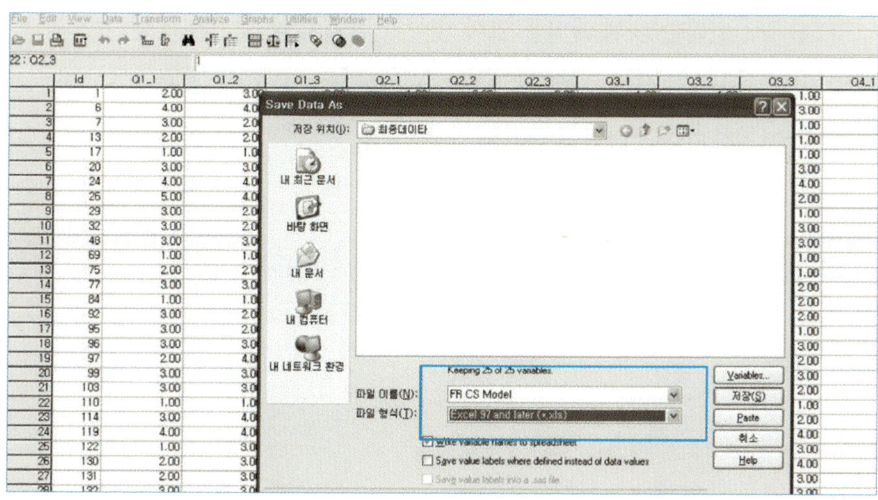

그러면 SPSS가 실행되면서 데이터가 엑셀로 변환된 결과를 Output창을 통해 제시해 준다.

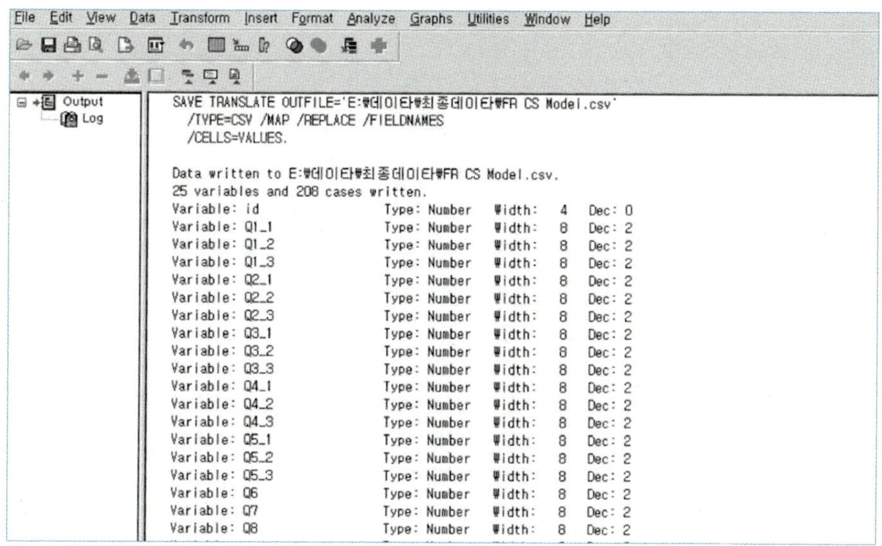

SPSS에서 변환한 엑셀 파일을 열어 데이터 변환이 잘 되었는지 확인한 후 엑셀의 파일메뉴에서 다른 이름으로 저장을 선택한 후, 파일형식을 'CSV(쉼표로 분리)'로 지정하여 저장하면 된다.

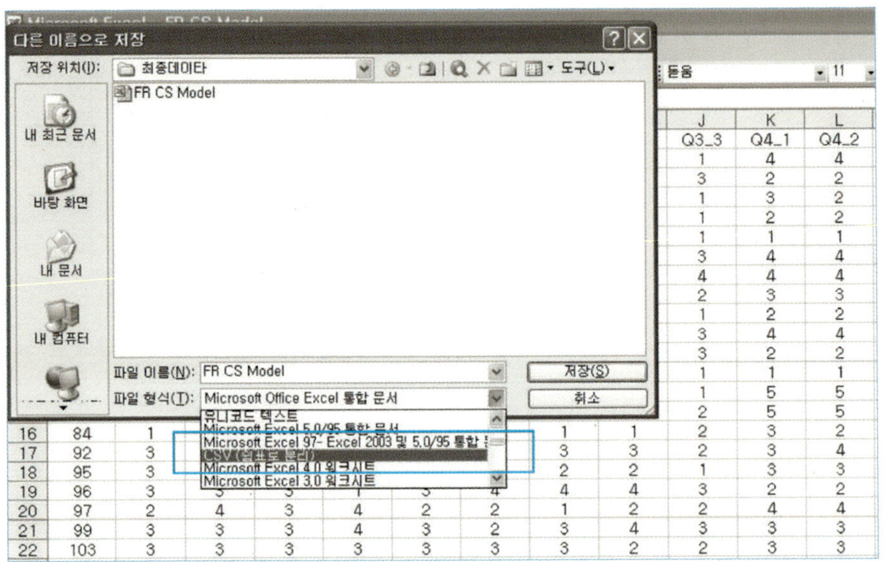

앞서 PLS GRAPH 3.0에서는 데이터를 변환하는 작업이 다소 번거로웠으나 Smart PLS는 엑셀에서 'CSV'로 저장만 하면 데이터 준비가 완료된다. 이제 Smart PLS를 실행해 보자. 그러면 아래와 같은 프로그램 화면이 뜬다.

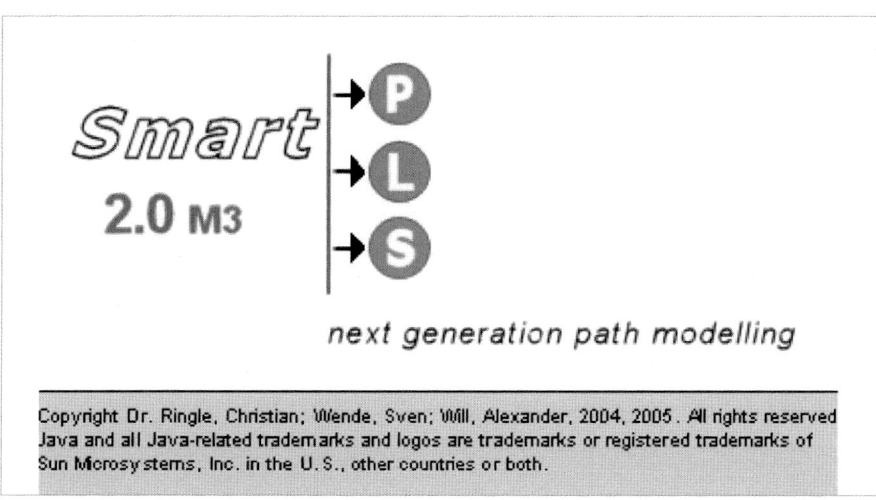



그런 다음 'Workspace Launcher' 라는 창이 뜨게 되는데 여기서 Browse를 클릭해서 분석결과를 저장할 경로를 지정한 후 'OK' 를 누른다.

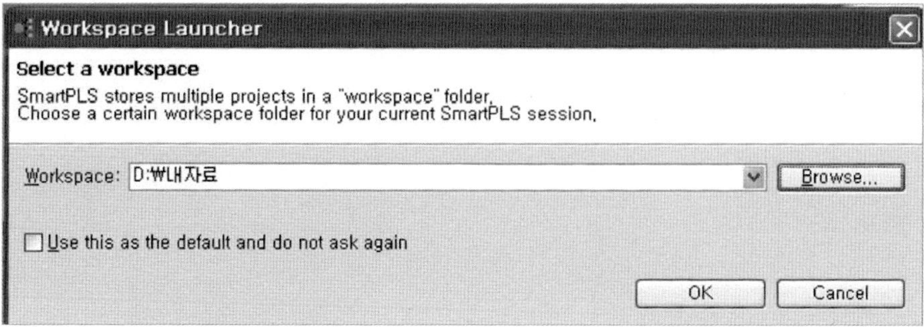



Smart PLS 2.0에 대한 새로운 정보를 담은 Welcome 화면이 뜬다. 여기서 왼쪽 상단에 있는 Welcome을 없애면(X표시를 클릭하면) 메인화면이 나타난다.

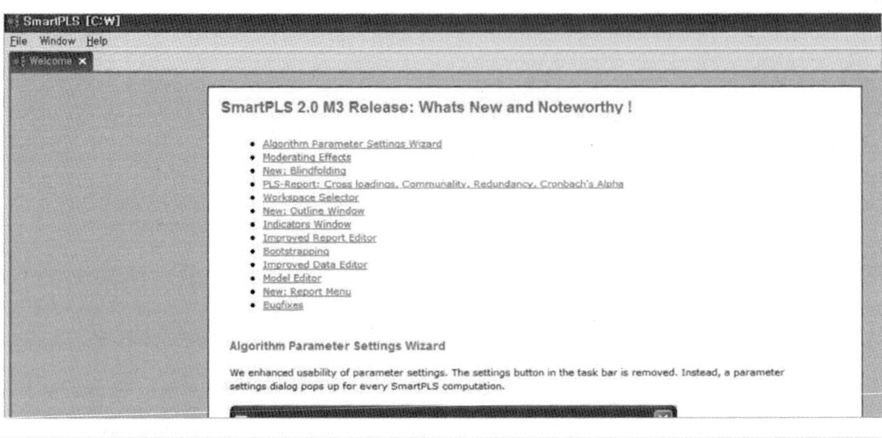

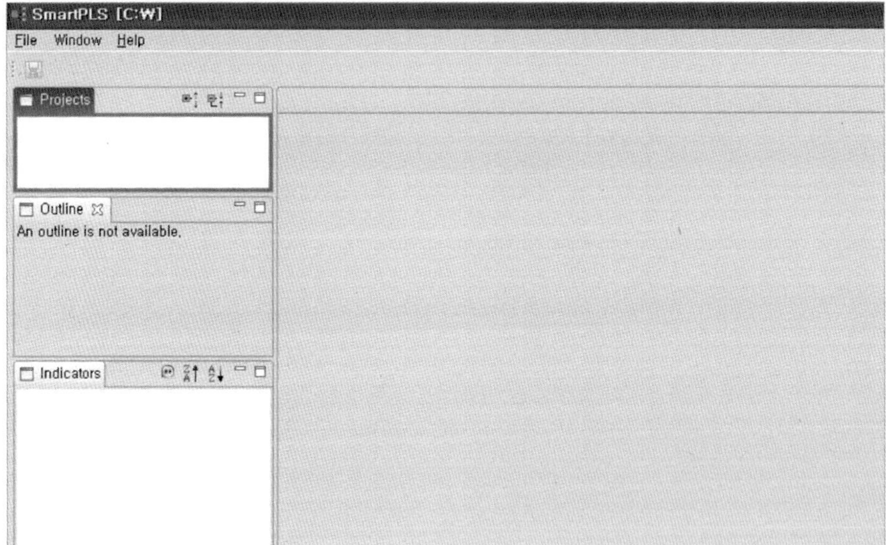

Smart PLS 파일메뉴에서 'New', 'Create New Project'를 순서대로 선택
한다.

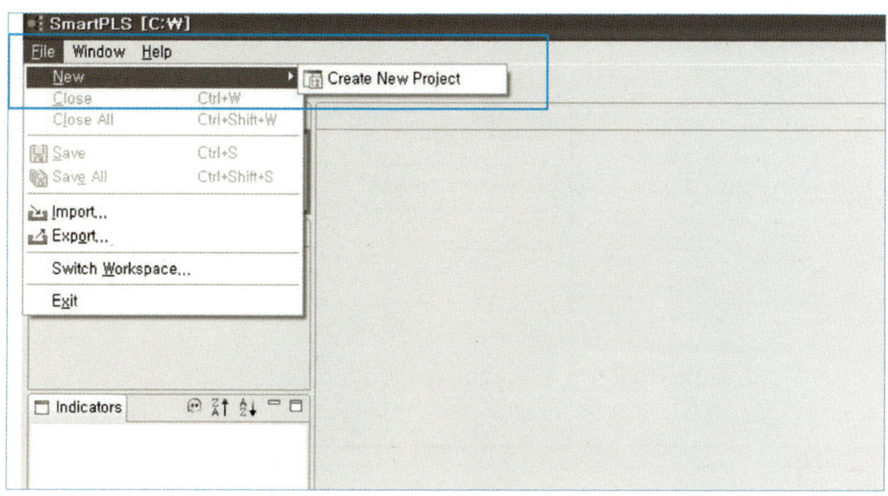

그러면 Create a project창이 뜨게 되는데 여기에 Project Name을 입력하고 Next를 클릭한다.

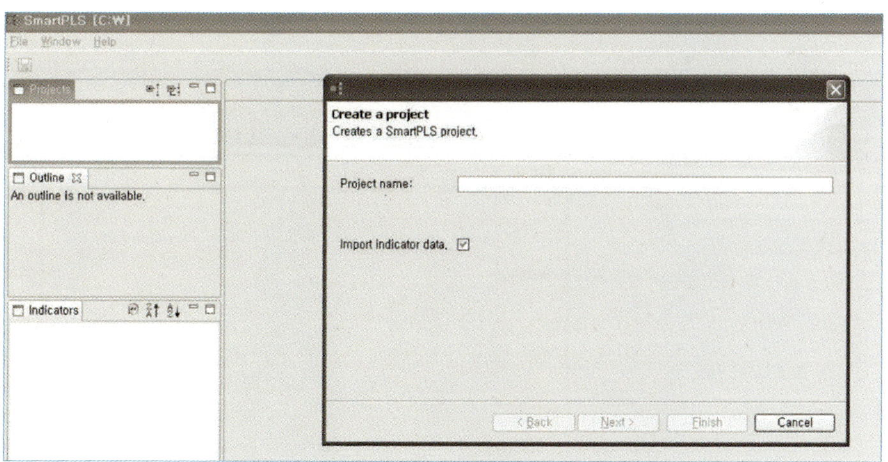

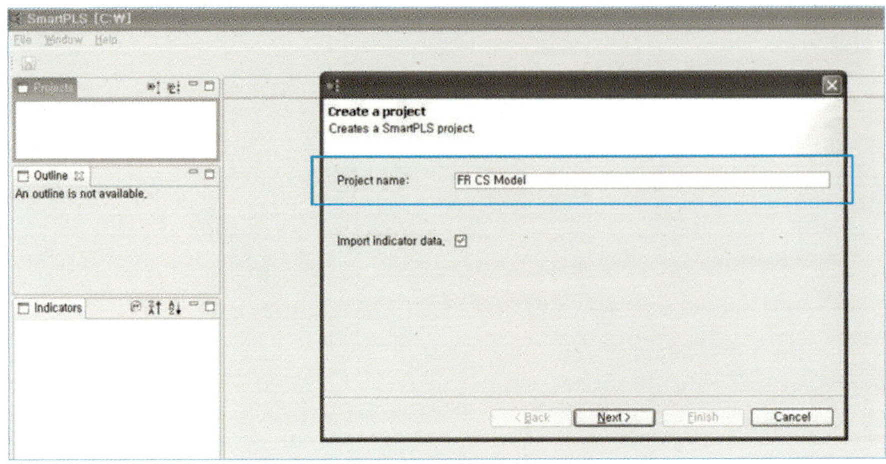

다음으로 데이터를 불러오는 경로를 지정하는 창이 뜨면 File Name의 오른쪽에 있는 '...'를 클릭하여 앞서 준비한 'CSV' 파일을 지정한 다음 'Next'를 선택한다.

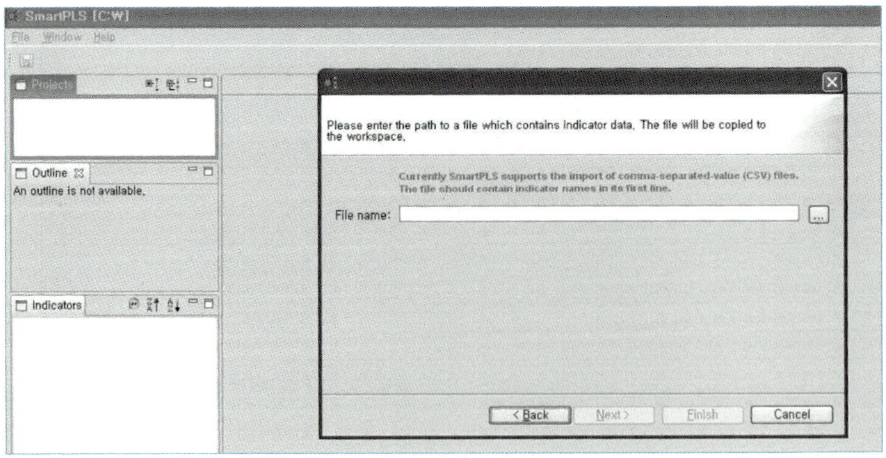

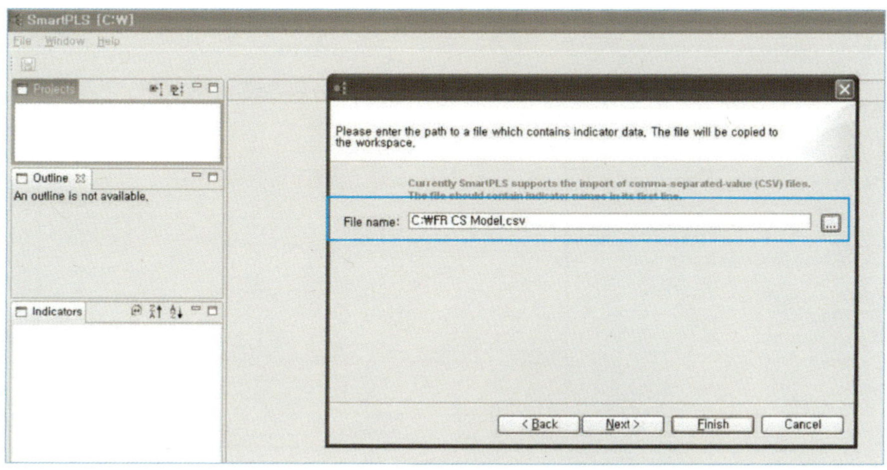

이번에는 'Missing Value Settings'라는 창이 뜨면서 결측치를 지정할 수 있는 메뉴가 나타난다. 앞서 언급한 바와 같이 PLS GRAPH 3.0에서는 결측치를 '−1'로 변환해 주어야 하나 Smart PLS에서는 반드시 '−1'로 지정할 필요가 없이 결측치에 해당되는 숫자를 지정해 주면 된다. 여기서는 '9'를 결측치로 지정해 준 다음 Finish를 선택한다.

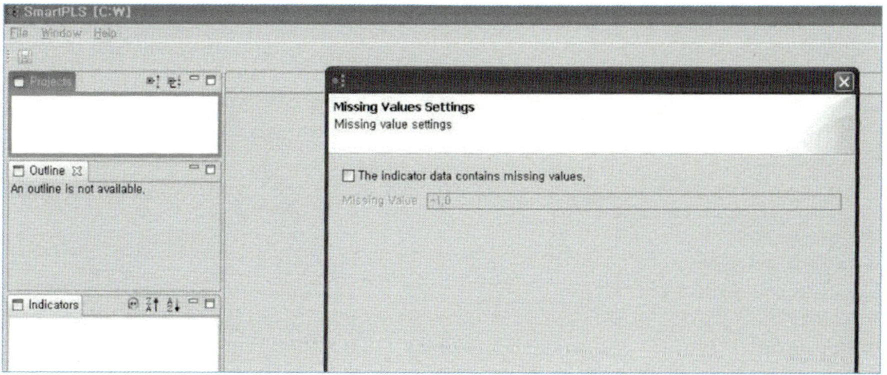

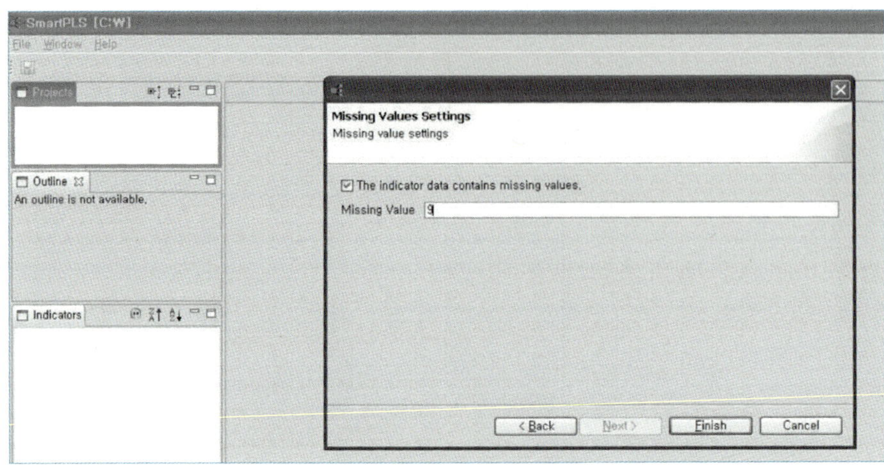

모든 지정이 끝나고 나면 메인화면이 나타나면서 왼쪽 상단에 앞서 저장한 모델명이 나타난다. 이 모델명의 좌측에 있는 '+'를 클릭하면 확장자가 '*.splsm'인 파일과 '*.csv'인 파일이 순서대로 나열되어 있음을 확인할 수 있다. 여기서 '*.splsm' 파일은 모델구조를 저장하는 파일형태이며, '*.csv'는 데이터 파일이다.

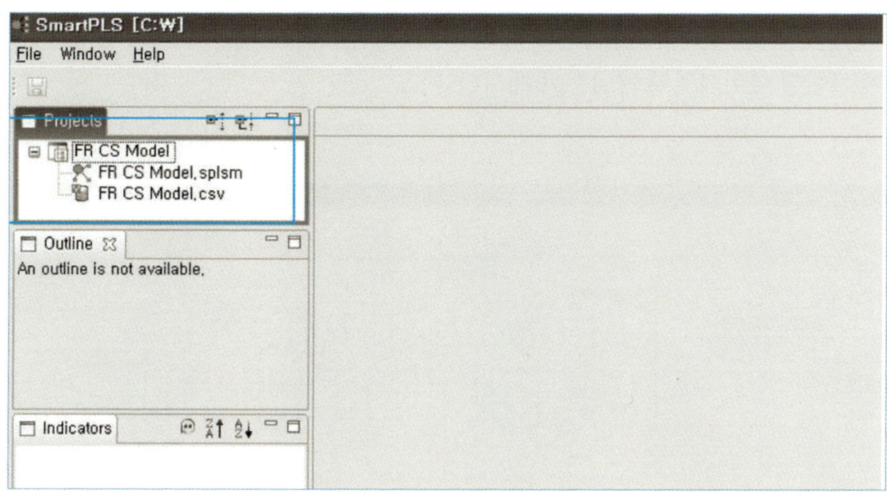

두 개의 파일을 하나씩 더블클릭하면 오른쪽 화면에 각각의 파일에 대한 새로운 시트가 생긴다. 우선 '*.splsm'에서는 오른쪽에 새로운 시트가 생기면서 왼쪽 하단에 데이터에 포함된 변수명이 순차적으로 나열되어 있다.

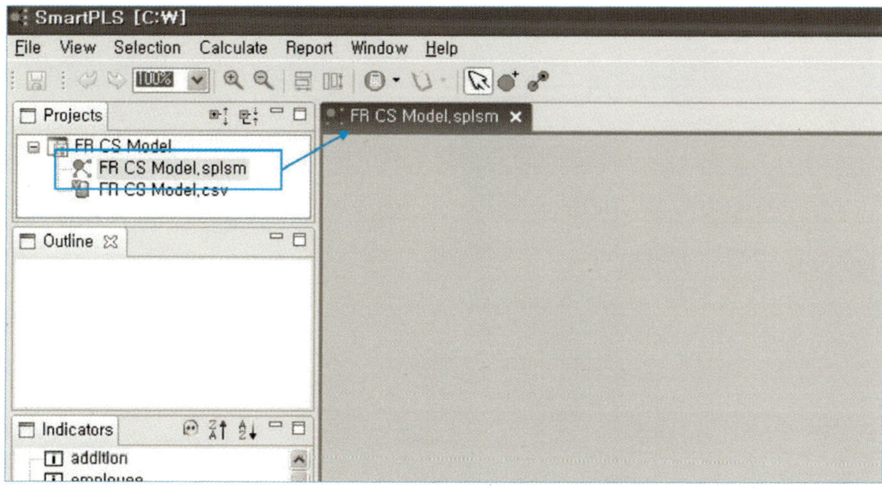

‘*.csv’를 더블클릭하면 오른쪽 화면에 새로운 시트가 생기면서 데이터 파일
에 포함된 데이터의 요약내용이 제시된다.

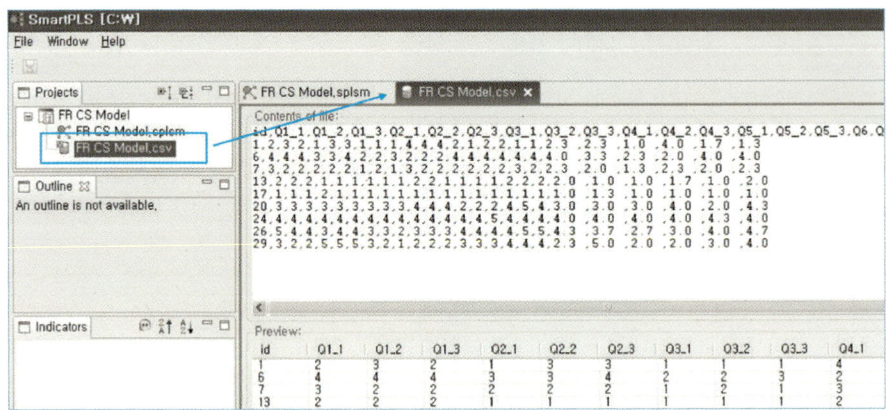

모델구조를 그리기 위해 오른쪽에 상단에 있는 ‘*.splsm’를 클릭하여 활성화
시킨다.

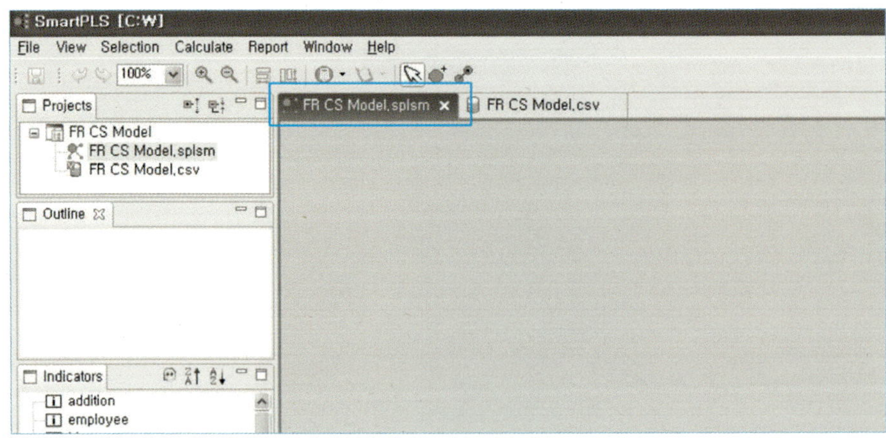

'*.splsm' 시트 바로 위에 있는 '동그라미 +' 도형을 클릭하여 아래 빈 공간에 마우스를 갖다 대고 클릭하면 잠재변수를 나타내는 동그라미가 생긴다. 마우스 화살표를 자세히 보면 화살표 아래에 +표시가 있어 여전히 활성화되어 있으므로 모델을 구성하는 잠재변수만큼 위치를 잘 선정해서 클릭하면 동그라미가 계속해서 생긴다.

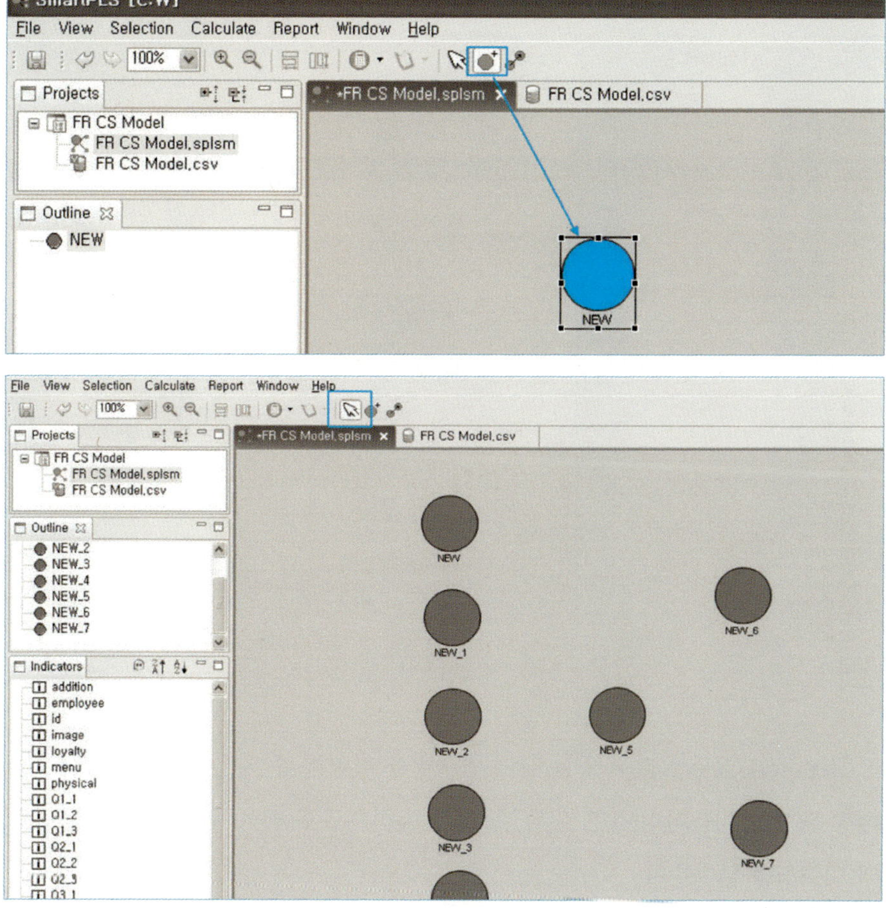

동그라미를 필요한 만큼 다 그린 후 활성화를 없애기 위해서는 화면 상단에 있는 화살표 버튼을 클릭하면 된다. 그런 다음 동그라미 도형이 있는 곳으로 마우스를 옮겨도 활성화되지 않는다. 도형을 옮기고자 하는 경우에는 이 상태에서 도형을 클릭하여 원하는 곳으로 이동하면 된다.

이제 잠재변수별로 변수명을 입력해 보기로 하자. 도형에 마우스를 갖다 댄 후 마우스 오른쪽을 클릭하면 여러 메뉴가 나타나게 되는데 이 중 'Rename Object'를 선택한다.

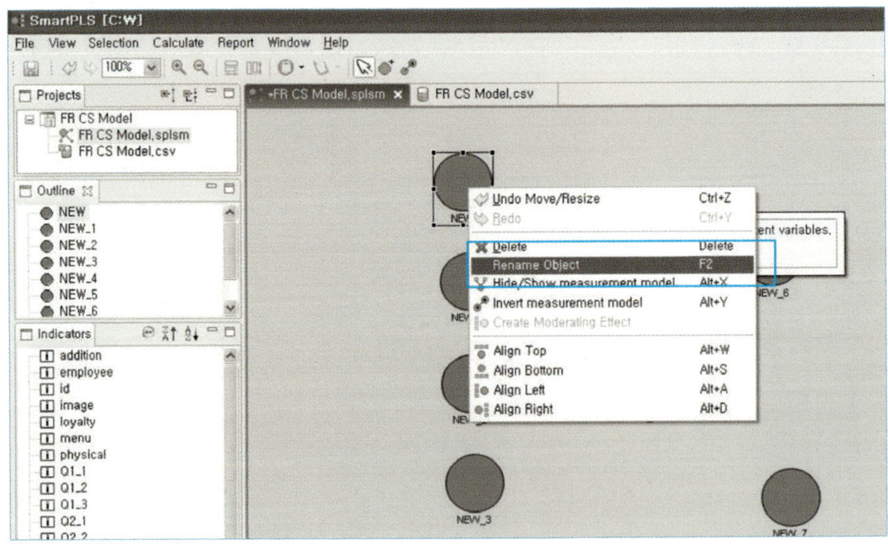

'Rename Object' 라고 뜨는 창에 변수명을 입력해 준 다음 'OK' 를 선택하면 해당 도형의 이름이 바뀌게 된다. 동일한 방식으로 모델을 구성하는 모든 도형의 변수명을 달아준다.

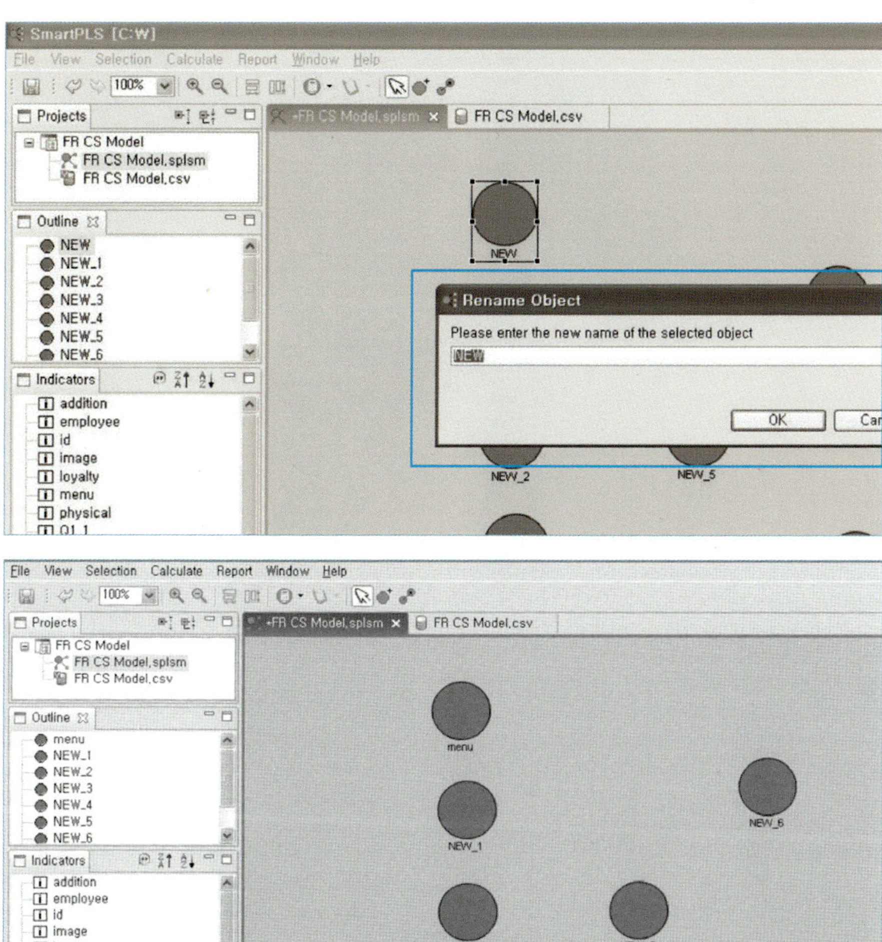

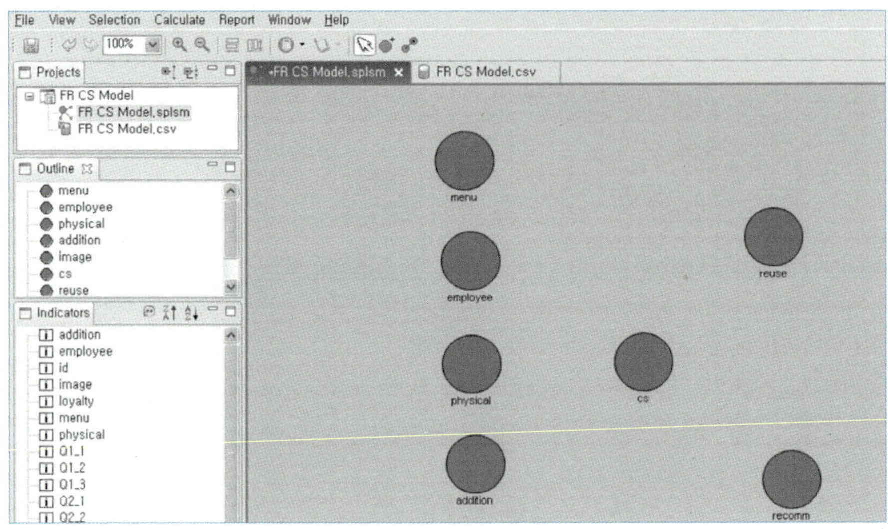

이제 잠재변수 간의 관계를 설정하는 선을 그리기 위해서는 '*.splsm' 시트 바로 위에 있는 '작은 동그라미 두 개가 선으로 연결된 도형'을 선택한 다음 변수

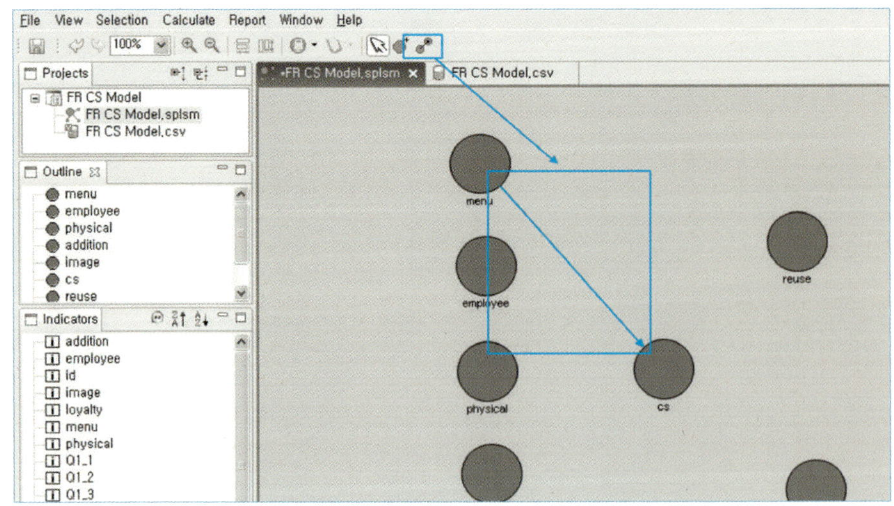

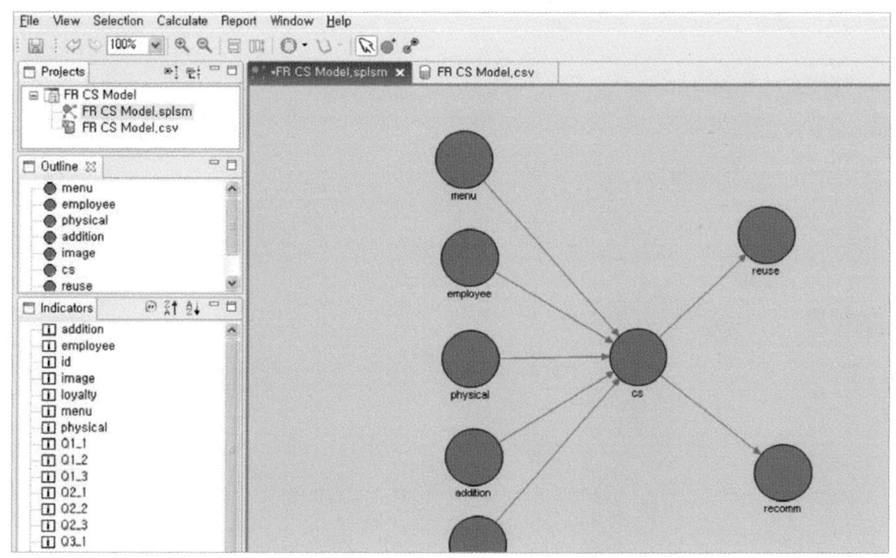

들끼리 연결해 준다. 동그라미 도형을 그릴 때와 마찬가지로 한 번만 클릭하면 마우스가 계속 활성화되어 있어 원하는 만큼 그릴 수 있다. 선을 다 그리고 난 다음에는 다시 메뉴 쪽에 있는 화살표를 클릭해서 마우스 활성화를 없애면 된다.

이제 각 잠재변수에 해당되는 측정변수들을 연결해 주자. 화면 왼쪽 가운데에 있는 'Indicators'에서 각 잠재변수에 속하는 측정변수들을 블록으로 지정한 뒤 마우스로 오른쪽에 있는 해당 잠재변수에 끌어다 놓으면 된다.

잠재변수에 측정변수를 갖다 놓으면 기본적으로 반영지표로 구성되게 되므로 이를 조형지표로 바꾸어 주어야 한다. 해당 잠재변수에 마우스를 대고 오른쪽을 클릭하면 여러 메뉴가 나타나는 데 그중 'Invert Measurement Model'을 선택하면 반영지표로 되어 있던 측정변수들이 조형지표로 화살표의 방향이 바뀌게

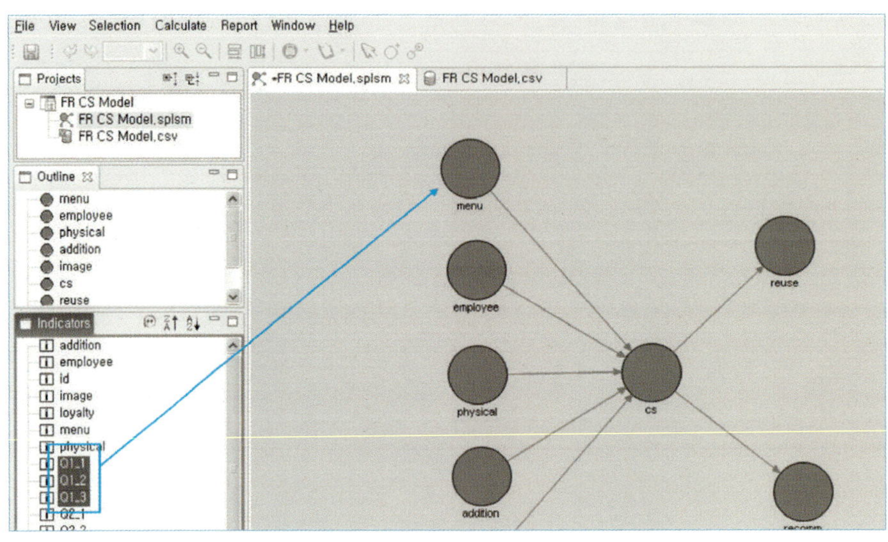


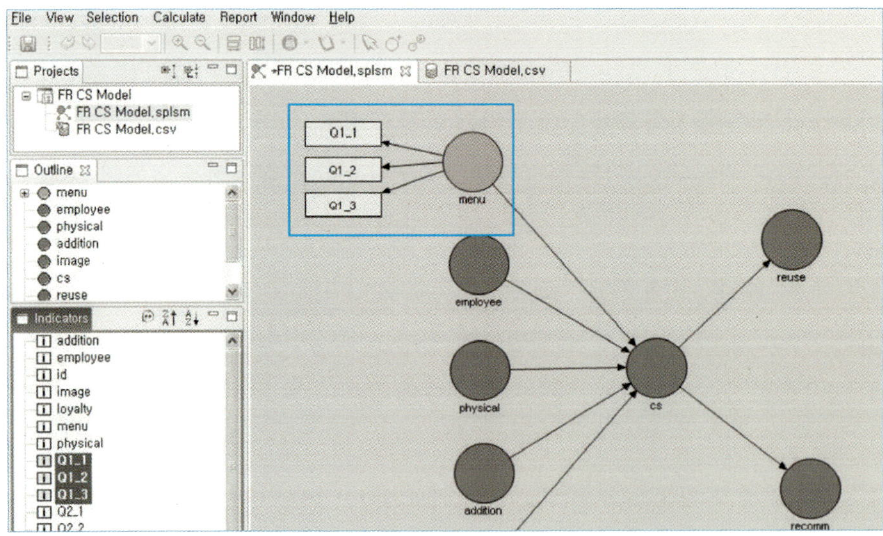


된다. 그다음에는 다시 마우스 오른쪽을 클릭하여 'Hide/Show Measurement Model' 을 선택하여 측정변수들을 잠재변수 안으로 숨긴다. 동일한 방식으로 모

델을 구성하는 모든 잠재변수에 측정변수를 설정해 주고 조형지표로 바꾸어 준 다음 잠재변수 안으로 숨겨 준다.

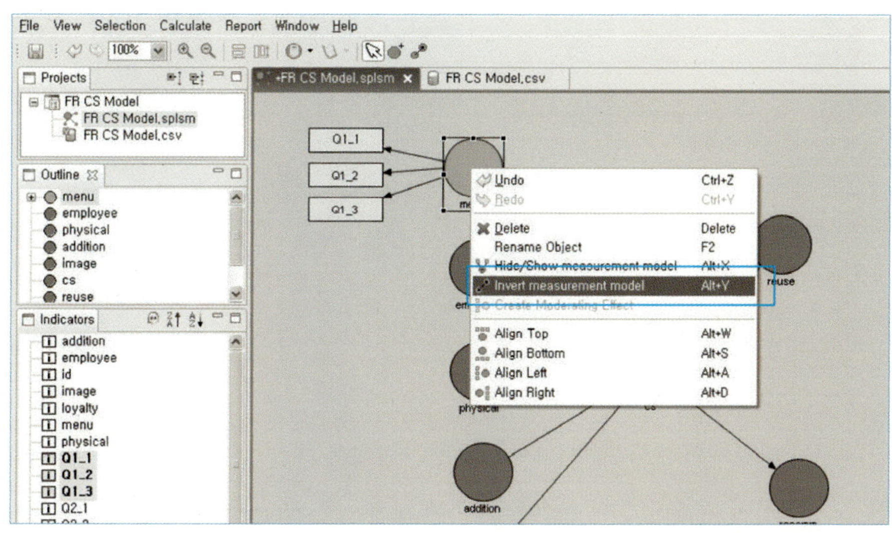

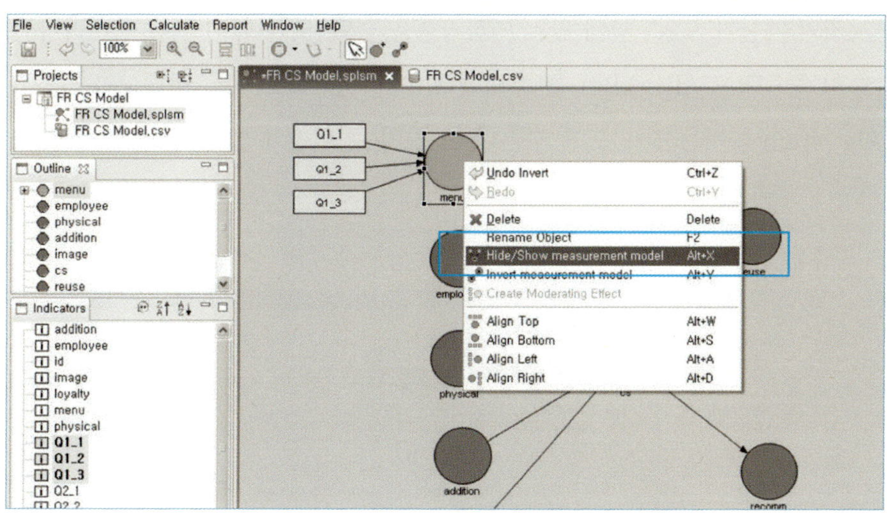

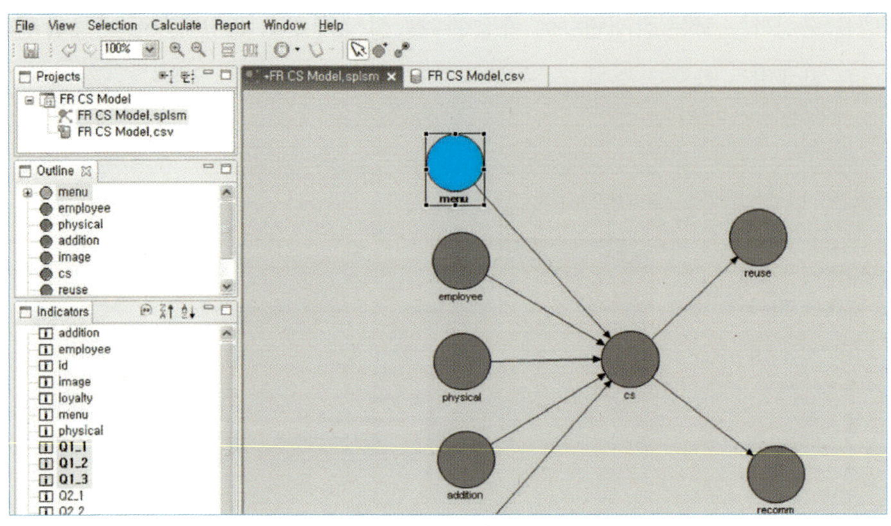

설정이 완료되면 모든 도형의 색깔이 빨간색에서 파란색으로 변하게 된다. 이제 모형설정이 다 되었으니 분석을 실시해 보자. '*.splsm' 시트 바로 위에 있는 '녹색의 계산기 모양' 옆에 있는 역삼각형을 클릭하면 4개의 메뉴가 나타나는데 이 중 'PLS Algorithm'을 클릭한다. 그러면, 'Run the PLS Algorithm'이라는 창이 뜨게 되는데 이 창의 맨 아래에 있는 'Finish'를 선택하면 분석이 실시된다.

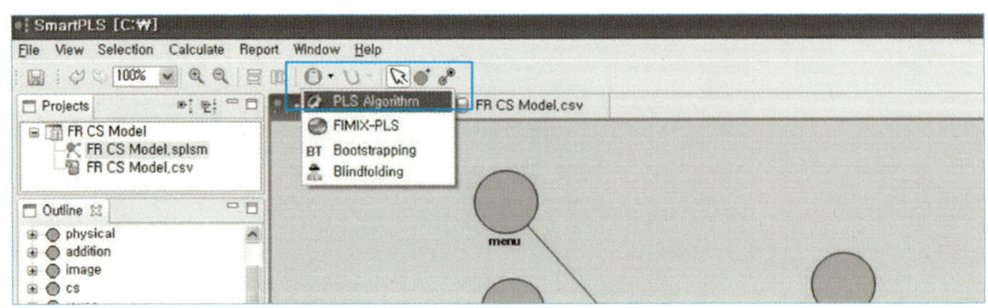

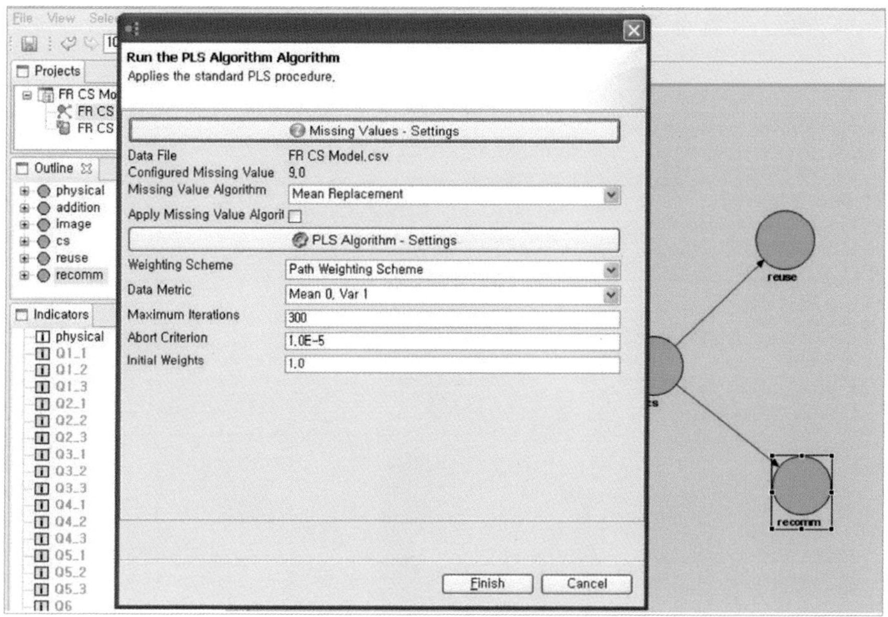


분석이 완료되면 모형에 R Square와 경로계수가 생기게 되고, 상단의 메뉴에 있는 메뉴 중 앞서 분석에 사용한 계산기 모형이 톱니바퀴 모형으로 바뀌면서 오른쪽 옆에는 책을 펼친 모양의 메뉴가 새롭게 만들어진다.

여기서 각 동그라미 안에 있는 수치는 R Square이며, 동그라미 간 연결선 위에 있는 숫자가 경로계수이다. 앞서 설명한 바와 같이 PLS 분석 후 가장 먼저 확인해야 하는 지표가 모델의 설명력을 의미하는 R Square다. Menu부터 Image까지의 원인변수들이 고객만족을 설명하는 설명력은 0.622, 고객만족 – 계속이용의향 0.647, 고객만족 – 타인추천의향은 0.584로 PLS Graph로 분석한 것과 정확하게 동일한 수치이다. 경로계수인 원인변수별 Impact도 PLS Graph와 동일한 결과를 보여준다. PLS Graph와 Smart PLS는 단지 분석하는 프로그램만 다를 뿐 기본적인 계산 알고리즘은 동일하기 때문이다.

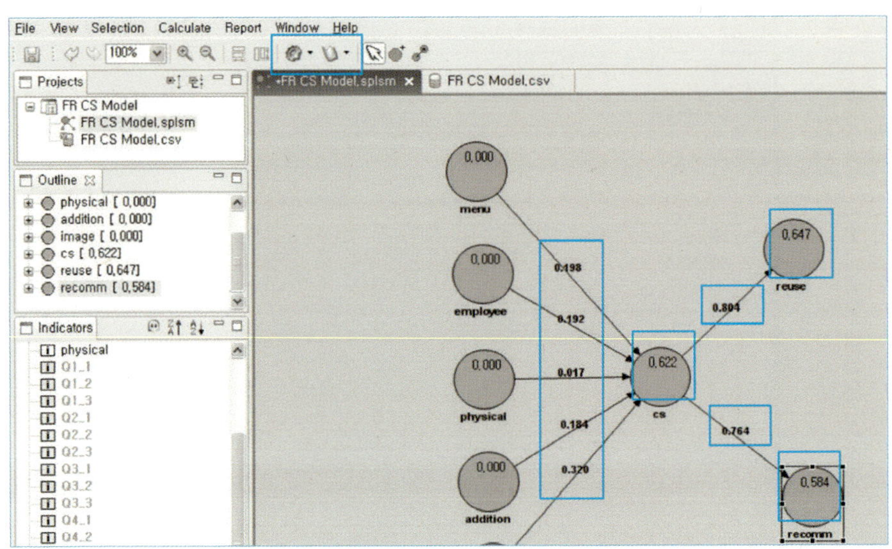

  보다 구체적인 분석결과를 살펴보기 위해 메뉴 상단에 있는 책을 펼친 모형 옆에 있는 역삼각형을 클릭하면 4가지 메뉴가 나온다. 이 중 'Html Report'를 클릭하면 Html로 된 분석결과가 나타난다.

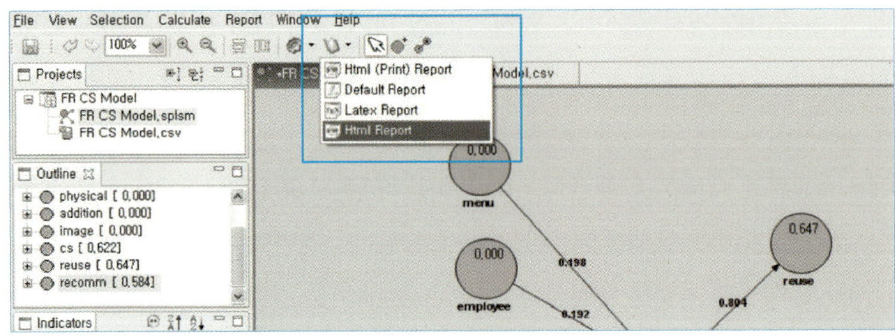

'Html Report' 의 맨 위쪽에는 분석결과 목차인 Table of Contents가 제시된다. 여기서는 잠재변수별 측정변수들의 Weight값과 Loading값을 확인할 수 있다.

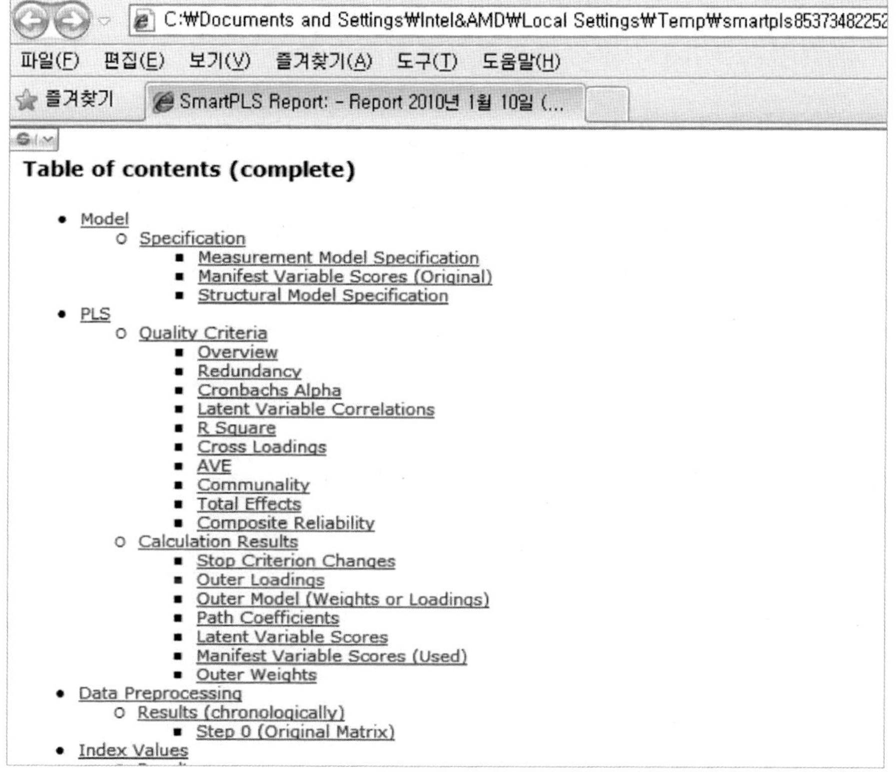



여러 메뉴 중 목차의 하단에 있는 'Outer Loadings'를 선택하면 Factor Loadings값이 제시되는데 이 값은 반영지표일 때 각 측정변수와 잠재변수 간의 상관관계를 의미한다. 'Outer Model(Weights or Loadings)'에서는 조형지표

일때 해당 잠재변수에 대한 각 측정변수의 영향력인 Weight가 제시된다. 앞서 PLS Graph에서 산출된 값들과 모두 일치함을 확인할 수 있다. 이미 언급한 바와 같이 PLS Graph와 Smart PLS를 Partial Least Square를 분석하는 서로 다른 프로그램일 뿐이기 때문이다.

　여기서는 조형지표와 반영지표일때의 각 측정변수의 Weight값과 Loading값은 산출되지만 이 값들이 통계적으로 유의한지를 나타내는 T 통계량은 제시되

**Outer Loadings**

|  | addition | cs | employee | image | menu | physical | recomm |  |
|---|---|---|---|---|---|---|---|---|
| Q1_1 |  |  |  |  | 0.903021 |  |  |  |
| Q1_2 |  |  |  |  | 0.935899 |  |  |  |
| Q1_3 |  |  |  |  | 0.957465 |  |  |  |
| Q2_1 |  |  | 0.886492 |  |  |  |  |  |
| Q2_2 |  |  | 0.935545 |  |  |  |  |  |
| Q2_3 |  |  | 0.924115 |  |  |  |  |  |
| Q3_1 |  |  |  |  |  | 0.888080 |  |  |
| Q3_2 |  |  |  |  |  | 0.942864 |  |  |
| Q3_3 |  |  |  |  |  | 0.964914 |  |  |
| Q4_1 | 0.953818 |  |  |  |  |  |  |  |
| Q4_2 | 0.960814 |  |  |  |  |  |  |  |
| Q4_3 | 0.926715 |  |  |  |  |  |  |  |
| Q5_1 |  |  |  | 0.945904 |  |  |  |  |
| Q5_2 |  |  |  | 0.912961 |  |  |  |  |
| Q5_3 |  |  |  | 0.955523 |  |  |  |  |
| Q6 |  | 1.000000 |  |  |  |  |  |  |
| Q7 |  |  |  |  |  |  |  |  |
| Q8 |  |  |  |  |  |  | 1.000000 |  |

**Outer Model (Weights or Loadings)**

|  | addition | cs | employee | image | menu | physical | recomm |  |
|---|---|---|---|---|---|---|---|---|
| Q1_1 |  |  |  |  | 0.321007 |  |  |  |
| Q1_2 |  |  |  |  | 0.340071 |  |  |  |
| Q1_3 |  |  |  |  | 0.409260 |  |  |  |
| Q2_1 |  |  | 0.360336 |  |  |  |  |  |
| Q2_2 |  |  | 0.378904 |  |  |  |  |  |
| Q2_3 |  |  | 0.352060 |  |  |  |  |  |
| Q3_1 |  |  |  |  |  | 0.226390 |  |  |
| Q3_2 |  |  |  |  |  | 0.279357 |  |  |
| Q3_3 |  |  |  |  |  | 0.555025 |  |  |
| Q4_1 | 0.286841 |  |  |  |  |  |  |  |
| Q4_2 | 0.328616 |  |  |  |  |  |  |  |
| Q4_3 | 0.443143 |  |  |  |  |  |  |  |
| Q5_1 |  |  |  | 0.479959 |  |  |  |  |
| Q5_2 |  |  |  | 0.045126 |  |  |  |  |
| Q5_3 |  |  |  | 0.528304 |  |  |  |  |
| Q6 |  | 1.000000 |  |  |  |  |  |  |
| Q7 |  |  |  |  |  |  |  |  |
| Q8 |  |  |  |  |  |  | 1.000000 |  |

지 않는다. 앞서 언급한 바와 같이 PLS 알고리즘은 확률분포에 기반한 통계적 추정이 아니기 때문에 경로계수들에 대한 통계적 검증을 위해서는 '부트스트랩 핑(Bootstrapping)'을 시행하여야 한다.

다음으로 앞서 PLS Graph에서와 같이 Smart PLS에서 부트스트랩핑을 해 보자. 'Window' 메뉴 아래에 있는 톱니바퀴 모형을 클릭하면 4가지 메뉴가 나 오는데 이 중 부트스트랩핑을 클릭한다.

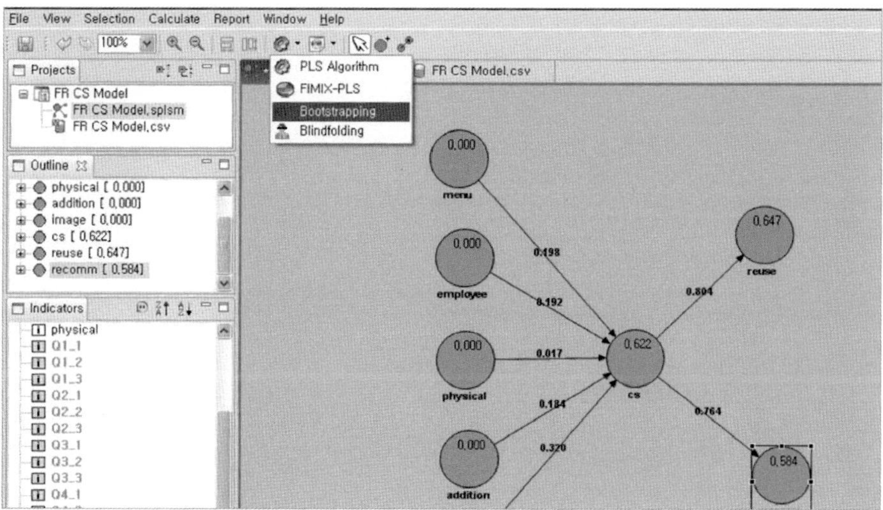



그러면 부트스트랩핑을 위한 창이 뜨게 되며 여기서도 아래쪽에 있는 'Cases' 횟수를 조정하면 된다. PLS Graph에서의 'Number of Samples'와 마찬가지로 이 숫자들은 분석데이터에서 임의로 표본을 다시 뽑아 분석해서 경 로계수를 통계적으로 검증하는 것으로 지정한 숫자만큼 반복해서 일부 표본을

추출하는 과정을 거치게 되므로 분석시간도 그만큼 더 많이 소요되게 된다. 여기서도 Default는 '100회'로 되어 있다. 횟수 설정이 끝난 후 Finish를 클릭하면 부트스트랩핑이 시행된다.

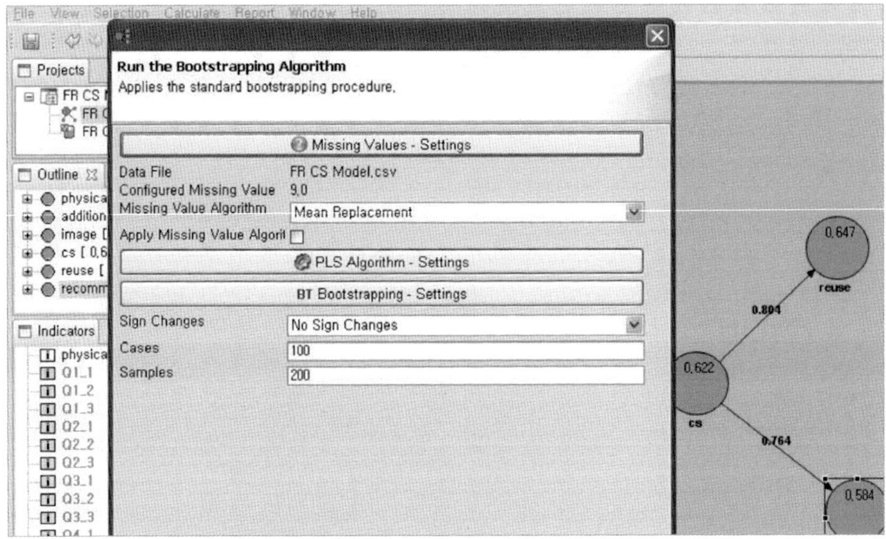


분석이 완료되면 분석결과를 보다 구체적으로 살펴보기 위해서 메뉴 상단에 책을 펼친 모형 옆에 있는 역삼각형을 클릭하면 4가지 메뉴가 나오는데 이 중 'Html Report'를 클릭하면 Html로 된 분석결과가 나타난다.

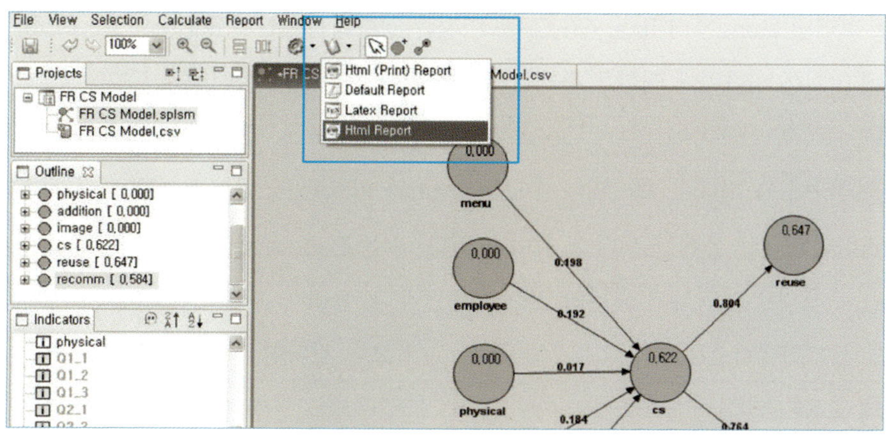

‘Html Report’의 맨 위쪽에는 분석결과의 목차인 ‘Table of contents’가 나타난다. 여기서 각 경로계수들의 T 통계량을 확인하기 위해 목차의 중간쯤에 있는 ‘Total Effect(Mean, STDEV, T-Values)’를 선택한다.

　그러면 Menu부터 Image가 CS에 미치는 영향력 및 CS가 Reuse와 Recomm에 미치는 영향력에 대한 T 통계량이 제시된다. 'Total Effect(Mean, STDEV, T-Values)'의 아래쪽에 있는 'Outer Model T-Statistics'에는 각 측정변수의 T 통계량이 표 형태로 제시된다. PLS Graph와 비교해 각 경로계수들은 모두 동일하였으나 T 통계량은 다소 차이가 있다. 이는 Bootstrap을 시작하는 출발점을 무작위로 선택하기 때문인 것으로 판단된다. 따라서 가급적 Bootstrap은 최소 500회에서 1,000회로 지정해 주는 것이 보다 정확한 T 통계량을 산출하는데 도움이 된다.

**Total Effects (Mean, STDEV, T-Values)**

| | Original Sample (O) | Sample Mean (M) | Standard Deviation (STDEV) | Standard Error (STERR) | T Statistics (\|O/STERR\|) |
|---|---|---|---|---|---|
| addition -> cs | 0.183983 | 0.175810 | 0.123463 | 0.123463 | 1.490186 |
| addition -> recomm | 0.140600 | 0.133695 | 0.093637 | 0.093637 | 1.501543 |
| addition -> reuse | 0.147996 | 0.142040 | 0.100614 | 0.100614 | 1.470922 |
| cs -> recomm | 0.764203 | 0.763804 | 0.052644 | 0.052644 | 14.516348 |
| cs -> reuse | 0.804401 | 0.805963 | 0.045894 | 0.045894 | 17.527327 |
| employee -> cs | 0.192445 | 0.199028 | 0.110374 | 0.110374 | 1.743569 |
| employee -> recomm | 0.147067 | 0.153483 | 0.087137 | 0.087137 | 1.687774 |
| employee -> reuse | 0.154803 | 0.160866 | 0.090118 | 0.090118 | 1.717792 |
| image -> cs | 0.319966 | 0.309031 | 0.123440 | 0.123440 | 2.592076 |
| image -> recomm | 0.244519 | 0.234591 | 0.093491 | 0.093491 | 2.615429 |
| image -> reuse | 0.257381 | 0.248740 | 0.099827 | 0.099827 | 2.578269 |
| menu -> cs | 0.198423 | 0.207699 | 0.118178 | 0.118178 | 1.679018 |
| menu -> recomm | 0.151635 | 0.158392 | 0.090895 | 0.090895 | 1.668246 |
| menu -> reuse | 0.159612 | 0.166189 | 0.094034 | 0.094034 | 1.697388 |
| physical -> cs | 0.016955 | 0.037167 | 0.129077 | 0.129077 | 0.131355 |
| physical -> recomm | 0.012957 | 0.029186 | 0.098823 | 0.098823 | 0.131113 |
| physical -> reuse | 0.013639 | 0.030947 | 0.104612 | 0.104612 | 0.130373 |

**Outer Model T-Statistic**

| | addition | cs | employee | image | menu | physical | recomm |
|---|---|---|---|---|---|---|---|
| Q1_1 | | | | | 1.735681 | | |
| Q1_2 | | | | | 1.450075 | | |
| Q1_3 | | | | | 1.665096 | | |
| Q2_1 | | | 2.096806 | | | | |
| Q2_2 | | | 1.695492 | | | | |
| Q2_3 | | | 1.659563 | | | | |
| Q3_1 | | | | | | 0.896729 | |
| Q3_2 | | | | | | 0.954351 | |
| Q3_3 | | | | | | 2.010906 | |
| Q4_1 | 0.507371 | | | | | | |
| Q4_2 | 0.553903 | | | | | | |
| Q4_3 | 2.178273 | | | | | | |
| Q5_1 | | | | 2.266107 | | | |
| Q5_2 | | | | 0.162062 | | | |
| Q5_3 | | | | 1.930776 | | | |
| Q6 | | | | | | | |
| Q7 | | | | | | | |
| Q8 | | | | | | | |

PLS는 LISREL이나 AMOS와는 달리 조형지표에 대한 분석이 용이하고 상대적으로 충족되어야 할 가정도 적기 때문에 측정모델에 대한 신뢰성과 타당성 검증 후 경로분석으로 전환하여 분석하는 2단계 접근법을 적용할 필요는 없다. 하지만 마케팅조사 실무에서 수행하는 대부분의 프로젝트는 현실적으로 측정변수의 수는 많고, 표본추출방법에도 제한을 받아 데이터의 시계열성이 떨어지는 경우가 많다. 따라서 만약 PLS를 동일한 조사를 시간적으로 반복하여 수행하는 추적조사의 분석에 사용하고자 한다면, 첫 번째 조사에서는 1단계 접근법을 통해 모델을 추정, 분석하고, 두 번째 이후 조사부터는 첫 번째 조사에서 산출된 측정변수별 weight값의 재백분값을 그대로 적용하여 각 잠재변수를 가중평균하여 단일변수로 만들고, 이를 경로분석을 통해 조사차수별 잠재변수의 지수 및 영향력값을 시계열적으로 비교하면 보다 안정적이고 신뢰성 있는 분석 결과를 얻을 수 있을 것이라 판단된다.

　지금까지 구조방정식모델의 대표적인 분석프로그램인 AMOS와 PLS의 분석 방법에 대해 살펴보았다. 구조방정식 분석은 분석알고리즘이 다소 난해하고, 분석절차 또한 기존의 다변량분석에 비해 매우 복잡하기 때문에 학계에서조차 완전히 표준화된 분석절차나 분석결과의 해석방법은 아직 없는 것이 사실이다. 그래서 본 서에서는 현재 학계에서 대체로 일치를 보이고 있는 부분들을 중심으로 실무에서 적용할 수 있는 구조방정식 분석에 대해 설명하였다.

# 구조방정식 결과활용

1. 결과집계
2. 결과의 제시

AMOS나 PLS를 이용해 구조방정식을 분석하고 난 후 결과를 집계하여 제시하는 방법에 대해 살펴보자.

# 구조방정식
# 결과활용

## 1. 결과집계

AMOS나 PLS로 분석을 완료한 후 결과를 집계해야 한다. 여기서 결과집계란 모델에 포함된 변수들의 점수를 산출하는 것을 말한다. 이론 연구에서는 구조방정식 분석 자체가 결과이지만, 실무에서는 분석이 완료된 후 각 항목의 점수를 산출하여 보고서를 작성해야 한다.

### (1) 잠재변수의 점수 산출방식

1단계 접근법을 기준으로 할 때 구조방정식 분석을 AMOS로 하느냐 아니면 PLS로 하느냐에 따라 점수를 산출하는 방식은 달라진다. 앞서 살펴본 것처럼 AMOS로 모델을 분석하게 되면 잠재변수가 반영지표이므로 단순 산술평균을 활용하는 반면, PLS로 분석하는 경우에는 분석결과로 산출되는 각 측정변수의

Weight값과 점수를 곱하는 가중평균으로 점수를 계산한다.

　잠재변수의 점수 계산을 산술평균과 가중평균 중 어떤 방법으로 하는 것이 바람직한가에 대한 명확한 근거는 없으나 앞서 살펴본 소비자 태도 모델 관점에서 보면 산술평균보다는 가중평균이 좀 더 정확하다고 할 수 있다. 또한 마케팅 조사 실무에서는 잠재변수를 구성하는 측정변수 하나하나에 중요한 의미를 부여하므로 잠재변수에 대한 측정변수별 영향력이 반영된 가중평균 방식이 더욱 현실적이고 실무에도 도움이 된다.

### 산술평균과 가중평균 비교

| 구분 | 산술평균 | 가중평균 |
| --- | --- | --- |
| 계산방식 | 측정변수들의 점수 합산을 측정변수의 수로 나눈다. | 각 측정변수의 점수와 가중치를 곱한 값들을 모두 더한다. |
| 장점 | 계산이 간편하다. | 소비자 태도 모델에 부합하며, 마케팅 실무에도 도움이 된다. |
| 단점 | 개별항목들의 서로 다른 영향력을 반영하지 못한다. | 계산이 복잡하다. |

　실제 마케팅조사 실무에서 구조방정식을 활용하지 않고 브랜드나 고객만족도 점수를 산출할 때 가장 널리 활용되는 방식은 해당 잠재변수에 대한 전반적 태도를 부가적으로 측정한 후 전반적 태도와 각 측정변수 간의 상관계수나 회귀계수를 산출해서 가중평균하는 것이다. 패밀리 레스토랑 고객만족도 모델을 예로 들어 설명해 보면 메뉴부터 이미지까지의 모든 잠재변수에 대해 '해당 잠재변수에 대한 전반적 만족도'를 각각 측정한 다음, 각 잠재변수의 전반적 체감 만족도와 측정변수들의 만족도를 상관분석 혹은 회귀분석해서 가중치를 산출한다. 구조방

정식 모델에서 '메뉴'라는 잠재변수를 측정하기 위해 '음식맛', '재료신선도', '메뉴다양성'으로만 구성하였지만, 마케팅조사 실무에서는 '메뉴에 대한 전반적 체감만족도' 문항을 추가로 질문을 한 다음, 체감만족도와 메뉴를 구성하는 3개의 항목 간의 상관 혹은 회귀계수를 구하여 가중평균하게 되는 것이다.

여기서 두 가지의 현실적인 이슈가 제기된다. 먼저 가중치 산출을 상관분석과 회귀분석 중 어느 방법으로 하는 것이 바람직한가에 대한 문제가 있다. 상관분석은 변수 간의 단순한 상관관계를 파악하는 것인 반면, 회귀분석은 변수 간 인과관계를 분석하는 것이다. 잠재변수와 측정변수간의 관계, 잠재변수의 측정목적, 소비자 태도모델 등을 종합적으로 고려할 때 상관분석보다는 회귀분석을 통해 가중치를 산출하는 것이 논리적으로 타당하다. 회귀분석도 기본적으로 변수 간 상관관계에 기초로 하고 있으므로 변수 간 상관계수의 경향과 회귀분석의 결과가 크게 다르지 않을 수는 있으나 상관분석은 변수들 간 인과관계가 반영되지 않은 단순상관이므로 잠재변수에 대한 측정변수의 영향력이라는 측면에서 논리적으로 맞지 않기 때문이다. 두 분석방법 간의 차이점을 정리해 보면 아래와 같다.

**상관분석과 회귀분석 비교**

| 구분 | 상관분석 | 회귀분석 |
|---|---|---|
| 가중치<br>산출방식 | 변수 간 상관계수를 재백분<br>(개별 변수의 상관계수/<br>모든 변수들의 상관계수 합) | 변수 간 회귀계수를 재백분<br>(개별 변수의 베타값/<br>모든 변수들의 베타값의 합) |
| 기본로직 | 변수들 간 단순한 관계만 확인<br>(관계의 방향성은 알 수 없음) | 원인변수와 결과변수의 관계 확인<br>(관계의 방향성이 있음) |
| 특징 | 분석이 매우 간편하나 변수 간 영향력이<br>거의 차이가 없어 실무적인 팁을<br>제공하는 데는 한계가 있음 | 상관분석에 비해 분석이 복잡하고 모델설명력<br>(R Square)도 확인해야 하는 반면 변수 간<br>영향력의 차이가 확연해서 실무에 더 유용함 |

잠재변수의 체감만족도를 활용할 때 발생하는 두 번째 이슈는 바로 잠재변수의 체감만족도 점수와 상관 혹은 회귀계수를 가중치로 적용하여 산출한 동일한 잠재변수의 가중평균 점수와의 차이에 대한 해석 부분이다. 예를 들어 '메뉴'에서 메뉴의 체감만족도가 72.3점이고, 메뉴를 구성하는 항목들의 가중평균 점수가 73.5점이라면 약 1.2점인 점수차이를 해석하기가 매우 어렵다. 보다 정확하게 이야기하면 두 방식 간의 점수 차이를 논리적으로 명쾌하게 해석할 수 있는 방법은 없다. 왜냐하면 두 방식 모두 나름대로 측정에 따른 오차가 있기 때문이다. 물론 두 방식 중에서 체감만족도 방식이 측정오차가 상대적으로 클 것이므로 측정의 관점에서만 본다면 가중평균으로 산출하는 것이 상대적으로 더 정확하다고는 할 수 있으나 체감만족도로 측정한 점수와 차이가 나는 부분에 대해서는 명쾌하게 설명하기가 불가능하다. 그래서 이런 논란을 없애기 위해 마케팅조사 결과에서는 대부분의 경우 가중평균 지표 위주로만 분석한다.

지금까지 살펴본 것처럼 잠재변수의 점수계산은 산술평균보다는 가중평균이 보다 논리적이고 현실적이다. 하지만 모델을 구성하는 변수의 수가 워낙 많아 1단계 접근법으로 분석하기 어려울 때는 2단계 접근법으로 모델을 분석해야 하므로 당연히 산술평균으로 점수를 계산할 수밖에 없는 경우도 생긴다. 반복하여 강조하지만, 구조방정식을 활용한 모델분석은 통계분석 자체나 특정 방식을 맹목적으로 적용하기보다는 실무에서의 분석 목적에 맞게 논리적으로 구성하는 것이 더 중요하다.

## (2) 전반적 태도 점수 산출방식

잠재변수의 점수산출과 더불어 구조방정식 결과분석에서 가장 중요한 것이 전반적 태도 점수를 산출하는 것이다. 즉, 브랜드, 고객만족, 서비스품질 등의 모델을 구조방정식으로 분석하여 모델 적합성을 검증한 후 결과의 활용을 위해 점수 산출을 어떻게 해야 하는가에 대한 실무적 이슈가 대두된다. 잠재변수의 점수계산과 마찬가지로 전반적 태도도 크게 가중평균으로 계산하는 복합지표 방식과 전반적 태도를 단일항목으로 측정한 단일지표 방식이 있다.

**전반적 태도 측정 방법**

| 구분 | 복합지표 방식 | 단일지표 방식 |
| --- | --- | --- |
| 브랜드 | 브랜드 인지도와 이미지의 산술 가중 평균 | 브랜드에 대한 전반적 호감도 |
| 고객만족 | 품질, 가격, 이미지, 부가서비스 차원의 가중평균 | 제품/서비스에 대한 전반적 만족도 |
| 서비스품질 | 인적서비스품질, 결과품질, 물리적환경품질의 가중평균 | 서비스에 대한 전반적 평가 |
| 광고효과 | 이해도, 독특성, 적합성 등의 광고속성들의 가중평균 | 광고에 대한 전반적 호감도 |

전반적 태도의 점수 산출 방식은 활용목적에 따라 두 방법 중 취사선택할 수 있다. 복합지표 방식을 활용하게 되면 조사결과를 바탕으로 전개한 마케팅 활동이 지표에 더 잘 반영될 가능성이 높은 반면, 트래킹(Tracking)으로 동일한 조사를 반복할 때 측정항목의 수나 내용이 바뀌게 되면 이전의 조사결과와 비교할 수 없다는 단점이 있다.

반면 단일지표 방식은 전반적 태도를 단일 항목으로 별도로 측정하므로 원인변수가 되는 항목들이 일부 바뀌어도 이전 조사결과와 비교가 가능하며, 점수 계산이 간편하다는 장점이 있다. 그러나 마케팅 활동의 결과가 지표에 반영될 가능성은 복합지표 방식보다는 상대적으로 낮은 것이 사실이다. 마케팅조사 실무에서는 복합지표 방식이 가장 널리 활용되며, 때에 따라 단일지표 방식이 활용될 때도 있다.

## 2. 결과의 제시

구조방정식 분석을 통해 모델 적합도를 확인하고 모델을 구성하는 변수들의 점수를 산출한 다음 결과를 보고서 형태로 제시해야 한다. 구조방정식으로 분석한 결과는 '모델 구조 – 신뢰성과 타당성 검증 – 모델 구조 검증 – 모델 구성 항목별 분석결과' 로 제시하는 것이 가장 일반적이다.

### (1) 모델 구조

먼저 모델의 구조를 제시하여 모델 구조에 대한 이해를 돕도록 한다. 구조방정식 분석결과 도출된 최종 모델을 기준으로 잠재변수와 측정변수, 잠재변수와 잠재변수의 관계를 그림으로 제시하고 모델 구조에 대한 설명을 간략하게 넣어준다. 모델 구조의 예시에서 문서의 왼쪽에는 모델의 구조를 그림으로 제시하였고, 오른쪽 회색 음영 박스에는 모델 구조와 의미에 대해 설명하고 있다.

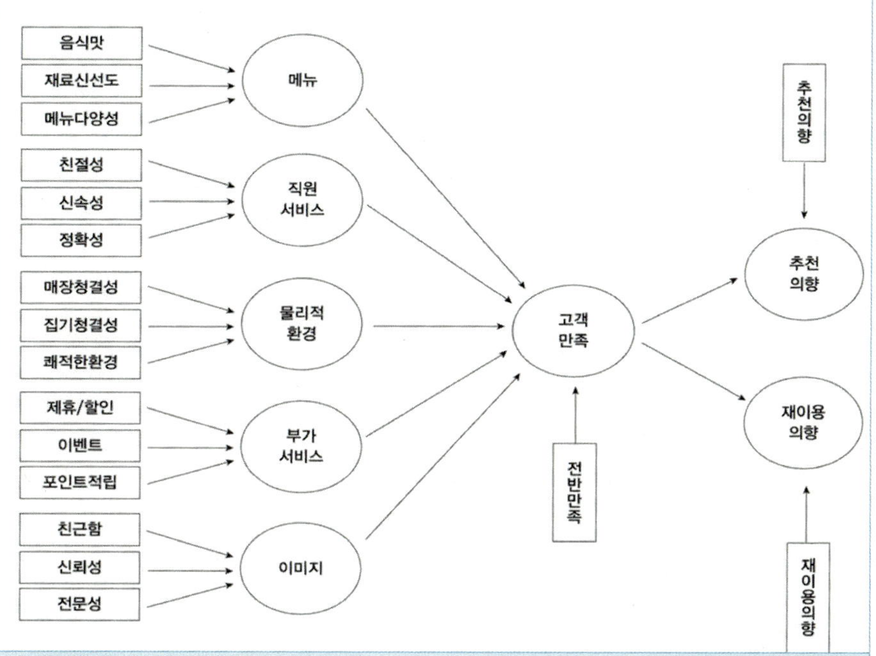


· 패밀리 레스토랑 고객만족도 모델은 크게 품질 – 고객만족 – 추천의향/재이용의향으로 구성됨.
· 품질은 메뉴부터 이미지까지 총 5개 차원으로 구성되었으며, 차원별로 3개의 항목으로 측정함. 고객만족, 추천의향, 재이용의향은 단일 항목으로 측정함.
· 품질요인에 대한 개선을 전반적 만족도를 제고할 수 있으며, 이는 궁극적으로 고객충성도로 연결됨을 의미하며, PLS를 통해 분석함.

## (2) 신뢰성과 타당성 검증

모델 구조를 제시한 후 측정모델에 대한 신뢰성과 타당성 검증결과를 제시하여야 한다. 앞서 구조방정식 모델 분석 이전에 잠재변수별 측정변수들의 구성이 통계적으로 의미가 있는지를 분석한 신뢰성분석과 타당성분석 결과를 제시해 주면 된다.



· 측정모델에 대한 신뢰성과 타당성을 검증한 결과 모든 측정모델에서 $\alpha$ 값이 0.9 이상이었으며, 각 측정모델의 요인적재값이 0.6 이상으로 나타나 측정모델의 신뢰성과 타당성이 확보됨.

| 구분 | 신뢰성분석 | 타당성분석 | | | | | |
| --- | --- | --- | --- | --- | --- | --- | --- |
| | Cronbach' $\alpha$ | F1 | F2 | F3 | F4 | F5 | F6 |
| Q1-1 | | 0.775 | | | | | |
| Q1-2 | 0.923 | 0.765 | | | | | |
| Q1-3 | | 0.779 | | | | | |
| Q2-1 | | | 0.75 | | | | |
| Q2-2 | 0.910 | | 0.791 | | | | |
| Q2-3 | | | 0.783 | | | | |
| Q3-1 | | | | 0.808 | | | |
| Q3-2 | 0.956 | | | 0.826 | | | |
| Q3-3 | | | | 0.751 | | | |
| Q4-1 | | | | | 0.862 | | |
| Q4-2 | 0.912 | | | | 0.866 | | |
| Q4-3 | | | | | 0.694 | | |
| Q5-1 | | | | | | 0.760 | |
| Q5-2 | 0.905 | | | | | 0.783 | |
| Q5-3 | | | | | | 0.683 | |
| Q6 | | | | | | | 0.667 |
| Q7 | 0.928 | | | | | | 0.815 |
| Q8 | | | | | | | 0.815 |

## (3) 모델 구조의 검증

신뢰성과 타당성에 대한 분석결과 제시 후에는 모델 구조의 검증결과를 제시한다. 모델에 대한 전반적인 설명력과 각 경로계수값을 제시해 주어 한눈에 모델 분석의 결과를 확인할 수 있도록 한다. 여기서는 PLS를 활용하여 분석한 결과를 예시로 제시하였다.

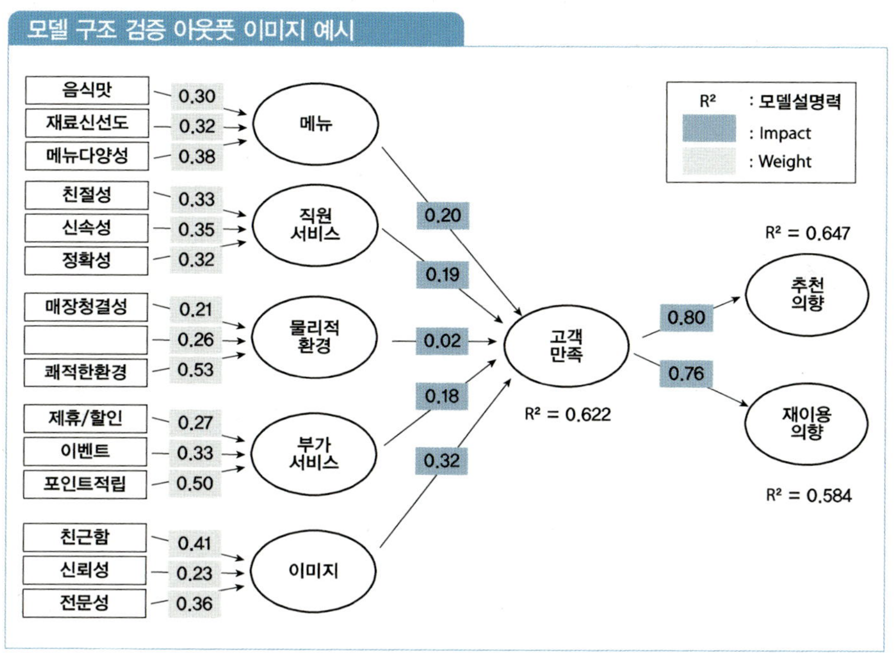



## (4) 모델 구성항목별 분석결과

　모델 구조에 대한 기본적인 이해, 측정모델의 신뢰성과 타당성 검증, 모델 구조의 검증 등이 완료되면 모델을 구성하는 항목별 분석결과를 하나하나 제시하면 된다. 브랜드, 고객만족 등 구조방정식을 통해 분석하는 모든 모델은 기본적으로 항목별 점수를 산출하여 분석하게 된다. 분석결과는 모델의 중심부터 오른쪽에 있는 전반적 태도와 성과를 먼저 제시하고 그다음으로 모델의 왼쪽에

있는 각 잠재변수를 제시한 후 마지막으로 잠재변수별 세부항목의 분석결과를
제시하는 순서로 구성하는 것이 가장 일반적이고 논리적이다.

# 부록

# 구조방정식 용어정리

구조방정식은 다른 다변량분석에 비해 훨씬 더 복잡한 형태의 분석방법이다. 그래서 구조방정식 분석을 하다 보면 많은 용어들을 접하게 되는데 구조방정식을 제대로 이해하기 위해서는 먼저 이러한 용어들을 충분하게 숙지해야 할 필요가 있다. 구조방정식과 관련된 주요 용어들을 정리해 보면 다음과 같다.

## 모수와 변수

변수란 어떤 상황에서 가변적인 요인을 말하는 것으로 모수(Parameter)와 반대되는 개념이다. 모수가 언제나 변하지 않는 일정한 값인 상수(Constant)를 의미하므로 변수는 상수와 대비되는 개념으로 일정 범위에서 변할 수 있는 값을 말한다. 마케팅조사에서는 조사대상의 전체라고 할 수 있는 모집단(Population)을 대상으로 얻게 되는 결과 값을 모수라고 하고 전체 중 일부인 표본을 대상으로 조사를 진행할 때 측정하는 모든 항목을 변수(Variable)라고 한다.

| 구분 | 모수 | 변수 |
| --- | --- | --- |
| 조사대상 | 모집단 | 표본 |
| 특징 | 변하지 않는 고정된 값 | 일정 범위로 변하는 값 |
| 의미 | 표본조사를 통해 궁극적으로 알고자 하는 값 | 표본조사에서 실제 도출되는 값 |

구조방정식에서 모수는 분석결과를 통해 추정된 값들을 의미한다. 구조방정식 분석을 통해 산출될 수 있는 상관계수, 회귀계수, 공분산 등의 모든 값들은 모수라고 한다. 구조방정식에서 변수라는 것은 모델을 구성하는 항목을 말한다. 패밀리 레스토랑 고객만족도를 측정한다고 할 때 '메뉴', '직원서비스', '이미지' 등의 구성개념과 '메뉴'에서의 '음식맛', '다양성' 등 세부항목들을 모두 변수라고 한다. 구조방정식이라는 것은 결국 이러한 변수들로 방정식을 구성해서 방정식 자체가 성립하는지 여부를 검증하고, 방정식의 계산을 통해 모수를 산출하는 것이라고 할 수 있다.

## 원인변수와 결과변수

다른 변수에 영향을 미치는 변수를 원인변수(Cause Variable), 독립변수(Independent Variable) 혹은 선행변수라고 하고, 다른 변수에게서 영향을 받는 변수를 결과변수(Result Variable) 혹은 종속변수(Dependent Variable)라고 한다.

브랜드 이미지는 브랜드에 대한 소비자 태도인 브랜드 호감도에 영향을 미치는 원인변수이며, 브랜드 호감도는 브랜드 구매에 영향을 미치는 원인변수로 작용한다. 반대로 브랜드 구매는 브랜드 호감도의 결과변수가 된다.

| 원인변수 | 결과변수 |
| --- | --- |
| 독립변수라고도 하며, 다른 변수에 영향을 미치는 변수를 말한다. 브랜드 이미지와 서비스품질은 각각 브랜드 태도와 고객만족에 영향을 미치는 대표적인 원인변수이다. | 종속변수라고도 하며, 다른 변수에 의해 영향을 받는 변수를 말한다. 브랜드 호감도, 고객만족도, 행동의도 등은 다른 변수로부터 영향을 받는 대표적인 결과변수이다. |

## 잠재변수와 측정변수

변수는 직접 측정 여부에 따라 잠재변수(Latent Variable)와 측정변수(Measurement Variable)로 나뉠 수 있다. 잠재변수란 이론상 직접적으로 측정될 수 없는 것을 말하며, 구조방정식모델에서 잠재변수는 항상 동그라미로 표현한다. 마케팅조사에서 흔히 활용되는 브랜드, 고객만족, 서비스품질 등은 모두 잠재변수로서 단 하나의 질문항목으로 측정될 수 없는 추상적인 것으로 여러 질문항목을 통해 추정만 할 수 있는 것을 의미한다. 측정변수란 직접적으로 측정이 가능한 것으로 흔히 질문지의 개별항목 하나하나를 의미한다.

## 외생변수와 내생변수

외생변수(Exogenous Variable)는 구조방정식 모델에서 다른 변수의 영향을 받지 않는 변수를 말하는 것으로 원인변수 혹은 독립변수와 유사한 개념이다. 내생변수(Endogenous Variable)란 다른 변수의 영향을 받는 변수로서 결과변수 혹은 종속변수와 유사하다.

## 구조오차와 측정오차

구조방정식모델에서 오차는 크게 구조오차(Structural Error)와 측정오차(Measurement Error)가 있다. 구조오차는 다른 잠재변수들로부터 설명되지 않는

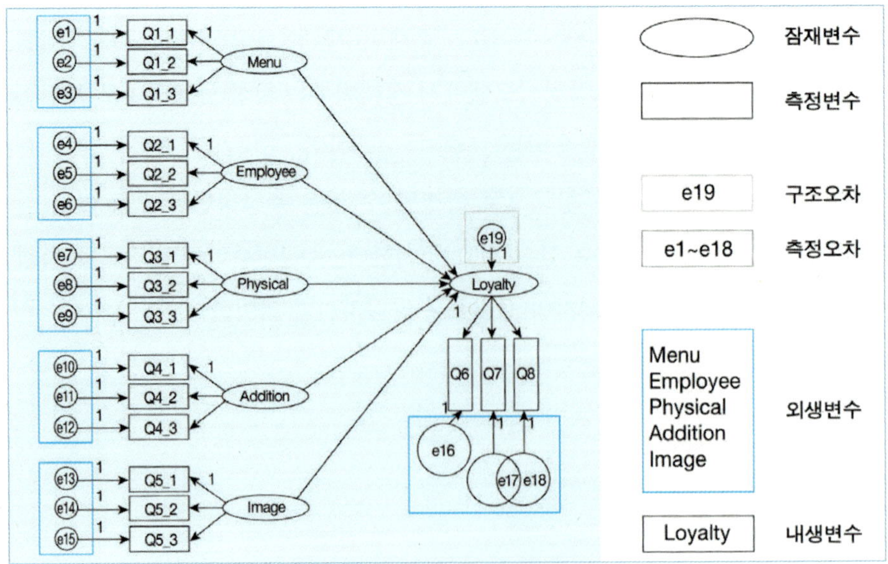

부분을 의미하는 것으로 방정식오차(Equation Error) 또는 잔차(Residual)라고 한다. 측정오차는 잠재변수를 완벽하게 측정할 수 없는 데서 생기는 오차를 의미한다.

## 단일지표와 다중지표

단일지표는 하나의 변수를 이용해 특정개념을 측정한 것이며 다중지표는 개념측정을 위해 복수의 변수를 사용하는 것이다. 고객만족을 전반적 만족도라는 단일 항목으로 측정하면 단일지표, 전반적 만족도와 전반적 즐거움 등 복수의 항목으로 측정하게 되면 다중지표가 되는 것이다. 구조방정식모델에서 잠재변수는 다중지표에 의해 측정하는 것을 기본적으로 가정하고 있다.

## 반영지표와 조형지표

잠재변수가 측정변수에 영향을 미치는 것으로 가정하는 것이 반영지표이며, 잠재구조(Latent Construct), 반영지표(Reflective Indicator) 혹은 영향지표(Effect Indicator)라고 한다. 측정변수가 잠재변수로부터 영향을 받는 반영지표와는 달리 잠재변수가 측정변수들에 의해 영향을 받는 것으로 정의되는 것이 조형지표로서 발생구조(Emergent Construct), 조형지표(Formative Indicator) 혹은 인과지표(Casual Indicator)라고 한다.

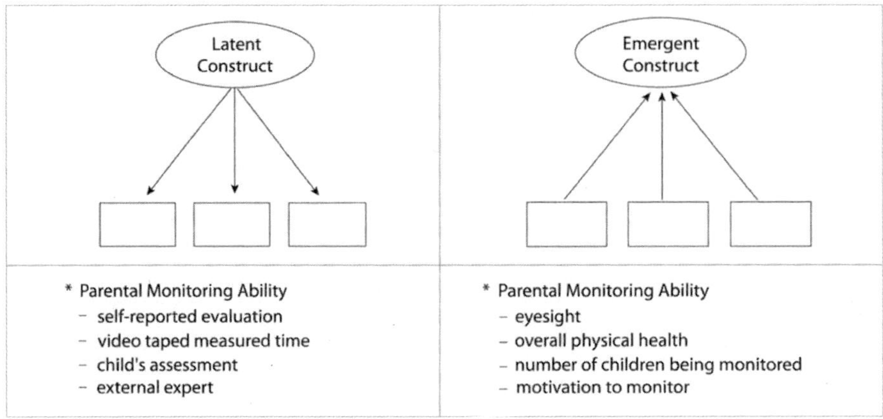



Wynne. W. Chin, 2000

 

예를 들어, '부모의 자식을 돌보는 능력(Parental Monitoring Ability)' 이라는 개념을 반영지표와 조형지표로 측정한다고 가정해 보자. 우선 개념적으로 반영지표에서는 '부모의 자식을 돌보는 능력' 을 부모 스스로의 평가, 녹화를 통한 돌보는 시간의 측정, 자녀의 부모 능력 평가, 외부 전문가 평가' 등 부모 자신과 더불어 외부의 시각에서 평가되는 관점으로 구성된다. 반면, 조형지표에서는 부모의 시력, 신체적 건강 수준, 돌보는 자녀의 수, 그리고 자녀를 돌보고자 하는 동기 등 순수하게 부모의 신체적 · 정신적 능력으로만 구성되어 있다.

관계적 측면에서 보면 반영지표에서는 '부모의 자식을 돌보는 능력' 의 증감이 4개 측정변수의 증감에 영향을 주지만, 조형지표의 경우 지표를 구성하는 어느 한 측정변수의 증감이 다른 측정변수의 증감에는 영향을 끼치지 못한다. 그래서 반영지표에서는 '잠재변수 → 측정변수' 의 관계가 단순관계인 '단순회귀(Simple Regression)' 의 형태로 추정이 되지만, 조형지표에서의 '측정변수 → 잠재변수' 관계는 '다중회귀(Multiple Regression)'의 방식에 의해 추정할 수 있다. 또한 반영지표에서 각 측정변수는 측정오차가 존재하는 것으로 가정하지만, 조형지표에서는 각 측정변수가 외생변수로 간주되므로 측정오차가 없는 것으로 가정한다.

## 측정모델과 구조모델

측정모델(Measurement Model)이란 둘 이상의 측정항목으로 구성된 각 잠재변수를 말하며, 구조모델(Structural Model)이란 잠재변수와 잠재변수 간의 관계를 의미한다.

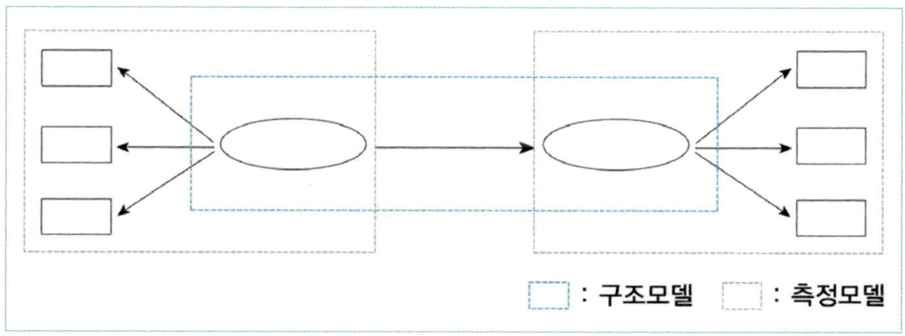


## 1차요인모델과 고차요인모델

모델은 잠재변수의 구성에 따라 1차요인모델(First-order Factor)과 고차요인

모델(Higher-order Factor)로 구분된다. 1차요인모델은 복수의 측정변수로 구성된 잠재변수를 말하며, 고차요인모델은 복수의 잠재변수로 구성된 잠재변수를 말한다.

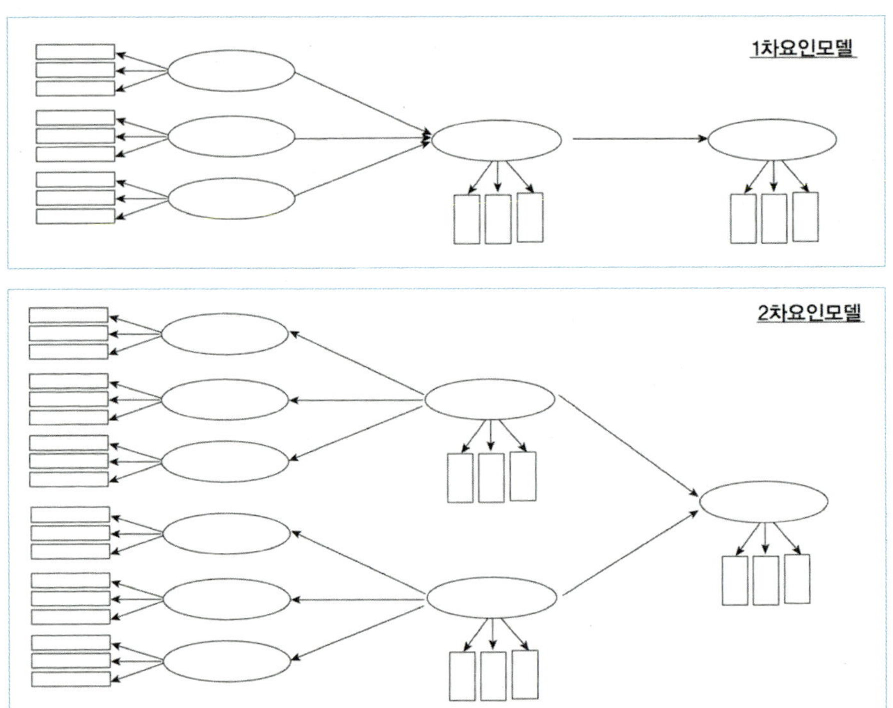


## 경로모델과 구조방정식모델

경로모델(Path Model)이란 모델을 구성하는 모든 변수들이 단일 항목으로 되어 있는 것을 말하며, 구조방정식모델(Structural Equation Model)이란 측정모델과 구조모델로 구성되어 있는 것을 말한다.

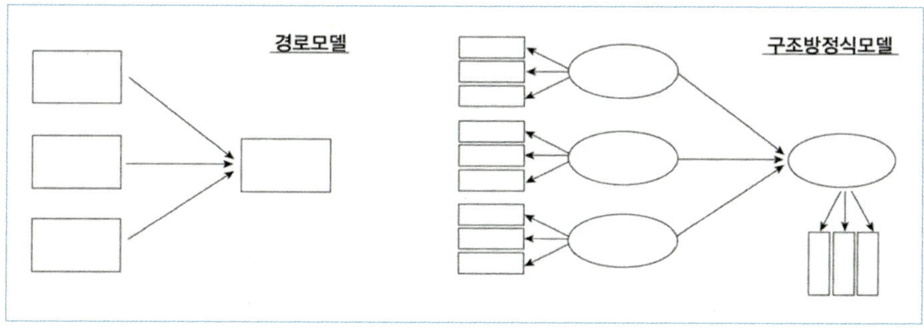


## 신뢰성분석

　동일한 개념에 대해 지속적으로 반복 측정했을 때 동일한 값을 얻을 가능성을 말한다. 즉, 측정변수들이 같은 방향으로 움직이는지를 체크하는 것이 신뢰성 분석이라고 할 수 있다. 신뢰성분석은 각 잠재변수를 구성하는 측정변수들이 동일한 방향으로 같이 움직이는지를 검증하는 것이다. 측정변수들에 대한 신뢰성을 분석하는 방법은 동일한 문항을 일정한 시점을 두고 반복측정하는 반복측정 신뢰도, 동일한 잠재변수를 측정하는 측정변수들을 두 세트로 나누어 측정한 다음 비교하는 대안항목 신뢰도, 측정변수들의 합산점수와 개별 변수의 점수 간 상관관계를 통해 검증하는 내적일관성 신뢰도가 있다. 이들 3가지 신뢰성 분석 방법 중 시간적인 측면에서의 경제성과 분석의 효율성을 고려해 마케팅 학계와 조사실무에서는 세 번째 방법인 내적일관성 신뢰도를 가장 널리 활용하며, SPSS의 신뢰성분석(Reliability Analysis)을 통해 분석한다.

## 타당성분석

측정하고자 하는 개념을 얼마나 정확히 측정했는가 하는 것을 말한다. 즉, 측정변수들이 해당 개념을 제대로 측정하고 있는가를 체크하기 위한 것이라고 할 수 있다. 타당성분석에서는 각 잠재변수를 구성하는 측정변수들이 해당 잠재변수에 잘 수렴하는지 여부(Convergent Validity)와 잠재변수 간 서로 독립적인지(Discriminant Validity)를 통계적으로 검증하게 된다. 예를 들어, 메뉴를 측정하기 위해 구성한 세부측정 항목들이 메뉴라는 잠재변수에 잘 모여 있는지, 직원 서비스와 같은 다른 잠재변수에 묶이지는 않는지를 확인하는 것이라고 할 수 있다.


## 탐색적 요인분석과 확인적 요인분석

탐색적 요인분석(Exploratory Factor Analysis)은 서로 관계가 알려져 있지 않은 측정변수와 잠재변수 간의 관계를 규명하기 위해 이용한다. 예를 들어, 브랜드 이미지를 평가하기 위한 차원들로 '신뢰성', '혁신성', '친근함' 등 3개의 잠재변수로 구성하고, 차원별로 4개의 세부항목을 측정변수로 사용하였다고 한다면, 탐색적 요인분석을 통해 차원별 세부항목들이 해당 차원과 얼마나 관계가 있는지를 검증하게 된다. 즉, 측정항목들이 미리 의도한 해당 차원을 제대로 측정하고 있는지에 대해 사전지식을 갖고 있지 않기 때문에 탐색적(Exploratory)이라고 하며, 분석결과에 따라 일부항목을 제거하거나 추가하게 된다. 탐색적 요인분석은 도자기를 빚을 때 초벌구이와 같은 역할을 한다. 즉, 사전에 구성한 측정변수들이 어떤 잠재변수에 속하는지에 대한 사전 정보나 가정이 없을 때 일단 측정변수들을 투입해서 분석해 봄으로써 각 측정변수가 어떤 잠재변수에 속하는지를 사전에 살펴보고자 할 때 사용하는 방법으로 알려져 있다. 탐색적 요인분석은 일반적으로 SPSS의 요인분석(Factor Analysis)을 통해 행한다.

　확인적 요인분석(Confirmatory Factor Analysis)은 이론적 지식 혹은 경험에 근거하여 각 측정변수와 잠재변수 간의 관계를 사전에 가정하고 이 가정을 통계적으로 검증하기 위한 목적으로 활용되며, 이론 연구에서 기존 모델의 수정이나 변경에 대한 통계적 검증에 많이 이용된다. 확인적 요인분석은 LISREL이나 AMOS를 이용해 분석한다.

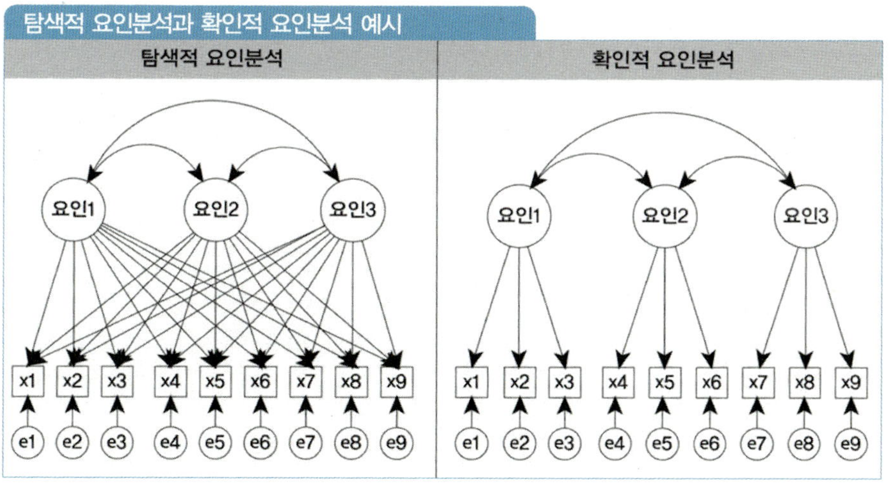

# 주성분분석과 공통요인분석

주성분분석(Principle Component Analysis)은 탐색적 요인분석에, 그리고 공통요인분석(Common Factor Analysis)은 확인적 요인분석에 주로 이용되고 있다. 동일한 측정모델의 타당성 검증을 위해 서로 성격이 다른 두 분석방법을 모두 적용해서 분석하는 것은 논리적으로 타당하지 않은 측면이 있으며, 해외 학계에서 확인적 요인분석만으로 타당성 검증을 하는 것도 이 때문인 것으로 유추

| 구분 | 주성분분석(PCA) | 공통요인분석(CFA) |
| --- | --- | --- |
| 이론적 배경 | 1901년 피어슨이 자료축소를 위해 고안한 상관행렬의 분해법을 1933년 Hetelling이 주성분분석으로 발전시켰다. | 1904년 요인분석의 아버지로 불리는 스피어만이 자료축소보다는 공분산을 이용해 변수들이 공통적으로 포함하고 있는 일반 요인을 추출하기 위해 개발한 방법을 Thurstone이 다요인이론으로 발전시킨 것이 공통요인분석이다.<br><br>공통요인분석은 이후 현존하는 LISREL 혹은 AMOS와 같은 구조방정식모델로 발전하게 된다. |
| 기본 개념 | 측정변수들의 선형조합에 의해 주성분(Principle Component)이 정립된다.<br><br>즉, 서로 연관있는 측정변수들의 선형조합으로 서로 독립적인 합성변수들을 추출하며, 이렇게 선형조합으로 추출된 합성변수는 원래 측정변수보다 작으면서도 그들이 가지고 있는 분산을 충분히 설명할 수 있도록 추출되므로 자료요약이라 할 수 있다. | 측정변수들이 포함하고 있는 공통요인의 선형조합으로 측정변수가 정립된다.<br>즉, 요인 내 변수 간 상관관계는 공통 요인에 대한 각 변수의 요인적재값의 곱으로 정립되며, 두 변수 간의 관계에서 공통요인을 제거하면 상관계수는 0이 된다.<br><br>따라서 공통요인 분석은 측정변수들의 공분산을 분석하는 기법이며, 이 공분산들은 변수 간 존재하는 잠재변수에 의해 발생된다고 가정한다. |
| 분석 대상 | 변수들의 공분산과 개별분산을 이용한 상관행렬을 분석자료로 이용 | 변수들의 공분산을 이용한 공분산행렬을 분석자료로 이용 |
| 단점 | 변수 간 상관계수가 통계적으로 유의하지 않는 경우에도 요인적재값이 실제보다 커지는 경향이 있다. | 수집된 데이터는 다변량 정규분포를 기본적으로 가정하고 있다. |

된다. 주성분분석은 PLS와 성격이 비슷하며, 공통요인분석은 LISREL이나 AMOS와 성격이 비슷하다. 주성분분석과 공통요인분석의 내용은 다소 어려울 수 있으니 참고로만 읽어두기 바란다.


## 합성신뢰도(ICR)와 평균분산추출(AVE)

합성신뢰도(Internal Composite Reliability)는 측정변수들의 내적일관성을 측정하는 것으로 개념신뢰도라고 하며, 0.6 이상(Bagozzi and Yi, 1988)이면 수용 가능한 것으로 받아들인다. 평균분산추출(Averaged Variance Extracted)은 잠재변수를 측정변수들이 설명할 수 있는 분산의 크기로서 일반적으로 0.5 이상 되어야 한다.


## 1단계 접근법과 2단계 접근법

구조방정식 모델을 분석할 때, 구조모델과 측정모델을 한꺼번에 분석하는 접근법인 1단계 접근법(One-step Approach)과 측정모델에 대한 확인적 요인분석으로 타당성을 검증한 후 각 잠재변수를 설명하는 측정변수들을 평균해서 단일변수로 만든 후 이들 단일변수로 구성된 모델을 경로분석을 실시하여 최종적으로 구조모델을 분석하는 2단계 접근법(Two-step Approach)이 있다. 1단계 접근법은 모델을 구성하는 구조모델과 측정모델을 동시에 분석하여 모델을 평가하는 방법으로 모델에 포함된 변수의 수가 많지 않고 기존 이론으로 충분히 검증된 모

델구조를 분석하기에 적합하다고 할 수 있으나, 잠재변수가 상대적으로 많거나
이론보다는 경험에 의해 구성된 모델을 분석하기 위해서는 2단계 접근법이 더
적절한 분석방법이 될 수 있다.


## LISREL

LISREL(LInear Structural RELations)은 스웨덴 Uppsala대학교 통계학과 교
수인 Joreskog과 Sorbom에 의해 구조방정식모델을 분석하는 프로그램으로는
가장 먼저 개발되었으며, 현재까지도 구조방정식모델의 대표적인 프로그램으
로 가장 널리 사용되고 있다. LISREL은 1970년대 초 요인분석에 사용되던 프
로그램인 ACOVS(Analysis of Covariance Structure)를 기반으로 만들어졌으며,
주로 학계에서 많이 활용되고 있다.


## AMOS

AMOS(Analysis of Moment Structure)는 Arbuckle에 의해 개발된 것으로 명
령문을 직접 입력해야 하는 LISREL과는 달리 SPSS Windows 버전처럼 메뉴
로 되어 있어 누구나 쉽게 사용할 수 있다는 것이 가장 큰 장점이다. 과거에는
LISREL을 많이 사용되었으나 최근 들어서는 AMOS의 사용이 점점 늘어나고
있는 추세이다.

# LVPLS

LVPLS(Latent Variable Partial Least Square)는 독일의 수학자인 Lohmoller에 의해 개발된 것으로 초기에는 경제학 등에 사용되던 것이 ACSI모델의 분석도구로 사용되면서 주목받기 시작하였다. LISREL이나 AMOS 등의 다른 구조방정식 프로그램과는 달리 LVPLS는 정규분포에 대한 가정, 확률표본추출, 대표본 등의 제약이 없는 것이 가장 큰 특징이며, 일부 학자들은 이러한 점 때문에 LVPLS를 구조방정식모델이 아니라고 주장하기도 하나, 사회과학이나 행동과학 분야에서 사용이 점증하고 있다. 또한, 다른 프로그램들과는 달리 LVPLS는 현재 상용화된 프로그램(Commercial Version)은 현재까지 없으며, Fortran으로 짜인 LVPLS 초기 프로그램을 몇몇 학자들이 Graphical User Interface로 바꾸어 연구에 사용하고 있으며, 흔히 PLS로 불린다.


## 최대우도법과 부분최소자승

최대우도법(Maximum Likelihood)은 LISREL이나 AMOS를 이용해 구조방정식 분석을 할 때 모수를 추정하는 대표적인 방법이다. 통계적 확률에 기반하여 출현할 확률이 가장 높은 모수값을 계산하는 분석방법이라고 할 수 있다. 부분최소자승(Partial Least Square)은 PLS를 이용해 구조방정식 분석을 할 때 모수를 추정하는 대표적인 방법이다. 통계적 확률에 기반한 것이 아니라 분석에 따른 오차가 최소가 되도록 모수값을 계산하는 분석방법이다.

김계수, 'AMOS 구조방정식 모형분석', SPSS 아카데미, 2004

김근배, '의사결정을 위한 마케팅조사론', 무역경영사, 2004

김문구 외, '이동통신서비스의 고객충성도에 영향을 미치는 요인에 관한 연구', Telecommunications Review 제12권 6호, 2002

김영찬 외, '고객만족도 측정방법론과 전략적 활용', 마케팅연구 제18권 제1호, 2003

김진호 외, '경영학 연구에서의 구조방정식 모형의 적용 : 문헌연구와 비판', 경영학연구 제36권 제4호, 2007

박진표 외, '부분최소자승회귀를 이용한 회귀진단', 경북대학교 부설 기초사회과학연구소 연구자료

박효현 외, '점포개성의 측정도구 개발', 마케팅연구 Vol.24, No.04, 2009

배병렬, '구조방정식모델 이해와 활용', 도서출판 대경, 2002

소형기 외, '무선인터넷서비스 고객만족도 분석을 위한 구조방정식모형', IE Interfaces Vol.14 No.2, 2001

손소영 외, '구조방정식모형을 이용한 두뇌한국(BK)21의 학생만족도 성과분석', IE Interfaces Vol.14 No.4, 2001

안길상 외, '브랜드 이미지, 브랜드 신뢰 및 브랜드 애호도의 구조적 관계', 광고연구 제69호, 2005

안광호 외, '마케팅, 시장전략적 접근', 법문사, 1998

양병화, '모바일 광고의 태도효과 모델 연구', 광고연구 제69호, 2005

엄한주, '요인분석 모형의 이해와 적용: 주성분모형과 공통요인모형의 방법론적 비교', 한국체육측정평가학회지 제3권 1호, 2001

이영준, 'SPSS/PC를 이용한 다변량 분석', 도서출판 석정, 1998

이유재 외, '고객만족형성과정의 제품과 서비스 간 차이에 대한 연구', 소비자학연구 제8권 제1호, 1997

이유재 외, '서비스품질의 측정과 기대효과에 대한 재고찰 : KS-SQI 모형의 개발과 적용', 마케팅연구 제16권 제1호, 2001

이유재 외, '서비스품질의 각 차원이 CS에 미치는 상대적 영향에 대한 연구', 마케팅연구 제18권 제4호, 2003

이유재 외, '공공서비스품질 모형의 개발과 적용', 마케팅학회 춘계학술대회, 2005

이용구, 'AMOS를 이용한 은행 고객만족지수 측정', 품질혁신 제2권 제1호, 2001

이학식 외, '고객만족도 측정: NCSI와 KCSI의 평가와 새로운 지수개발 방안', 마케팅연구 제20권 제3호, 2005

장인상 외, '정보통신산업 통계품질 향상을 위한 이용자 만족도 조사', 응용통계연구 제 17권 3호, 2004

정남호 외, 'Bricks & Clicks 서점에서 고객만족과 재구매 의도 결정요인에 관한 연구 : 신뢰의 전이, 전환비용, 개인의 태도', 경영학연구 제36권 제1호, 2007

조현철 외, 'LISREL 적용상의 유의사항과 문제점', 한국마케팅저널 제3권 제2호, 2001

하영원 외, 'Brand Value-up, 브랜드 진단 및 관리 모형 정립을 위한 시도', 마케팅연구 제 18권 제4호, 2003

Claes Fornell 외, 'Two Structural Equation Models: LISREL and PLS Applied to Consumer Exit-Voice Theory', Journal of Marketing Research Vol XIX, 1982

Claes Fornell 외, 'Assumptions of the Two-step Approach to Latent Variable Modeling', Sociological Methods & Research, 1992

Claes Fornell 외, 'The American Customer Satisfaction Index: Nature, Purpose, and Findings', Journal of Marketing Vol 60, 1996

J.J.Hox 외, 'An Introduction to Structural Equation Modeling', Family Science Review, 11

Lynd D. Bacon, 'Using LISREL and PLS to Measure Customer Satisfaction', Sawtooth Software Conference, 1998

Rust 외, 'Return on Marketing : Using Customer Equity to Focus Marketing Strategy', Journal of Marketing, Vol.68, 2004

Yves Marie Chatelin 외, 'State-of-art on PLS Path Modeling through the available software', 2002

Wynne W. Chin, 'PLS Graph User's Guide - Version 3.0', 2001

CFI Group, 'Consumer Satisfaction with the Mortgage Lending Process', 2003

'http://www.cfigroup.com'

'http://disc-nt.cba.uh.edu/chin/PLSINTRO.HTM'

'http://www.smartpls.com'

'http://plsgraph.com'

초판발행  2010년 4월 5일
초판 4쇄  2019년 1월 11일

지은이  하지철
펴낸이  채종준
기  획  권성용
마케팅  김봉환
디자인  이효정
아트디렉터  양은정

펴낸곳  한국학술정보(주)
주소  경기도 파주시 회동길 230 (문발동)
전화  031 908 3181(대표)
팩스  031 908 3189
홈페이지  http://ebook.kstudy.com
E-mail  출판사업부 publish@kstudy.com
등록  제일산－115호(2000. 6. 19)

ISBN  978-89-268-0950-1  14320 (Paper Book)
      978-89-268-0951-8  18320 (e-Book)
      978-89-268-0621-0  14320 (Paper Book set)
      978-89-268-0622-7  18320 (e-Book set)